W0064162

Vorwort

Liebe Schülerin, lieber Schüler,

das Abitur rückt näher und Sie wollen sich gezielt auf Ihre Prüfungen vorbereiten? Dann haben Sie mit diesem Buch eine gute Wahl getroffen:

In einem **Vorkurs** bietet Ihr Abi-Profi Trainingsmöglichkeiten zu allen für das Abitur wichtigen Themenbereichen des Deutschunterrichts. Sie finden Übungen zur Literaturinterpretation, zur Sachtextanalyse und Erörterung sowie zum treffsicheren Formulieren.
Mit dem Trainingsprogramm des Vorkurses können Sie Ihre Schwächen gezielt angehen – hier erhalten Sie Gelegenheit, Wissenslücken zu schließen, das Wichtigste in knapper Form zu wiederholen und Ihre Fertigkeiten bei der Texterschließung und beim Formulieren von eigenen Texten zu verbessern.
Lösungen zu den einzelnen Aufgaben finden Sie im beigelegten Heft.

Der zweite Teil des Buches bietet Ihnen anhand von sieben typischen **Abiturklausuren** die Möglichkeit, den Umgang mit den für das Abitur wichtigen Aufgabenformen zu trainieren.
In einer übersichtlichen Folge von Arbeitsschritten, die jeweils auch auf andere Texte und Aufgabenstellungen übertragbar sind, werden Sie angeleitet, eine Abiturklausur Schritt für Schritt zu bewältigen. Zu den einzelnen Arbeitsschritten finden Sie stets Beispiellösungen im Buch.

Der Abschnitt zur **mündlichen Abiturprüfung** enthält Tipps zur Vorbereitung und zum Verhalten in der Prüfung und ebenfalls Abituraufgaben zum Testen.

Weitere für Ihr Bundesland typische Übungsklausuren mit Lösungsvorschlägen erhalten Sie im Internet unter **www. learnetix.de/abi.** Für die Bundesländer mit Zentralabitur finden Sie dort auch eingehende Erläuterungen zum Ablauf des schriftlichen Abiturs sowie Aufgabenstellungen der letzten Jahre. Außerdem können Sie die Hilfe unserer Tutoren beanspruchen: Zwei E-Mail-Anfragen werden kostenlos beantwortet.

Viel Erfolg bei Ihrer Arbeit mit dem Abi-Profi!

Inhalt

Abi *Profi*

Deutsch

Herausgegeben von
Bernd Schurf

Erarbeitet von
Axel Schwartzkopff

Cornelsen

Abi-Profi Deutsch
Prüfungswissen – Übungen – Abituraufgaben

Vorkurs erarbeitet auf der Grundlage des *Trainingsprogramms Deutsch Oberstufe 1–3*
von Othmar Berg, Stefan Ehret, Hans-Joachim Helmich, Bernd Kersting, Bernhard Koch,
Norbert van der Linde, Christiane Polke, Friedel Viehmeister, Georg Vitz

Fachredaktion: Stefan Windte

Gestaltung: Katrin Nehm
Technische Umsetzung: Ingo Ostermaier

Dieses Werk berücksichtigt die Regeln
der reformierten Rechtschreibung und Zeichensetzung.
Bei den mit Ⓡ gekennzeichneten Texten haben die Rechteinhaber
einer Anpassung widersprochen.

 http://www.cornelsen.de

1. Auflage €   Druck 6 5 4 3   Jahr 05 04 03 02

© 2001 Cornelsen Verlag, Berlin

Druck: CS-Druck Cornelsen Stürtz, Berlin

ISBN 3-464-63482-5

Bestellnummer 634825

 Gedruckt auf säurefreiem Papier, umweltschonend hergestellt aus chlorfrei gebleichten Faserstoffen.

Einleitung

Aufgabenstellung

Auch wenn die schriftliche Abiturprüfung eine neue Situation für Sie ist, sind doch die Aufgaben, die Sie lösen müssen, nicht wesentlich anders als diejenigen, die Sie aus dem Unterricht und den Klausuren auf der Oberstufe kennen. Sie sind allerdings umfangreicher, aber dafür haben Sie natürlich auch mehr Zeit zur Bearbeitung. Es ist üblich, dass im Leistungskurs vor dem Abitur eine Klausur „unter Abiturbedingungen" geschrieben wird, sodass Sie wenigstens einmal vorher erfahren, wie lang (oder kurz) fünf Zeitstunden sein können. Für die Abiklausur im Grundkurs haben Sie – je nach Bundesland – drei Stunden oder vier Stunden Zeit. Über den genauen Ablauf der Abiturprüfung werden Sie rechtzeitig von Ihrem Fachlehrer/Ihrer Fachlehrerin oder von der Schulleitung informiert.

In den **Bundesländern mit Zentralabitur** werden die Prüfungsaufgaben von den Kultusministerien vor der Prüfung an die Schulen verschickt. Die Lehrperson weiß bis zum Tag der Prüfung nicht, welche Aufgaben Sie zur Wahl erhalten. Wenn Sie den Unterricht mitverfolgt haben, dürften die Klausurthemen aber keine bösen Überraschungen für Sie enthalten. – Und immerhin können Sie zwischen verschiedenen Aufgaben wählen! In den **Ländern ohne Zentralabitur** schlagen die Fachlehrer/-innen drei bzw. vier Aufgaben zu den Themen des vorausgegangenen Unterrichts vor und die zuständige Schulaufsicht wählt zwei bzw. drei der Aufgaben nach eingehender Prüfung aus. Die Lehrperson weiß nicht, welche Aufgaben Ihnen zur Auswahl vorgelegt werden.

Bei den möglichen **Aufgabenarten** gibt es zwischen den einzelnen Bundesländern und auch zwischen Grund- und Leistungskurs keine grundsätzlichen Unterschiede. In einer Vereinbarung zwischen den Kultusministern der Länder sind **Textanalyse** und **Problemerörterung** als die zentralen Aufsatzarten festgelegt. Die Textanalyse kann sich auf einen **literarischen Text** oder auf einen **Sachtext** beziehen. Die Problemerörterung wird oft im Anschluss an einen Sachtext gefordert, kann in einigen Bundesländern aber auch auf einen literarischen Text bezogen sein. Über die Textanalyse hinaus ist in manchen Bundesländern eine Aufgabe bzw. Teilaufgabe zum gestaltenden oder kreativen Umgang mit Literatur möglich.

Eine der Aufgaben, die Sie zur Wahl erhalten, wird sich in jedem Falle auf einen literarischen Text beziehen. Die Textausschnitte, die Sie zur Analyse bzw. Interpretation erhalten, sind in der Regel nicht länger als 2 DIN-A4-Seiten. Manchmal handelt es sich nur um ein kurzes Gedicht, manchmal sind es zwei oder drei Seiten aus einem längeren Werk, das Sie aus dem Unterricht kennen oder zu dem Sie zusätzlich zur Aufgabenstellung die notwendigen Informationen erhalten.

Grundlage einer Sachtextanalyse oder Problemerörterung können z. B. ein Zeitungsartikel, eine Rede, ein Brief, eine Interpretation usw. sein.

Ganz wichtig ist es, in der Prüfung schnell zu erkennen, was im Einzelnen von Ihnen verlangt wird. Ihre erste „Abituraufgabe" ist also in jedem Fall, die **Aufgabenstellung** zu **verstehen**. Die verschiedenen Aufgabentypen verlangen verschiedene **Methoden** der Bearbeitung. Diese können Sie im Vorkurs und im Abschnitt zu den Übungsklausuren gezielt trainieren. Bei den Übungsklausuren sind die wichtigsten Aufgabenarten berücksichtigt. Natürlich geht es nicht nur um Methoden, sondern auch um **Inhalte**. Ohne Wissen über

Sprache und Literatur, über Gattungen und Ausdrucksformen, grammatische und poetologische Grundbegriffe werden Sie keine Abituraufgabe lösen können. Der Vorkurs bietet in gedrängter Form abiturrelevantes Wissen. Neben Ihrer Fähigkeit, mit den richtigen Methoden an Aufgaben heranzugehen, und Ihren Kenntnissen über Sachzusammenhänge spielt im Deutsch-Abitur natürlich auch **Ihr Umgang mit Sprache** eine wesentliche Rolle. Es wird geprüft, ob Sie sich angemessen ausdrücken können. Verständlichkeit, Wortschatz, Folgerichtigkeit im Aufbau eines Textes usw. sind hier wichtig. Auch für diesen Bereich sieht Ihr Abi-Profi Übungen vor.

Selbsteinschätzung

Wird Ihnen nun schon schwarz vor Augen? – Keine Panik. Vieles, was von Ihnen gefordert wird, beherrschen Sie nach mindestens zwölf Jahren Schule, ohne dass Sie es sich klar gemacht haben. – Und wenn nicht, dann haben Sie doch eine Basis, auf die Sie aufbauen können. Sie müssen allerdings ehrlich mit sich sein: Wenn Sie ahnen oder wissen, dass Sie Schwachpunkte haben, dann sollten Sie diese in Angriff nehmen.

Der erste Schritt: **Fehleranalyse**. Viele Lehrer/-innen schreiben unter die Aufsätze detaillierte Kommentare zu Stärken und Schwächen der Arbeit, oft verbunden mit Hinweisen zum Üben. Nehmen Sie sich Ihre letzten Deutsch-Klausuren vor und lesen Sie die Kommentare. Auch die Korrekturzeichen am Rand geben Auskunft: Häufen sich bestimmte Fehler? Viele Schwächen lassen sich durch punktgenaues Üben abstellen!

Manchen Problemen ist schwerer beizukommen. Wenn Sie z. B. kaum eine Klausur fertig stellen können, weil Sie Probleme mit der Zeitplanung haben, müssen Sie täglich daran arbeiten. Setzen Sie sich für Hausaufgaben ein Zeitlimit und überprüfen Sie, in welcher Arbeitsphase Sie stecken bleiben.

Zur Arbeit mit dem Abi-Profi

Das Buch ist in drei Teile gegliedert:
Im **Vorkurs** finden Sie fast den gesamten Lernstoff des Deutschunterrichts auf der Oberstufe. Die meisten **Autoren**, um die es da geht, werden Ihnen bekannt vorkommen; einige der **Texte** haben Sie vielleicht schon in der Schule gelesen.

Mit den Übungen des Vorkurses können Sie sowohl Ihre methodischen Fertigkeiten trainieren als auch Ihr Fachwissen festigen und erweitern. Grundlegendes zur Methodik, zu Fachbegriffen und zur Literaturgeschichte finden Sie in orangefarbenen Info-Boxen, Hintergrundinformationen zu einzelnen Texten und Autoren stehen in schwarzen Info-Kästchen.

Zu den Aufgaben finden Sie **Lösungen** im Beiheft. Die hier vorgeschlagenen Lösungen sind oft nicht die einzig richtigen – Sie sollten Ihre Version aufmerksam mit dem Vorschlag im Lösungsheft vergleichen.

Neben den Übungen und Informationen bietet der Vorkurs auch eine Fülle von **Tipps** zu Arbeitstechniken und Methoden.

Sie können den Vorkurs systematisch von vorn nach hinten durcharbeiten, Sie können sich aber auch einzelne Teile herausgreifen.

Im zweiten Teil finden Sie **sieben Übungsklausuren**, an denen Sie sich selbst testen können. Die hier gewählten Aufgabenarten und das Anforderungsniveau entsprechen den Aufgabenformen und Anforderungen im Abitur. Anhand einer genauen Anleitung können Sie alle **Arbeitsschritte** beim Konzipieren und Schreiben einer Klausur üben.

Im Teil zum **mündlichen Abitur** finden Sie Tipps und Übungen zur Vorbereitung auf die mündliche Prüfung im Fach Deutsch. Auch dieser Abschnitt enthält **Abituraufgaben** zum Üben. – Diesen Teil können Sie auch gut mit Mitschülern oder Freunden bearbeiten.

1.1   Basistraining Interpretation

Wahrnehmung der eigenen Reaktion

Jeder Text stellt für Sie zunächst eine fremde Welt dar, die Sie erst nach und nach durch geduldiges, wiederholtes Lesen näher kennen lernen.

Beim ersten Lesen stellen sich grundsätzlich zweierlei Reaktionen ein, die dann beim wiederholten Lesen (zweiter Arbeitsschritt) vertieft werden:
- spontane, emotionale Reaktionen, z. B. Annahme oder Ablehnung des Textes,
- erste Vermutungen über die Textaussage.

Sie üben die ersten beiden Schritte an Brechts Parabel „Herr Keuner und die Flut".

Erstes Lesen/
Spontanreaktionen festhalten

Die ersten Reaktionen auf einen Text beeinflussen den Interpretationsweg und können den Zugang zum Bedeutungskern des Textes öffnen. Daher sollten Sie beim ersten Lesen

die eigenen Reaktionen bewusst wahrnehmen und festhalten, indem Sie
- Assoziationen und Gefühlsregungen notieren,
- Verstandenes festhalten, aber als vorläufig kennzeichnen.

Bertolt Brecht

Herr Keuner und die Flut (1929)

Herr Keuner ging durch ein Tal, als er plötzlich bemerkte, daß seine Füße in Wasser gingen. Da erkannte er, daß sein Tal in Wirklichkeit ein Meeresarm war und daß die Zeit der
5 Flut herannahte. Er blieb sofort stehen, um sich nach einem Kahn umzusehen, und solange er auf einen Kahn hoffte, blieb er stehen. Als aber kein Kahn in Sicht kam, gab er diese Hoffnung auf und hoffte, daß das Wasser nicht mehr steigen möchte. Erst als ihm 10 das Wasser bis ans Kinn ging, gab er auch diese Hoffnung auf und schwamm. Er hatte erkannt, daß er selber ein Kahn war.   ℝ

Elizabeth Shaw,
Bertolt Brecht

❶ *Textstellen und Assoziationen*

a) Lesen Sie den Text genau. Ordnen Sie dann Ihre ersten Gedanken und Assoziationen den nachstehend abgedruckten Kernstellen zu.
- „Keuner ging durch ein Tal"
- „plötzlich [...] seine Füße in Wasser", „Tal [...] ein Meeresarm [...] Flut"
- „auf einen Kahn hoffte"; „kein Kahn in Sicht"
- „Wasser bis ans Kinn"
- „schwamm [...] erkannt, daß er selber ein Kahn war"

b) Notieren Sie eine erste Vermutung über die Textaussage.

● Handlung und Bedeutung aufeinander beziehen

Sie haben sich in den vorangegangenen Arbeitsschritten in die Vorstellungswelt der Parabel hineinversetzt und erste Vermutungen über die Textaussage angestellt. Die gewonnenen Eindrücke sind naturgemäß ungeordnet und zufällig. Eine Textinterpretation jedoch verlangt systematisch suchendes und beschreibendes Vorgehen, um zu nachvollziehbaren, geordneten Ergebnissen zu kommen.

Auf die Textform der Parabel übertragen sieht das weitere Vorgehen so aus:

– Beschreiben der Handlung und des Verhaltens des Herrn Keuner; Benennen der Ursachen und Folgen
– Erfassen der wichtigsten Analogien (Entsprechungen) zwischen Bild- und Sachteil (s. Info-Box „Parabel" auf S. 10)

ⓘ **Vorbereitende Textanalyse**

In diesem Schritt geht es um ein sorgfältiges beschreibendes Vorgehen, um das Erfassen wesentlicher Eigenarten des Textes, insbesondere

– Handlung (Hauptschritte und -ursachen, inhaltliche Schwerpunkte), wichtige Figuren und ihr Verhältnis zueinander,
– Aufbau/Textform (hier: Parabel).

In dieser Phase müssen Sie dem Text mit Textmarkern und Bleistift zu Leibe rücken. Benutzen Sie Farben und Symbole, die den jeweiligen Untersuchungsschwerpunkten zugeordnet sind; verdeutlichen Sie Bezüge zwischen markierten Stellen durch Pfeile und Stichwortnotizen am Rand.

---

❷ Bildteil und Sachteil: Text und Bedeutung

Übertragen Sie das folgende Schema auf ein Blatt Papier und ergänzen Sie es.

Text	Bildteil	Sachteil	Bedeutung
Anfangssituation	Tal = Meeresarm, Flut naht	unerwartet in eine bedrohliche Situation geraten	Problem
Lösungsversuche (1–3)	1. K. bleibt stehen, sucht einen Kahn	1. Hoffnung auf Rettung von außen, von jemand anderem	**Lösungsmethoden (1–3)**
Folgen →	kein Kahn in Sicht	Hoffnung nicht erfüllt	← Wirkungen
	2. Hoffnung auf Verharren der Flut	2. …	
	⋮	⋮	
	3. K. hört auf zu hoffen und schwimmt, weil er erkennt, dass er sich selbst retten kann	3. …	
	⋮	⋮	
Endsituation	Ende der Gefährdung	…	Problemlösung

Bertolt Brecht: Herr Keuner und die Flut

● Sprachliche Mittel und deren Aussagefunktion erkennen

Sie haben wichtige Entsprechungen zwischen Bildteil und Sachteil hergestellt. Diese Analogien werden in ihrer Aussagekraft durch besondere Eigenarten der sprachlichen Gestaltung des Textes verstärkt.

> ⓘ **Die Parabel**
>
> „Parabel" bedeutet „Nebeneinandergestelltes", „Gleichnis". An einer beispielhaften Handlung wird eine allgemeine Einsicht oder Verhaltensregel sinnfällig. Die Parabel regt den Leser anhand eines bildhaften Beispiels an, einen entsprechenden allgemeinen Sachverhalt zu finden. Ziel der Interpretation ist es, Bildteil und Sachteil deutend miteinander zu verknüpfen.

> ⓘ **Schlüsselwörter und sprachliche Besonderheiten**
>
> Schlüsselwörter erlauben den Zugang zum Bedeutungszentrum eines Textes. Sie sind auf vielfältige Weise miteinander zu einem Bedeutungsfeld verbunden.
> Häufig werden Schlüsselwörter stilistisch zu rhetorischen Figuren verknüpft:
> **Wiederholung** (Wörter, Situationen)
> **Parallele** (Verwendung identischer Satzbaumuster oder Auftreten gleicher oder ähnlicher Verhaltensweisen)
> **Steigerung** (Zunahme an Intensität, z. B. von Gefahr, Angst usw.)
> **Symbole, Metaphern, Vergleiche** (Bedeutungsübertragung)
> **Kontrast/Gegensatz** (bezogen auf Verhaltensweisen, Eigenschaften von Figuren, Begriffe, Situationen)

❸ Schlüsselwörter

a) Markieren Sie im Parabeltext Schlüsselwörter sowie sprachliche Besonderheiten. Stellen Sie Bezüge dieser Wörter zueinander durch Pfeile und Randnotizen dar.

b) Vervollständigen Sie auf der Grundlage Ihrer Ergebnisse die folgende Übersicht.

Textbeispiel	Sprachliches Mittel	Aussagefunktion/Bedeutung
...	Wiederholung	...
...	Steigerung	...
...	Kontrast/Gegensatz	...
...	Symbol	...

❹ Aufsatz

Verfassen Sie eine knappe Interpretation zu Brechts Parabel „Herr Keuner und die Flut".
Nutzen Sie dabei die Ergebnisse der vorangegangenen Übungen.

Am Beispiel des folgenden Kafka-Textes lernen Sie das Verfahren kennen, einen Text unter bestimmten Gesichtspunkten (Aspekten) zu untersuchen. Nachdem ein Zugang zum Text gefunden ist (Aufgabe 1), werden systematisch Fragestellungen entwickelt, die ein genaues Verständnis des Textes ermöglichen.

● Einen Zugang zum Text finden

❶ *Sammeln Sie vor der Textlektüre die Assoziationen, die der Titel „Heimkehr" bei Ihnen auslöst. Halten Sie diese Assoziationen mithilfe des folgenden Modells fest, das Sie vergrößert auf ein Blatt übertragen und nach Bedarf erweitern.*

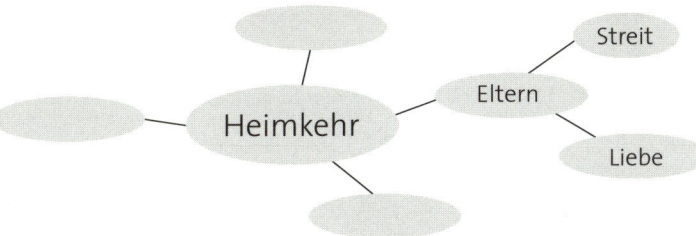

❷ *a) Lesen Sie den Text vor dem Hintergrund Ihrer eigenen Assoziationen zum Thema „Heimkehr".*
b) Formulieren Sie das Thema und die vermutliche Aussageabsicht des Textes.

Franz Kafka
Heimkehr (1920)

Ich bin zurückgekehrt, ich habe den Flur durchschritten und blicke mich um. Es ist meines Vaters alter Hof. Die Pfütze in der Mitte. Altes, unbrauchbares Gerät, ineinander
5 verfahren, verstellt den Weg zur Bodentreppe. Die Katze lauert auf dem Geländer. Ein zerrissenes Tuch, einmal im Spiel um eine Stange gewunden, hebt sich im Wind. Ich bin angekommen. Wer wird mich empfangen?
10 Wer wartet hinter der Tür der Küche? Rauch kommt aus dem Schornstein, der Kaffee zum Abendessen wird gekocht. Ist dir heimlich, fühlst du dich zu Hause? Ich weiß es nicht, ich bin sehr unsicher. Meines Vaters Haus ist
15 es, aber kalt steht Stück neben Stück, als wäre jedes mit seinen eigenen Angelegenheiten beschäftigt, die ich teils vergessen habe, teils niemals kannte. Was kann ich ihnen nützen, was bin ich ihnen und sei ich auch des Vaters, des alten Landwirts Sohn. Und ich wage 20 nicht, an der Küchentür zu klopfen, nur von der Ferne horche ich, nur von der Ferne horche ich stehend, nicht so, dass ich als Horcher überrascht werden könnte. Und weil ich von der Ferne horche, erhorche ich nichts, 25 nur einen leichten Uhrenschlag höre ich oder glaube ihn vielleicht nur zu hören, herüber aus den Kindertagen. Was sonst in der Küche geschieht, ist das Geheimnis der dort Sitzenden, das sie vor mir wahren. Je länger 30 man vor der Tür zögert, desto fremder wird man. Wie wäre es, wenn jetzt jemand die Tür öffnete und mich etwas fragte. Wäre ich dann nicht selbst wie einer, der sein Geheimnis wahren will. 35

Franz Kafka: Heimkehr

(i)

Verfahren der systematischen Textinterpretation im Überblick	2. Gattungsform- bzw. aufbaubezogene Interpretation: Von der Handlungsebene auf die Bedeutungsebene schließen, um Problementfaltung und -lösung nachzuvollziehen (Parabel, Fabel).
1. Inhalt und Thema klären: Was geschieht und warum? Was ist die innere, was die äußere Handlung? Was ist die Ausgangssituation, was die Endsituation, wie wurde sie herbeigeführt?	3. Den Text gezielt unter bestimmten Gesichtspunkten untersuchen, die vorher festgelegt werden.

Den Text systematisch untersuchen

3 *Handlungsverlauf*
Erschließen Sie aus dem Verhalten des Ich-Erzählers mithilfe der folgenden Gliederung die Phasen, in denen seine Heimkehr erfolgt.

Ausgangssituation (Z. 1–2)	Entwicklung (Z. 2–20)	(Z. 20–32)	Ergebnis (Z. 32–35)
...	...	...	...

(i)

Die Funktion der Erzählperspektive

Bei der Analyse der Erzählperspektive geht es vor allem darum, zu untersuchen, von welchem Standort aus Handlung und Gedanken erzählt und welche Darstellungsziele damit verfolgt werden. Liegt – wie in „Heimkehr" – eine Darstellung des Verlaufs aus subjektiver Perspektive vor, kann untersucht werden, wie der Ich-Erzähler seine Situation erlebt.

(i)

Das Thema „Familie" bei Kafka

Ein beherrschendes Thema in Kafkas Werk ist die Beziehung des Sohnes zur Familie und besonders zum Vater. In vielen Texten (z. B. „Das Urteil" oder „Die Verwandlung") stellt Kafka diese Problematik parabolisch dar. Da Kafkas Texte jedoch künstlerische Ziele verfolgen, ist bei der Interpretation jede vordergründige Suche nach Entsprechungen zwischen ihnen und der Biografie des Autors zu vermeiden.

4 *Gedankengang*
Geben Sie den Gedankengang der Erzählers in eigenen Worten wieder. Benennen und erläutern Sie dabei
- *die Ursachen, die für sein Verhalten deutlich werden,*
- *die Folgen, die sie zeitigen,*
- *die Pointe in Z. 32–35.*

⑤ *Symbolische Gestaltung*

*Die Wahrnehmungen des Ich-Erzählers
verdeutlichen symbolisch die emotionalen
Auswirkungen seiner Heimkehr und ihre
Ursachen. Der Erzähler gibt hier die Kategorien
„heimlich" (= heimisch) und „fremd" vor
(vgl. Z. 12/13 bzw. Z. 30–32).
Ergänzen Sie die folgende Übersicht um
weitere passende Symbole und erläutern Sie
stichwortartig, auf welche Befindlichkeiten
des Erzählers oder auf welche Verhältnisse
innerhalb der Familie sie hinweisen.*

> ### ⓘ Die Symbolik erfassen
>
> Im Zusammenhang mit Thema und Proble-
> matik eines Textes gewinnen bestimmte Ge-
> genstände, Situationen oder Lebewesen oft
> symbolische, bildliche Bedeutung. Um Sym-
> bole zu erkennen, sollte man auf Wiederho-
> lungen bestimmter Begriffe in wichtigen
> Situationen ebenso achten wie auf die Bedeu-
> tung, die ihnen in diesen Situationen und
> aufgrund der eigenen allgemeinen Lebenser-
> fahrung zukommt. Küche kann z. B. symbo-
> lisch auf Geborgenheit verweisen.

Hofbereich	Symbol ⟶	Befindlichkeit/Verhältnisse
„fremd" (äußerer Bereich der Familie)	...	...
	altes, unbrauchbares Gerät, ineinander verfahren, verstellt den Weg	...
	...	...

Küchenbereich	Symbol ⟶	Befindlichkeit/Verhältnisse
„heimlich" (innerer Bereich der Familie)	Rauch aus dem Schornstein	...
	Kaffee wird gekocht	...
	...	...

> ### ⓘ Untersuchungsschwerpunkte finden (Zusammenfassung)
>
> Um wichtige Untersuchungsschwerpunkte
> für die Interpretation zu finden, sollte man
> sich vor allem an folgenden Aspekten orien-
> tieren:
> – Handlung, Konflikt, Problem sowie deren
>   Ursachen, Entwicklung und Lösung
> – Verhaltensweisen und Reaktionen sowie
>   Folgen und Ursachen
> – Beziehungen zwischen Figuren (Entwick-
>   lung, Ursachen von Störungen)
> – sprachliche, erzählerische, formale Auffäl-
>   ligkeiten sowie ihre Beziehung zu Textge-
>   halt und -intention

Günter Kunert

Das Bild der Schlacht am Isonzo
(1964)

Otto Dix, Abgekämpfte Truppe geht zurück

Auch der Maler war in der Schlacht gewesen; bald danach fertigte er ein Gemälde an, auf dem er darstellte, was er gesehen hatte: Im Vordergrund lagen Sterbende, denen die Ge-
5 därme aus den aufgerissenen Leibern quollen, und Leichen, über die Pferde und Tanks weggegangen, dass bloß blutiger Brei geblieben, geschmückt mit Knochensplittern. Dahinter stürmten die Soldaten der gegneri-
10 schen Heere aufeinander zu, in besudelten Uniformen, angstverzerrt die Gesichter. Im Hintergrund, unterhalb des Befehlsstandes, waren Offiziere dabei, Weiber zu schwängern, Kognak zu saufen und die Ausrüstung
15 ganzer Kompanien für gutes Geld zu verhökern.
Dies war das Bild, und es hing im Atelier des Malers, als ein Besucher erschien, der sich porträtieren lassen wollte und durch Wesen
20 und Benehmen sich als alter General zu erkennen gab. Er erschrak vor dem Bild.
So sei die Schlacht nie gewesen, rief er, das Bild lüge! Sein blinzelnder Blick fuhr kreuz und quer das Werk ab und entdeckte dabei hinter dem zerschmetterten Schädel eines 25 Toten eine kleine Gestalt, die trommelnd und singend und mit kühn verschobenem Helm aufs Schlachtfeld lief. Dieses Detail kaufte der General, ließ es aus dem Gemälde schneiden und einrahmen: damit künftige 30 Generationen sich ein Bild machen könnten von der großen Schlacht am Isonzo.

🔵 Zugang zum Text

Kunert erfindet zwar eine Handlung, bezieht diese aber auf ein konkretes historisches Ereignis, nämlich auf eine der verlustreichen Materialschlachten am Isonzo während des 1. Weltkrieges. Dieser Umstand legt eine besondere Art des Textzugangs nahe, die weniger assoziativ und stärker an gezielten Fragestellungen ausgerichtet ist.

❶ *Verschaffen Sie sich anhand des nebenstehenden Lexikonartikels und indem Sie weiteres Informationsmaterial heranziehen, einen Einblick in die historischen Grundlagen des Textes. Vergleichen Sie dann das Informationsmaterial und den Text. Halten Sie in einer Tabelle stichwortartig fest, worauf jeweils die Schwerpunkte liegen und aus welcher Perspektive die Ereignisse dargestellt werden.*

ⓘ ....
Isonzoschlachten
An der Isonzofront die insgesamt 12 Schlachten während des 1. Weltkriegs. Die Schlachten wurden zwischen dem Juni 1915 und Nov. 1917 ausgetragen. Erst in der 12. Schlacht gelang den Österreichern (mit dt. Hilfe) der Durchbruch der vom Golf von Triest bis in die Julischen Alpen verlaufenden italienischen Front.
(Aus: dtv-Wörterbuch zur Geschichte)

Systematische Interpretation

Der Aufbau und die Aussageweise des Textes legen für die Interpretation eine lineare Vorgehensweise nahe: Man orientiert sich an der Abfolge der Erzählschritte.

❷ Handlungsverlauf
a) Markieren Sie im Text Sinneinheiten und notieren Sie dafür Überschriften.
b) Geben Sie den Handlungsverlauf in eigenen Worten knapp wieder (Inhaltsangabe).

❸ Der Maler und sein Bild der Schlacht
*Übertragen Sie das folgende Schema auf ein Blatt Papier und erschließen Sie so die Einsichten,
die der Maler während der Schlacht gewonnen hat. Beziehen Sie Z. 28–32 ein; verbinden Sie
Ihre Aussagen mit konkreten Textstellen.*

Angesprochener Gesichtspunkt	Textstelle	Textaussage
Rolle und Bedeutung des einzelnen Soldaten	…	…
Heldentum, Kampfbegeisterung, kriegerisches Handeln	…	…
Sinn und Zweck von Kampf und Opfer	…	…
…	Z. 8–11: „Dahinter … Gesichter."	…
…	Z. 11–16: „Im Hintergrund … verhökern."	…

❹ Bild- und Textaussage/sprachliche Darstellung
*Sowohl der Maler als auch der General stellen ihre subjektive Sicht der Schlacht dar,
wobei der Erzähler offensichtlich die Partei des Malers ergreift.
Untersuchen Sie die Wirkung des Kontrasts.*

Das Stilmittel des Kontrasts

Beispiele	Wirkung
Sicht des Malers ↔ Sicht des Generals	…
Detail, das der General kauft ↔ …	…

❺ Struktur und Intention des Schlussabschnittes
*Die erste Texthälfte der Parabel kritisiert die Qualen und die Sinnlosigkeit kriegerischer Opfer
sowie den Zynismus der Verantwortlichen. Die in der zweiten Texthälfte erzählten Ereignisse
laufen diesen Zielen zuwider.
Erschließen Sie die parabolische Aussage der zweiten Texthälfte.*

1.2 Kurzgeschichten

Ein zentraler Schwerpunkt moderner Kurzprosa liegt darin, die Probleme zwischenmenschlicher Beziehungen darzustellen. Die folgende Kurzgeschichte ist dafür ein Beispiel.

● **Zugang zum Text**

Ilse Aichinger
Das Fenster-Theater (1949)

Die Frau lehnte am Fenster und sah hinüber. Der Wind trieb in leichten Stößen vom Fluss herauf und brachte nichts Neues. Die Frau hatte den starren Blick neugieriger Leute, die
5 unersättlich sind. Es hatte ihr noch niemand den Gefallen getan, vor ihrem Haus niedergefahren zu werden. Außerdem wohnte sie im vorletzten Stock, die Straße lag zu tief unten. Der Lärm rauschte nur mehr leicht he-
10 rauf. Alles lag zu tief unten. Als sie sich eben vom Fenster abwenden wollte, bemerkte sie, dass der Alte gegenüber Licht angedreht hatte. Da es noch ganz hell war, blieb dieses Licht für sich und machte den merkwürdigen Ein-
15 druck, den aufflammende Straßenlaternen unter der Sonne machen. Als hätte einer an seinen Fenstern die Kerzen angesteckt, noch ehe die Prozession die Kirche verlassen hat. Die Frau blieb am Fenster.
20 Der Alte öffnete und nickte herüber. Meint er mich?, dachte die Frau. Die Wohnung über ihr stand leer und unterhalb lag eine Werkstatt, die um diese Zeit schon geschlossen war. Sie bewegte leicht den Kopf. Der Alte
25 nickte wieder. Er griff sich an die Stirne, entdeckte, dass er keinen Hut aufhatte, und verschwand im Innern des Zimmers.
Gleich darauf kam er in Hut und Mantel wieder. Er zog den Hut und lächelte. Dann nahm
30 er ein weißes Tuch aus der Tasche und begann zu winken. Erst leicht und dann immer eifriger. Er hing über die Brüstung, dass man Angst bekam, er würde vornüberfallen. Die Frau trat einen Schritt zurück, aber das schien
35 ihn nur zu bestärken. Er ließ das Tuch fallen, löste seinen Schal vom Hals – einen großen bunten Schal – und ließ ihn aus dem Fenster wehen. Dazu lächelte er. Und als sie noch einen weiteren Schritt zurücktrat, warf er den
40 Hut mit einer heftigen Bewegung ab und wand den Schal wie einen Turban um seinen Kopf. Dann kreuzte er die Arme über der Brust und verneigte sich. Sooft er aufsah, kniff er das linke Auge zu, als herrsche zwi-
45 schen ihnen ein geheimes Einverständnis. Das bereitete ihr so lange Vergnügen, bis sie plötzlich nur mehr seine Beine in dünnen, geflickten Samthosen in die Luft ragen sah. Er stand auf dem Kopf. Als sein Gesicht gerö-
50 tet, erhitzt und freundlich wieder auftauchte, hatte sie schon die Polizei verständigt.
Und während er, in ein Leintuch gehüllt, abwechselnd an beiden Fenstern erschien, unterschied sie schon drei Gassen weiter über
55 dem Geklingel der Straßenbahnen und dem gedämpften Lärm der Stadt das Hupen des Überfallautos. Denn ihre Erklärung hatte nicht sehr klar und ihre Stimme erregt geklungen. Der alte Mann lachte jetzt, sodass
60 sich sein Gesicht in tiefe Falten legte, streifte dann mit einer vagen Gebärde darüber, wurde ernst, schien das Lachen eine Sekunde lang in der hohlen Hand zu halten und warf es dann hinüber. Erst als der Wagen schon
65 um die Ecke bog, gelang es der Frau, sich von seinem Anblick loszureißen.
Sie kam atemlos unten an. Eine Menschenmenge hatte sich um den Polizeiwagen gesammelt. Die Polizisten waren abgesprungen
70 und die Menge kam hinter ihnen und der

Frau her. Sobald man die Leute zu verscheuchen suchte, erklärten sie einstimmig in diesem Hause zu wohnen. Einige davon kamen bis zum letzten Stock mit. Von den Stufen be-75 obachteten sie, wie die Männer, nachdem ihr Klopfen vergeblich blieb und die Glocke allem Anschein nach nicht funktionierte, die Tür aufbrachen. Sie arbeiteten schnell und mit einer Sicherheit, von der jeder Einbre-80 cher lernen konnte. Auch in dem Vorraum, dessen Fenster auf den Hof sahen, zögerten sie nicht eine Sekunde. Zwei von ihnen zogen die Stiefel aus und schlichen um die Ecke. Es war inzwischen finster geworden. Sie 85 stießen an einen Kleiderständer, gewahrten den Lichtschein am Ende des schmalen Ganges und gingen ihm nach. Die Frau schlich hinter ihnen her.
Als die Tür auflog, stand der alte Mann mit 90 dem Rücken zu ihnen gewandt noch immer am Fenster. Er hielt ein großes weißes Kissen auf dem Kopf, das er immer wieder abnahm,

als bedeutete er jemandem, dass er schlafen wolle. Den Teppich, den er vom Boden genommen hatte, trug er um die Schultern. Da 95 er schwerhörig war, wandte er sich auch nicht um, als die Männer schon knapp hinter ihm standen und die Frau über ihn hinweg in ihr eigenes finsteres Fenster sah.
Die Werkstatt unterhalb war, wie sie ange- 100 nommen hatte, geschlossen. Aber in die Wohnung oberhalb musste eine neue Partei eingezogen sein. An eines der erleuchteten Fenster war ein Gitterbett geschoben, in dem aufrecht ein kleiner Knabe stand. Auch er 105 trug sein Kissen auf dem Kopf und die Bettdecke um die Schultern. Er sprang und winkte herüber und krähte vor Jubel. Er lachte, strich mit der Hand über das Gesicht, wurde ernst und schien das Lachen eine Sekunde 110 lang in der hohlen Hand zu halten. Dann warf er es mit aller Kraft den Wachleuten ins Gesicht.

❶ a) Formulieren Sie, was die Schlusspointe zum Verständnis des Vorangegangenen beiträgt.
   b) Erläutern Sie den Titel, indem Sie sich auf das Verhalten des Alten beziehen.

Interpretation

Die Kurzgeschichte enthält eigentlich eine Doppelhandlung, was allerdings erst am Schluss klar wird. Es liegt nahe, die Beziehungen zwischen den beiden Handlungen zu untersuchen.

ⓘ **Handlungsstruktur**

Epischen Texten liegt nicht immer nur eine Haupthandlung zugrunde. Parallel- und Nebenhandlungen können auf vielfältige Weise mit der Haupthandlung verbunden sein:

– personal (identische Figuren)
– als Ursache oder Folge von Ereignissen der Haupthandlung
– zeitlich parallel oder als Rückblende
– thematisch als Spiegelung oder Kontrast

❷ *Handlungsstruktur (Aufbau)*
Untersuchen Sie die Beziehungen zwischen den Teilen der Doppelhandlung nach folgender Anleitung:

Gesichtspunkt	Die Frau	Der Alte
Lebenssituation	...	...
Beziehung zum Gegenüber	...	...
Umgang mit der Lebenssituation	...	...

Ilse Aichinger: Das Fenster-Theater

Weil der Erzähler vom Handlungsverlauf stets nur das preisgibt, was die Frau sehen kann, versteht die Leserin/der Leser erst am Schluss die zentrale Aussage, die mit dem Verhalten des Alten und dem der Frau verbunden ist.

ⓘ Erzählperspektive und Leserlenkung

Nicht immer decken sich die gewählte Erzählperspektive und die Sympathie des Erzählers für seine Hauptfigur. Um Distanz zu verdeutlichen und die Leserinnen und Leser gegen die Hauptfigur einzunehmen, können dem Erzähler u. a. folgende Mittel gegeben werden:

– Erzählerkommentar (kritisch oder ironisch-sarkastisch); der Erzähler tritt hier gegenüber der Perspektive seiner Figur als eigenständige Stimme hervor
– entlarvende Darstellung der Beschreibung von Denk- und Verhaltenswidersprüchen und Unzulänglichkeiten
– kommentarlose Kontrastierung von Anspruch und Vermögen, von verschiedenen Verhaltensweisen etc.

---

❸ Erzählperspektive

Markieren Sie Stellen, die eindeutig aus der Sicht der Frau erzählt sind. Arbeiten Sie heraus, welche Informationen der Erzähler damit über die Frau gibt.

❹ Leserlenkung

Obwohl die Handlung aus der Sicht der Frau wiedergegeben wird, steht der Leser nicht auf ihrer Seite. Erarbeiten Sie mithilfe der folgenden Anleitung, wie die Autorin diese kritische Haltung und Distanz beim Leser erzielt.

TIPP Vergessen Sie nicht, zwischen der Autorin (Aichinger) und ihrer fiktionalen Erzählfigur (dem Erzähler) zu unterscheiden!

Leserlenkung

Textstelle	Mittel der Lenkung	Erzielte Wirkung
⋮	⋮	⋮
Z. 59 ff./108 ff.	…	…
Z. 100–113	…	…

ⓘ Gesichtspunkte für die Interpretation moderner Kurzprosa (Zusammenfassung):

– Welche Aspekte modernen Lebens werden angesprochen?
– Welche menschlichen Auswirkungen bzw. Reaktionen darauf werden dargestellt, welche Zusammenhänge werden deutlich?
– Welche Haltung nimmt der Erzähler ein?
– Welche künstlerischen Mittel benutzt die Autorin/der Autor, um die angesprochenen Zusammenhänge sinnfällig zu machen?

Gabriele Wohmann

Flitterwochen, dritter Tag (1968)

Reinhard am dritten Tag gegen fünf, auf der Bierkneipenterrasse: du wirst deine Arbeit aufgeben. Du wirst einfach kündigen. Es war fast windstill, die Luft feucht. Ich kam aber
5 nicht ganz dahinter, ob es mir richtig behagte. Ich starrte immer weiter den Mann mit der Warze an. Reinhard hob sein Glas, trank mir zu, mit irgendeinem Trinkspruch auf unsere Zukunft. Die Warze sah wie ein Polyp aus.
10 Reinhard schlug vor, so wie jetzt an der See auch später regelmäßig abends spazieren-zugehen. Ja. Warum nicht? Schließlich: die Wohnung mit ihrer günstigen Lage. Unterm Hemd würde die Warze sich auch bemerkbar
15 machen. Sie war mehr als einen Zentimeter lang. Seitlich vom Schlüsselbein stand sie senkrecht ab. Prost, Schatz, cheerio! Vielleicht, bei diesem Unmaß, hieß das nicht mehr Warze, was ich immer noch anstarrte.
20 Liebling, he! Wir sind getraut! Du und ich, wir zwei – was man sich so zunuschelt kurz nach der Hochzeit. Reinhards Lieblingsge-richte, dann meine. Durch die Fangarme sah

die Warze einer Narrenkappe ähnlich. Die Wohnung werden wir nach deinem Ge- 25 schmack einrichten; der Garten – bloß Wild-nis. Tee von Reinhards Teegroßhändler. Nett, so einig zu sein. Abwegiges Grau der See, und mein zweites Glas leer. Die Oberfläche der Warze war körnig, wie die Haut auf Hühner- 30 beinen. Reinhard hat noch zwei Stella Artois bestellt, ich fühlte nun doch ziemlich genau, daß es mir zusagte, das Ganze, Bier, diese Wit-terung, dies bemerkenswerte Meer und unser Gerede über alles, zum Beispiel: Hauptsache, 35 du bist dein blödes Büro los. Das schrundige Ding auf der Schulter, erstarrtes Feuerwerk, stand nicht zur Debatte. Reinhard schützte wieder mal ein Schiff vor und starrte durchs Fernglas runter auf den Strand. Gewitter 40 stand unmittelbar bevor, unser Zusammenle-ben auch, auch Abendspaziergänge, Teebe-stellungen, Leibgerichte, die Warze war im-mer noch sichtbar nun unterm Hemd, das der Mann anzog. Antonio Gaudi hätte sie ge- 45 träumt haben können. Reinhard redete, und ich habe eine Zeitlang nicht zugehört, weil ich – ich hätte schon ganz gern gewußt, ob das nicht weh tat, wenn mehr als nur ein

50 Hemd auf die Warze Druck ausübte. Organi-
sation, Schatz, sagte Reinhard, und er ist
nicht nur billiger beim Großhändler, es ist
einfach besserer Tee. Weitere Stella Artois, die
Schwüle war mir recht, das Meer lieb und
55 wert, egal Reinhards Seitensprünge durchs
Fernglas. Der leicht bekleidete Krake, der ver-
trauliche Vielfuß, Verruca die Warze. Freust
du dich, Schatz? Reinhard war mir jetzt
näher. Auf alles, Schatz? Und was man so
60 sagt. Es war nett.
Der Mann mit der neukatalanischen Warze
bezahlte. Dann verstaute er sein Fernglas in
einem etwas abgeschabten Lederetui. Er

stand auf. Da stand auch ich auf. Der Mann
mit der Warze bahnte sich den besten Weg 65
zwischen den Korbsesseln. Ich hinterher. Er
brauchte nicht weiter auf mich zu warten, ich
habe kaum gezögert, er wartete, wieder mir
zugekehrt, die Warze, das Wappen, er wartete, Reinhard wartete, mein Mann mit der 70
Warze.   Ⓡ

Stella Artois: belgisches Bier
Antonio Gaudí: spanischer Architekt, lebte von 1852 bis
1926, fand eine persönliche Form des Jugendstils von
höchster Originalität, den neukatalanischen Baustil. Bekanntes Werk: Kirche der Sagrada Familia in Barcelona
Verruca: Warze

❶ Erzähler und Figuren

*Untersuchen Sie, wer die Geschichte erzählt und welche Personen in der Geschichte auftreten.
Führen Sie bei Ihrer Antwort geeignete Textbelege an.*

❷ Innere Handlung

*Unterstreichen Sie in unterschiedlichen Farben
a) die Gedanken der Erzählerin,
b) Textstellen, die darauf hinweisen, was
möglicherweise in Reinhard vorgeht.*

ⓘ
Beispiele zu Aufgabe 2

a) „Ich kam aber nicht ganz dahinter, ob es
mir richtig behagte" (Z. 4–6).
„Die Warze sah wie ein Polyp aus" (Z. 9).
b) „Reinhard schützte wieder mal ein Schiff
vor und starrte durchs Fernglas runter auf
den Strand" (Z. 38 ff.).

ⓘ
Kommunikation

Menschliche Kommunikation (= Verständigung untereinander) lässt sich nicht auf den
Austausch von Informationen reduzieren.
Neben dem gesprochenen und geschriebe-
nen Wort sind weitere Elemente der Kommunikation wie z. B. Körpersprache, Mienen-
spiel und Gestik wesentliche wirksame
Faktoren.
Zwischenmenschliche Verständigung bedeutet ein absichtsvolles soziales Handeln auf

der Grundlage des gemeinsamen Alltagswis-
sens der Beteiligten. Die Schwierigkeiten, zu
verstehen und sich zu verständigen, prägen
geradezu unsere Alltagserfahrung.
Meist ist die Alltagskommunikation weitgehend automatisiert. Durch Störungen der
Kommunikation werden wir manchmal erst
auf einzelne Bedingungen ihrer Möglichkeit
aufmerksam. Einsichten darüber, wie Kommunikation funktioniert, gewinnt man am
ehesten anhand von Situationen, in denen
sie gerade nicht gelingt.

❸ Kommunikation

Untersuchen Sie die Gesprächsbeiträge der Ehepartner (d. h. die wörtliche Rede) und den Gesprächsverlauf. Beschreiben Sie das Verhalten der Eheleute in dieser Kommunikationssituation.

❹ Beziehung

Erläutern Sie das folgende Beziehungsmodell mithilfe Ihres Materials aus den vorangegangenen Aufgaben.

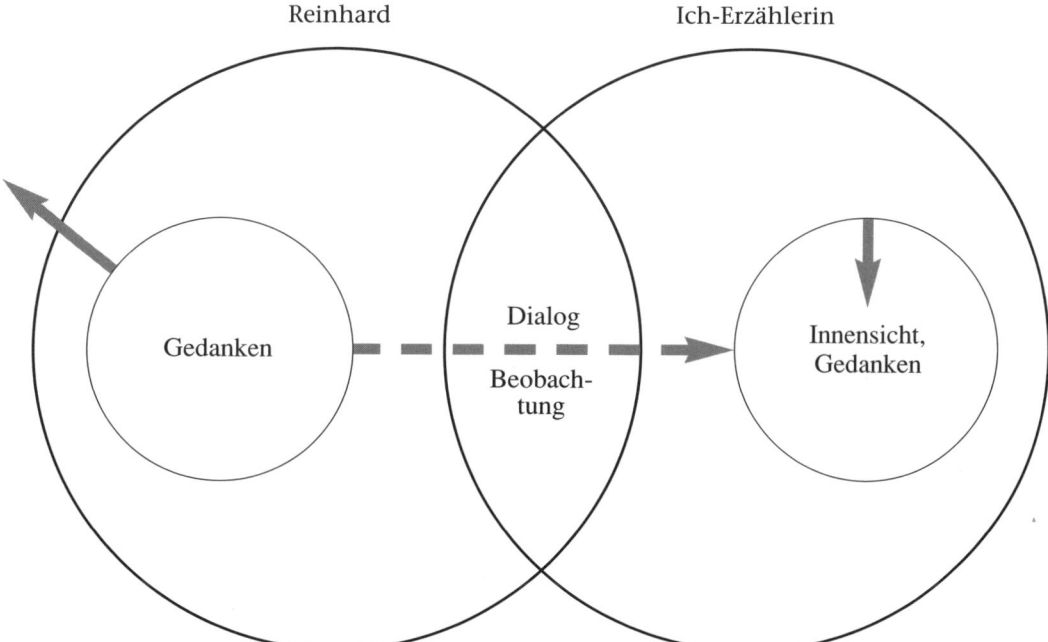

❺ Sicht der Frau auf den Mann

Sammeln Sie mithilfe einer solchen Tabelle Äußerungen der Ich-Erzählerin, die sich aus ihrer Wahrnehmung der Warze ergeben.

Äußere, vergleichende Beschreibung	Sachlich distanzierte Wahrnehmung	Subjektives Nachfühlen und Hinein-versetzen in die Situation des Mannes
...	...	...

❻ Zusammenfassung

Werten Sie die Tabelle aus und erläutern Sie,
a) wie die unterschiedlichen Äußerungen zum Thema „Warze" zur Charakterisierung der Betrachterin und ihres Gegenübers beitragen,
b) inwiefern die Äußerungen der Betrachterin ihr Verhältnis zu ihrem Ehemann widerspiegeln.

Seit den frühen 60er Jahren machen Autoren die Erfahrung, dass eine als unüberschaubar, unverständlich und gestört empfundene Alltagswirklichkeit und ihre Wirkung auf den Menschen mittels traditioneller Erzählweisen literarisch nicht mehr angemessen vermittelt werden kann.

Im folgenden Arbeitsschritt können Ausgangssituation und Handlungsverlauf erfasst und Zusammenhänge verdeutlicht werden, ehe sich thematische Schwerpunkte formulieren lassen, die eine gezielte Untersuchung des inneren Zusammenhangs der erzählten Vorgänge oder Situationen ermöglichen.

Peter Bichsel

San Salvador (1964)

Er hatte sich eine Füllfeder gekauft.

Nachdem er mehrmals seine Unterschrift, dann seine Initialen, seine Adresse, einige Wellenlinien, dann die Adresse seiner Eltern
5 auf ein Blatt gezeichnet hatte, nahm er einen neuen Bogen, faltete ihn sorgfältig und schrieb: „Mir ist es hier zu kalt", dann, „ich gehe nach Südamerika", dann hielt er inne, schraubte die Kappe auf die Feder, betrachte-
10 te den Bogen und sah, wie die Tinte eintrocknete und dunkel wurde (in der Papeterie garantierte man, dass sie schwarz werde), dann nahm er seine Feder erneut zur Hand und setzte noch großzügig seinen Namen Paul
15 darunter.

Dann saß er da.

Später räumte er die Zeitungen vom Tisch, überflog dabei die Kinoinserate, dachte an irgendetwas, schob den Aschenbecher beisei-
20 te, zerriss den Zettel mit den Wellenlinien, entleerte seine Feder und füllte sie wieder. Für die Kinovorstellung war es jetzt zu spät.

Die Probe des Kirchenchores dauert bis neun Uhr, um halb zehn würde Hildegard zurück
25 sein. Er wartete auf Hildegard. Zu all dem Musik aus dem Radio. Jetzt drehte er das Radio ab.

Auf dem Tisch, mitten auf dem Tisch, lag nun der gefaltete Bogen, darauf stand in blau-
30 schwarzer Schrift sein Name Paul.

„Mir ist es hier zu kalt", stand auch darauf.

Nun würde also Hildegard heimkommen, um halb zehn. Es war jetzt neun Uhr. Sie läse

seine Mitteilung, erschräke dabei, glaubte wohl das mit Südamerika nicht, würde den- 35 noch die Hemden im Kasten zählen, etwas müsste ja geschehen sein.

Sie würde in den „Löwen" telefonieren.

Der „Löwe" ist mittwochs geschlossen.

Sie würde lächeln und verzweifeln und sich 40 damit abfinden, vielleicht.

Sie würde sich mehrmals die Haare aus dem Gesicht streichen, mit dem Ringfinger der linken Hand beidseitig der Schläfe entlangfahren, dann langsam den Mantel aufknöp- 45 fen.

Dann saß er da, überlegte, wem er einen Brief schreiben könnte, las die Gebrauchsanweisung für den Füller noch einmal – leicht nach rechts drehen –, las auch den französischen 50 Text, verglich den englischen mit dem deutschen, sah wieder seinen Zettel, dachte an Palmen, dachte an Hildegard.

Saß da.

Und um halb zehn kam Hildegard und frag- 55 te: „Schlafen die Kinder?"

Sie strich sich die Haare aus dem Gesicht.

1 *Lesen und Markieren*

a) Lesen Sie den Text und markieren Sie sprachliche Auffälligkeiten (Wortwahl, Wiederholungen usw.).
b) Formulieren Sie Fragen an den Text.

2 *Handlung*
Untersuchen Sie den Text und unterscheiden Sie äußere und innere Handlung.

Handlungsschritte	Äußere Handlung (z. B. Taten, Vorgänge)	Innere Handlung (z. B. Gefühle, Gedanken)
...	...	...

3 *Thema*
Formulieren Sie das Thema des vorliegenden Textes.

Erzählerische Mittel werden meist nicht um ihrer selbst willen eingesetzt, sondern zur Unterstützung oder Erzeugung einer Aussage; sie stehen also in einer funktionalen Beziehung zum Textganzen. Für die Interpretation heißt das, dass dieser Zusammenhang begrifflich rekonstruiert und erklärt werden muss, nachdem die Mittel als solche erkannt worden sind.

ⓘ Erzählerische Mittel

Syntax
- **Anapher:** Wiederholung identischer Satzanfänge
- **Parallelismus:** Wiederholung gleicher Satzbaumuster
- **Parataxe** (Satzreihe): Verknüpfungen von Hauptsätzen
- **Hypotaxe** (Satzgefüge): Verknüpfung von Haupt- und Nebensätzen

Zeitstruktur: hergestellt durch Hinweise auf Zeitpunkte und Zeitverlauf
Modus: Benutzung von Indikativ, Konjunktiv, Imperativ

ⓘ Möglichkeiten der Wiedergabe des Innenlebens einer Figur

Gedankenzitat: Der Erzähler bleibt als Berichterstatter präsent.
Erlebte Rede: Die Gedanken werden aus der Perspektive der Figur, nicht aus der des Erzählers, in der 3. Person Singular im Präsens wiedergegeben.
Innerer Monolog (Bewusstseinsstrom): Der Erzähler tritt völlig zurück; mittels der 1. Person Präsens wird eine authentische Präsentation oft auch nur halb bewusster gedanklicher Vorgänge in einer literarischen Figur angestrebt.

4 *Erzählerische Mittel*
Ergänzen Sie die folgende Übersicht.

Erzählerische Mittel	Intention
Wiederholung: der Botschaft, des Hinsehens	...
...	Identifikation Pauls mit der Botschaft
...	Pauls Passivität/Leere/Selbstentfremdung
...	Pauls durch Passivität vertane Chance
...	...

1.3 Epische Großformen

Max Liebermann, Theodor Fontane

ⓘ Biografisches

Theodor Fontane (1819–1898) gehört mit seinen Gesellschaftsromanen zu den großen Vertretern des realistischen Romans:
Er schrieb u. a. „Irrungen und Wirrungen" (1888), „Frau Jenny Treibel" (1892) und „Der Stechlin" (erschienen 1899).
Der Roman „Effi Briest", begonnen 1890, erschien 1894/95 in zwei Teilen in der „Deutschen Rundschau".
Die erzählten Ereignisse gehen im Kern auf eine Begebenheit zurück, die sich im Bekanntenkreis Fontanes zugetragen hatte.

ⓘ „Effi Briest": zum Inhalt des Romans

Die siebzehnjährige **Effi** heiratet den zwanzig Jahre älteren **Baron von Innstetten** und folgt ihm in sein Haus in Kessin. Von ihrem Mann oft allein gelassen beginnt sich die lebensfrohe Effi in dem gesellschaftlich uninteressanten Kessin zu langweilen. Auch die Geburt ihres Kindes kann sie aus ihrer inneren Vereinsamung nicht befreien. Spukgeräusche und unheimliche Erscheinungen verängstigen sie, aber bei ihrem Mann, Baron von Innstetten, findet sie keinen Trost. Als der neue Bezirkskommandant, **Major von Crampas**, in Kessin eintrifft, erhofft sich Effi eine Abwechslung und es entwickelt sich allmählich eine Liebesbeziehung.

In dem folgenden Brief an ihre Mutter beschreibt Effi ihre erste Begegnung mit dem neuen Bezirkskommandanten.
Durch ein Geflecht aus **Vorausdeutungen** und **Anspielungen** lässt Fontane den Leser Einblick nehmen in Effis momentanes Gefühlsleben, in kommende Ereignisse und deren Konsequenzen. Dabei bedient sich Fontane der Technik, offensichtliche Vorausdeutungen durch gegenläufige Bemerkungen zu relativieren.

Anhand der **Analyse dieser Textstelle** lässt sich Fontanes **Technik, eine Romanfigur einzuführen**, erkennen. Es wird ersichtlich, welche Bedeutung diese Figur für die anderen Romangestalten und den Verlauf der Handlung gewinnt.

Theodor Fontane
Effi Briest (1895)

Auch über dies Ereignis berichtete Effi, die jetzt überhaupt häufiger nach Hohen-Cremmen schrieb, und es war in demselben Briefe, dass es am Schlusse hieß: „Etwas, meine liebe
5 Mama, hätte ich beinah vergessen: den neuen Landwehrbezirkskommandeur, den wir nun schon beinah vier Wochen hier haben. Ja, haben wir ihn wirklich? Das ist die Frage, und eine Frage von Wichtigkeit dazu, sosehr
10 du darüber lachen wirst und auch lachen musst, weil du den gesellschaftlichen Notstand nicht kennst, in dem wir uns nach wie vor befinden. Oder wenigstens ich, die ich mich mit dem Adel hier nicht gut zurechtfin-
15 den kann. Vielleicht meine Schuld. Aber das ist gleich. Tatsache bleibt: Notstand, und deshalb sah ich, durch all diese Winterwochen hin, dem neuen Bezirkskommandeur wie einem Trost- und Rettungsbringer entgegen.
20 Sein Vorgänger war ein Gräuel, von schlechten Manieren und noch schlechteren Sitten, und zum Überfluss auch noch immer schlecht bei Kasse. Wir haben all die Zeit über unter ihm gelitten, Innstetten noch mehr als
25 ich, und als wir Anfang April hörten, Major von Crampas sei da, das ist nämlich der Name des Neuen, da fielen wir uns in die Arme, als könne uns nun nichts Schlimmes mehr in diesem lieben Kessin passieren. Aber, wie
30 schon kurz erwähnt, es scheint, trotzdem er da ist, wieder nichts werden zu wollen. Crampas ist verheiratet, zwei Kinder von zehn und acht Jahren, die Frau ein Jahr älter als er, also sagen wir fünfundvierzig. Das würde nun an
35 und für sich nicht viel schaden, warum soll ich mich nicht mit einer mütterlichen Freundin wundervoll unterhalten können? Die Trippelli war auch nahe dreißig und es ging ganz gut. Aber mit der Frau von Crampas,
40 übrigens keine Geborne, kann es nichts werden. Sie ist immer verstimmt, beinahe melancholisch (ähnlich wie unsere Frau Kruse, an die sie mich überhaupt erinnert), und das alles aus Eifersucht. Er, Crampas, soll näm-
45 lich ein Mann vieler Verhältnisse sein, ein Damenmann, etwas, was mir immer lächerlich ist und mir auch in diesem Falle lächerlich sein würde, wenn er nicht, um eben solcher Dinge willen, ein Duell mit einem
50 Kameraden gehabt hätte. Der linke Arm wurde ihm dicht unter der Schulter zerschmettert und man sieht es sofort, trotzdem die Operation, wie mir Innstetten erzählt (ich glaube, sie nennen es Resektion, damals
55 noch von Wilms ausgeführt), als ein Meisterstück der Kunst gerühmt wurde. Beide, Herr und Frau von Crampas, waren vor vierzehn Tagen bei uns, um uns ihren Besuch zu machen; es war eine sehr peinliche Situation,
60 denn Frau von Crampas beobachtete ihren Mann so, dass er in eine halbe und ich in eine ganze Verlegenheit kam. Dass er selbst sehr anders sein kann, ausgelassen und übermütig, davon überzeugte ich mich, als er
65 vor drei Tagen mit Innstetten allein war und ich, von meinem Zimmer her, dem Gang ihrer Unterhaltung folgen konnte. Nachher sprach auch ich ihn. Vollkommener Kavalier, ungewöhnlich gewandt. Innstetten war wäh-
70 rend des Krieges in derselben Brigade mit ihm und sie haben sich im Norden von Paris bei Graf Gröben öfter gesehen. Ja, meine liebe Mama, das wäre nun also etwas gewesen, um in Kessin neues Leben beginnen zu können;
75 er, der Major, hat auch nicht die pommerschen Vorurteile, trotzdem er in Schwedisch-Pommern zu Hause sein soll. Aber die Frau! Ohne sie geht es natürlich nicht und mit ihr erst recht nicht.“

Theodor Fontane: Effi Briest

❶ Einführung einer Romanfigur (Crampas)/ Erzählperspektive

Lesen Sie den Brief Effis an ihre Mutter.

a) *Notieren Sie kurz, auf welche Weise Major von Crampas als Romanfigur eingeführt wird.*

b) *Aus welcher Perspektive wird die Figur geschildert?*
An welchen Stellen wird die Erzählperspektive besonders deutlich?

❷ Effis Haltung gegenüber Crampas

Untersuchen Sie den Text zunächst auf Hinweise, die Effis Haltung gegenüber Major von Crampas verdeutlichen.
Unterstreichen Sie alle wichtigen Textstellen, in denen der Leser Informationen über Crampas erhält!
Legen Sie dann eine Tabelle an, in der Sie Effis zwiespältige Haltung gegenüber Crampas belegen.

> **Unterscheidung Autor – Erzähler**
>
> Man unterscheidet zwischen dem Autor und dem (vom Autor erfundenen) Erzähler, der wiederum eine Handlung aus verschiedenen Perspektiven wiedergeben kann, und zwar als
> – Ich-Erzähler,
> – personaler Erzähler, d. h., es wird aus der Sicht einer beteiligten Person erzählt,
> – auktorialer Erzähler, d. h., ein außen stehender (oft „allwissender") Erzähler gibt das Geschehen wieder.

Positive Bemerkungen über Crampas	Eher ablehnende Bemerkungen
Zum Beispiel: „... sah ich ... dem neuen Bezirkskommandeur wie einem Trost- und Rettungsbringer entgegen" (Zeile 17 ff.). ...	... ...

❸ Vorausdeutungen

Unterstreichen Sie in der Tabelle die Bemerkungen Effis, die schon im Sinne einer Vorausdeutung Aufschluss geben über die künftige Beziehung zwischen ihr und Crampas.

❹ Effi: innerer Konflikt

a) *Überlegen Sie, welche Funktion in Effis Darstellung die Gegenüberstellung von positiven und negativen Bemerkungen zu Crampas hat.*
Notieren Sie Ihre Überlegungen stichwortartig.

b) *Vergleichen Sie Ihre Gedanken mit folgender Behauptung:*
Effis gesellschaftliche Position, ihre Rolle als Mutter und Ehefrau auf der einen Seite und ihre emotionale Situation auf der anderen Seite erlauben es ihr nicht, eine eindeutige Beurteilung von Crampas zu geben.

(i)

Gesellschaftlicher Hintergrund

Die zahlreichen zeitgeschichtlichen Anspielungen lassen erkennen, dass die erzählte Zeit des Romans der späten Bismarck-Ära entspricht (1877–1889). Das autoritäre System des Staates basiert auf einer Hierarchie von preußischem Adel, Heer und Beamtentum. Schon die Begleitumstände der „verkuppelten" Ehe Effis mit Baron von Innstetten verweisen auf das Normgefüge einer gesellschaftlichen Klasse, das eng mit dem Zeitalter Bismarcks verknüpft ist.

Machtstellung und Selbstwertgefühl orientieren sich an Titularien, Stand, Größe von Grundbesitz und Familientradition. Der gesellschaftliche Erwartungsdruck und der Zwangscharakter des Normgefüges schränkten die Freiheit des Einzelnen ein. Durch Ordnungsmuster und klare soziale Zuordnungen definieren sich auch zwischenmenschliche Beziehungen, weniger durch individuelle Sympathie oder Antipathie.

---

5 *Effis gesellschaftliche Situation*

a) *Stellen Sie die gesellschaftliche Situation Effis grafisch dar. Zeigen Sie auf, welche Figuren und Umstände Effi in ihren Ausführungen berücksichtigt, indem Sie Schlüsselwörter des Textes in ein solches Diagramm einsetzen.*

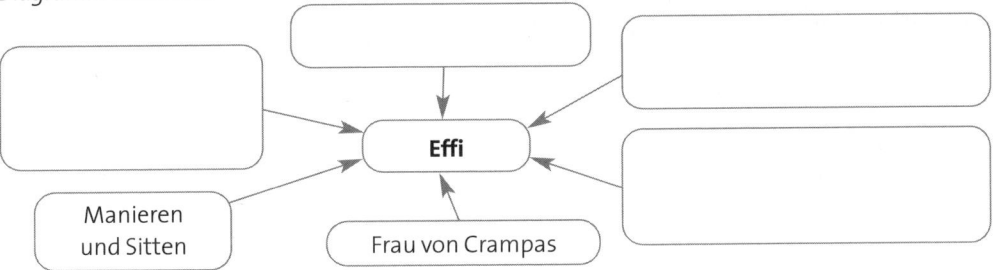

b) *Erklären Sie mithilfe des erstellten Diagramms, inwieweit Effis Brief die gesellschaftlichen Normen der späten Bismarck-Ära spiegelt.*

Sie haben untersucht, auf welche Weise Fontane seine Romanfigur Crampas einführt. Dabei ist es deutlich geworden, dass der Leser Informationen über Crampas aus der Perspektive Effis erhält, die aber durch ihre gesellschaftliche Situation stark geprägt ist.

6 *Text schreiben: Einführung einer Romanfigur (Crampas)*
Erläutern Sie in einem zusammenhängenden Text Fontanes Technik, die Romanfigur Crampas einzuführen.
Erstellen Sie – bevor Sie den Text ausformulieren – stichwortartig eine Gliederung, die sich an den Leitfragen der Übungsaufgaben orientieren kann.

Leitfragen
– Auf welche Weise erhält der Leser Informationen über die Romanfigur Crampas?
– Aus welcher Perspektive wird die Figur geschildert?
– Welches Bild vermittelt Effi ihrer Mutter?
– Welche Motive Effis liegen dieser Darstellung zugrunde?

ⓘ **Biografisches**

Thomas Mann (1875–1955) zählt zu den wichtigsten Erzählern seiner Zeit. Um vor den Nazis zu fliehen, emigriert er 1933 und lässt sich nach einigen Zwischenstationen in Südkalifornien nieder, wo er engen Kontakt zur Gemeinde der deutschen Exilanten pflegt. Er wird amerikanischer Staatsbürger, kehrt aber 1952 nach Europa zurück, wo er sich in der Schweiz niederlässt. 1929 erhält er den Nobelpreis für Literatur. Zu seinen bekanntesten Werken gehören die „Buddenbrooks", „Der Zauberberg" und „Doktor Faustus". Die Novelle „Der Tod in Venedig" erscheint 1912.

ⓘ **„Der Tod in Venedig": zum Inhalt der Novelle**

Gustav von Aschenbach, der Protagonist der Novelle, ist ein renommierter Schriftsteller. Da er einen sehr hohen Anspruch an sein künstlerisches Schaffen stellt, widmet er sich bis zur Selbstaufopferung seinem Werk. Das „wirkliche" Leben mit all seinen Möglichkeiten kommt zu kurz. In einer persönlichen Krise gibt er der Versuchung nach, einmal auszubrechen und zu verreisen. Er gelangt über Umwege nach Venedig, das von Krankheit und Zerfall gezeichnet ist. In dieser morbiden Stadt sieht er **Tadzio**, einen polnischen Jungen, der dort mit seiner Familie den Sommer verbringt. Aschenbach verfällt dem jungen Tadzio, nicht nur wegen dessen erotischer Ausstrahlung, sondern auch, weil er in ihm die Verkörperung des Schönen an sich sieht.

Der folgende Textausschnitt soll schwerpunktmäßig unter dem **Aspekt der Wahrnehmung von Personen** untersucht werden.

Thomas Mann
Der Tod in Venedig (1912)

Bald kannte der Betrachtende jede Linie und
Pose dieses so gehobenen, so frei sich darstel-
lenden Körpers, begrüßte freudig jede schon
vertraute Schönheit aufs Neue und fand der
5 Bewunderung, der zarten Sinneslust kein Ende. Man rief den Knaben, einen Gast zu be-
grüßen, der den Frauen bei der Hütte aufwar-
tete; er lief herbei, lief nass vielleicht aus der
Flut, er warf die Locken, und indem er die
10 Hand reichte, auf einem Beine ruhend, den
anderen Fuß auf die Zehenspitzen gestellt,
hatte er eine reizende Drehung und Wendung des Körpers, anmutig spannungsvoll,
verschämt aus Liebenswürdigkeit, gefall-
15 süchtig aus adeliger Pflicht. Er lag ausgestreckt, das Badetuch um die Brust geschlun-
gen, den zart gemeißelten Arm in den Sand
gestützt, das Kinn in der hohlen Hand; der,
welcher „Jaschu" gerufen wurde, saß kau-
20 ernd bei ihm und tat ihm schön, und nichts
konnte bezaubernder sein als das Lächeln
der Augen und Lippen, mit dem der Ausge-
zeichnete zu dem Geringeren, Dienenden
aufblickte. Er stand am Rande der See,
25 allein, abseits von den Seinen, ganz nahe
bei Aschenbach, – aufrecht, die Hände im
Nacken verschlungen, langsam sich auf den
Fußballen schaukelnd, und träumte ins
Blaue, während kleine Wellen, die anliefen,
30 seine Zehen badeten. Sein honigfarbenes
Haar schmiegte sich in Ringeln an die Schlä-
fen und in den Nacken, die Sonne erleuchte-
te den Flaum des oberen Rückgrates, die feine
Zeichnung der Rippen, das Gleichmaß der
35 Brust traten durch die knappe Umhüllung
des Rumpfes hervor, seine Achselhöhlen waren noch glatt wie bei einer Statue, seine
Kniekehlen glänzten und ihr bläuliches Geä-
der ließ seinen Körper wie aus klarerem Stof-
40 fe gebildet erscheinen. Welch eine Zucht,
welche Präzision des Gedankens war ausgedrückt in diesem gestreckten und jugendlich
vollkommenen Leibe! Der strenge und reine

Wille jedoch, der, dunkel tätig, dies göttliche
Bildwerk ans Licht zu treiben vermocht hat- 45
te, – war er nicht ihm, dem Künstler, bekannt
und vertraut? Wirkte er nicht auch in ihm,
wenn er, besonnener Leidenschaft voll, aus
der Marmormasse der Sprache die schlanke
Form befreite, die er im Geiste geschaut und 50
die er als Standbild und Spiegel geistiger
Schönheit den Menschen darstellte?
Standbild und Spiegel! Seine Augen umfass-
ten die edle Gestalt dort am Rande des Blau-
en und in aufschwärmendem Entzücken 55
glaubte er mit diesem Blick das Schöne selbst
zu begreifen, die Form als Gottesgedanken,
die eine und reine Vollkommenheit, die im
Geiste lebt und von der ein menschliches Ab-
bild und Gleichnis hier leicht und hold zur 60
Anbetung aufgerichtet war. Das war der
Rausch; und unbedenklich, ja gierig hieß der
alternde Künstler ihn willkommen. Sein
Geist kreißte, seine Bildung geriet ins Wallen,
sein Gedächtnis warf uralte, seiner Jugend 65
überlieferte und bis dahin niemals von eigenem Feuer belebte Gedanken auf. Stand
nicht geschrieben, dass die Sonne unsere
Aufmerksamkeit von den intellektuellen auf
die sinnlichen Dinge wendet? Sie betäube 70
und bezaubere, hieß es, Verstand und Gedächtnis dergestalt, dass die Seele vor Vergnügen ihres eigentlichen Zustandes ganz
vergesse und mit staunender Bewunderung
an dem schönsten der besonnten Gegenstän- 75
de hängen bleibe: Ja, nur mit Hilfe eines Körpers vermöge sie dann noch zu höherer Be-
trachtung sich zu erheben. Amor fürwahr tat
es den Mathematikern gleich, die unfähigen
Kindern greifbare Bilder der reinen Formen 80
vorzeigen: So auch bediente der Gott sich,
um uns das Geistige sichtbar zu machen,
gern der Gestalt und Farbe menschlicher Jugend, die er zum Werkzeug der Erinnerung
mit allem Abglanz der Schönheit schmückte 85
und bei deren Anblick wir dann wohl in
Schmerz und Hoffnung entbrannten.
So dachte der Enthusiasmierte; so vermochte
er zu empfinden.

❶ Figurenzeichnung (Tadzio)
Offensichtlich steht in diesem Textausschnitt Tadzio im Mittelpunkt des Interesses.
a) Stellen Sie in Form wichtiger Stichwörter zusammen, was über Tadzio gesagt wird.

Pose (Z. 2), frei sich darstellender Körper (Z. 2–3) ...

b) Erläutern Sie, welcher Eindruck von Tadzio beim Lesen entsteht.

❷ Erzählperspektive
Normalerweise werden bestimmte Eindrücke beim Leser vom Erzähler gesteuert. Dies geschieht
weitgehend durch die Erzählperspektive.
Suchen Sie geeignete Textstellen, an denen die Erzählperspektive besonders deutlich wird.
Konzentrieren Sie sich dabei auf solche, in denen der Erzähler innere Vorgänge bei Aschenbach
vermittelt.
Beispiel: „Bald kannte der Betrachtende jede Linie und Pose ..." (Z. 1–2)

ⓘ

Erzählperspektive

Unter dem Begriff „Erzählperspektive" versteht man die Sichtweise, aus der heraus ein literarischer Text erzählt wird. Man kann davon ausgehen, dass Erzähler und Autor nicht identisch sind. Der Erzähler ist eine fiktive Figur, die der Leserin/dem Leser das Erzählte vermittelt.

Die wichtigsten Erzählperspektiven sind
– die **personale Erzählsituation**, in der das Geschehen aus der Sicht einer beteiligten Person gesehen wird,
– die **auktoriale Erzählsituation** des außen stehenden Erzählers, der das Geschehen und die Gedanken der Personen kennt und auf der Basis seines Wissens die Erzählung gestaltend vermittelt, kommentiert und oft auch bewertet,
– die **Ich-Perspektive**, in der eine beteiligte Person das Geschehen vermittelt. Hierbei sind die subjektive Brechung und Wertung besonders stark.

Besonders in der modernen Prosa kann es Mischformen geben. Es kann geschehen, dass sich (z. B. im „Tod in Venedig") ein Erzähler besonders für die Sichtweise einer Person interessiert, die er darstellen möchte. Um ein möglichst authentisches Bild von dieser Person, ihrer Sichtweise und den inneren Vorgängen zu geben, versetzt er sich gelegentlich in diese Person und übernimmt ihre Perspektive. Die dargestellte Person wird somit zur Perspektivfigur.

ⓘ

Figurenanalyse

Eine Figurenanalyse bemüht sich um eine möglichst genaue Erfassung einer Person und ihrer Verhaltensweisen. Das kann durch eine Personenbeschreibung geschehen, die sich auf das äußere Erscheinungsbild konzentriert, und/oder durch eine Beschreibung von Handlungen, Gesprächsbeiträgen und Gedanken. Zu berücksichtigen ist, wer die Person darstellt (Erzählperspektive). Stellt sie sich selbst in ihrem Verhalten dar oder wird sie dargestellt? Auch im letzten Fall ist die Charakterisierung selten neutral. Hierbei teilen sich meist subjektive Bewertungen (im Sinne von Sympathien und Antipathien) mit. Besonders aufschlussreich ist eine Untersuchung der Sprache.

❸ Aschenbachs Sicht auf Tadzio

*Der auktoriale Erzähler versetzt sich im vorliegenden Text in die Figur Aschenbach, um die starke
emotionale Wirkung Tadzios auf den alternden Künstler möglichst unmittelbar darzustellen.*

*a) Sammeln Sie mit Hilfe einer Tabelle Material zu den beiden folgenden Aspekten: das äußere Erschei-
nungsbild Tadzios und die emotionale Reaktion Aschenbachs.*

b) Formulieren Sie jeweils das Fazit Ihrer tabellarischen Eintragungen.

Äußeres Erscheinungsbild Tadzios	Emotionale Reaktion Aschenbachs
„dieses so gehobenen, so frei sich darstel- lenden Körpers" (Z. 2–3) ...	„begrüßte freudig ..." (Z. 3) ...

**❹ Haltung des Erzählers gegenüber der
Hauptfigur**

*Ein auktorialer Erzähler kann verschie-
dene Haltungen zu seinen Figuren einnehmen:
neutral (vgl. Z. 1–3), ironisch
(vgl. Z. 3–6), kritisch, affirmativ
(bejahend, bestätigend).*

*a) Schreiben Sie heraus, welche Erzähl-
haltungen Sie identifizieren können, und notieren Sie entsprechende Belegstellen.*

*b) Formulieren Sie zusammenfassend,
welche Haltung der Erzähler zu seinem Protagonisten Aschenbach
einnimmt.*

Szene aus dem Film „Tod in Venedig" von Lucino Visconti

❺ Text schreiben: Aschenbachs Beziehung zu Tadzio

Charakterisieren Sie in einem zusammenhängenden Text Aschenbachs Beziehung zu Tadzio.

❻ Aschenbachs Kunstverständnis

*Tadzio fasziniert Aschenbach und zieht ihn so sehr in seinen Bann, dass dieser ihm geradezu verfällt.
Seine Ausstrahlung geht jedoch über das rein Sinnliche und Erotische hinaus. Sein Anblick löst
in dem Schriftsteller Erkenntnisprozesse aus, die es ihm ermöglichen, tiefere Einsichten in das Wesen
des Geistes und der Kunst zu gewinnen.*

*a) Unterstreichen Sie Äußerungen, die das Thema des Geistigen und der Kunst ansprechen.
Beschränken Sie sich dabei auf den Textausschnitt von Z. 40–87, z. B.: „Welch eine Zucht, welche
Präzision des Gedankens ..." (Z. 40 f.).*

b) Beschreiben Sie, zu welcher grundsätzlichen Erkenntnis über Geist und Kunst Aschenbach gelangt.

Biografisches

Günter Grass wurde 1927 in Danzig geboren. Er ist Grafiker, Bildhauer und Schriftsteller. Er veröffentlichte Gedichte, Schauspiele, Erzählungen und Romane.

Berühmt wurde Grass durch seine Romane „Die Blechtrommel" (1959), „Hundejahre" (1963), „Der Butt" (1977) und durch seine Erzählungen „Katz und Maus" (1961) sowie „Das Treffen in Telgte" (1979).

1999 erhielt Günter Grass den Nobelpreis für Literatur.

Die Erzählsituation in „Katz und Maus"

Günter Grass erfindet einen Ich-Erzähler. Dieser heißt Pilenz, ist 30 Jahre alt, arbeitet als Sekretär im Kolpinghaus Düsseldorf und erzählt die Geschichte von Mahlke. Pilenz kann nur erzählen, was er als 17-jähriger Schüler mit Mahlke erlebt oder von anderen über Mahlke in Erfahrung gebracht hat. Pilenz schreibt um das Jahr 1960 die Geschichte von Mahlke auf, die zur Zeit des Zweiten Weltkrieges spielt.

Die Figur des Erzählers
Analyse der Erzählerfigur

Das Wort **Figur** stammt vom lateinischen „figura" und bedeutet „Gebilde, Gestalt, Erscheinung". Mit dem Wort „Figur" wird eine Person, ein Charakter, eine Gestalt in einem literarischen Werk bezeichnet.

Leserinnen und Leser erfahren die Geschehnisse in einer Erzählung von einer Erzählerfigur, dem so genannten Erzähler. Der Erzähler agiert als Vermittler und der Leser ist von ihm als seiner einzigen Informationsquelle abhängig. Hierin lässt sich schon die Bedeutung ermessen, die der Figur des Erzählers bei der Interpretation von Prosatexten zukommt.

Eine Möglichkeit, einen Text zu erschließen, besteht darin, sich intensiver mit den Textstellen zu befassen, die einem beim ersten Lesen auffallen. Auffallen können z. B.: Wiederholungen, inhaltlich Überraschendes, widersprüchlich Erscheinendes, Formulierungen, von der im Text vorherrschenden Sprache Abweichendes.

Die im folgenden Text unterstrichenen Textstellen kennzeichnen auffällige Textpassagen.

Günter Grass

Katz und Maus (1961)

Text A

… und einmal, als Mahlke schon schwimmen konnte, lagen wir neben dem Schlagballfeld im Gras. <u>Ich hätte zum Zahnarzt gehen sollen</u>, aber sie ließen mich nicht, weil
5 ich als Tickspieler schwer zu ersetzen war. <u>Mein Zahn lärmte.</u> Eine Katze strich diagonal durch die Wiese und wurde nicht beworfen. Einige kauten oder zupften Halme. Die Katze gehörte dem Platzverwalter und war schwarz.
10 Hotten Sonntag rieb sein Schlagholz mit einem Wollstrumpf. <u>Mein Zahn trat auf der Stelle.</u> Das Turnier dauerte schon zwei Stunden. Wir hatten hoch verloren und warteten nun auf das Gegenspiel. Jung war die Katze,
15 aber kein Kätzchen. Im Stadion wurden oft und wechselseitig Handballtore geworfen. <u>Mein Zahn wiederholte ein einziges Wort.</u> Auf der Aschenbahn übten Hundertmeterläufer das Starten oder waren nervös. Die Kat-
20 ze machte Umwege. Über den Himmel kroch langsam und laut ein dreimotoriges Flugzeug, konnte aber meinen Zahn nicht übertönen. Die schwarze Katze des Platzverwalters zeigte hinter Grashalmen ein weißes Lätzchen. Mahlke schlief. Das Krematorium 25 zwischen den Vereinigten Friedhöfen und der Technischen Hochschule arbeitete bei Ostwind. Studienrat Mallenbrandt pfiff: Wechsel Fangball Übergetreten. Die Katze übte. Mahlke schlief oder sah so aus. Neben 30 ihm hatte ich Zahnschmerzen. Die Katze kam übend näher. Mahlkes Adamsapfel fiel auf, weil er groß war, immer in Bewegung, und einen Schatten warf. Des Platzverwalters schwarze Katze spannte sich zwischen mir 35 und Mahlke zum Sprung. Wir bildeten ein Dreieck. Mein Zahn schwieg, trat nicht mehr auf der Stelle: denn Mahlkes Adamsapfel wurde der Katze zur Maus. So jung war die Katze, so beweglich Mahlkes Artikel – jeden- 40 falls sprang sie Mahlke an die Gurgel; oder einer von uns griff die Katze und setzte sie Mahlke an den Hals; oder ich, mit wie ohne Zahnschmerz, packte die Katze, zeigte ihr Mahlkes Maus: und Joachim Mahlke schrie, 45 trug aber nur unbedeutende Kratzer davon.

ℝ

❶ Schlüsselstellen untersuchen

a) Im ersten Teil des Textauszugs sind thematische Wiederholungen unterstrichen. Markieren Sie entsprechend weitere Wiederholungen.

b) Welche Informationen beinhalten diese Wiederholungen bis einschließlich Zeile 44 über den Ich-Erzähler?

❷ Figur des Ich-Erzählers

Vergleichen Sie die Haltung des Erzählers am Anfang und am Ende der Episode.

a) Wie beginnt der Erzähler seine Geschichte, aus welcher Sichtweise und aus welchem Abstand zum Geschehen erzählt er?

b) Erklären Sie die vagen Erinnerungen des Erzählers am Ende der Episode. Welche Funktion hat die zweifache Nennung der Konjunktion „oder" (Z. 41/43)?

Die bisherigen Ergebnisse aus den Übungen lassen erkennen, dass die Figur des Erzählers in zwei Funktionen auftritt. Der Erzähler gibt (als 30-jähriger Mann) das Geschehen wieder und tritt als Handelnder und Erlebender in der Geschichte auf, ist somit Figur der Handlung (als 17-jähriger Schüler Pilenz).

ⓘ

Hinweise zur Erzähltechnik in „Katz und Maus"

(Stichworte und Erläuterungen zu Aufgabe 3)
– berichtende Erzählung
– aus dem Erleben sprechend
– episches Präteritum mit Vergangenheitsbedeutung
– eine distanzierte Figur
– emotionale Befindlichkeit (Zahnschmerzen)
– episches Präteritum mit präsentischer Bedeutung

Die Zeitstufe des **epischen Präteritums** bezeichnet keine Vergangenheit in unserer Realität, d. h., es wird kein Geschehen wiedergegeben, das man historisch nennen könnte, sondern eine fiktive Gegenwart. Das erzählte Geschehen ist in unserer Einbildungskraft gegenwärtig. Das epische Präteritum stellt die Zeitlosigkeit der Fiktion her.

Die **szenische Darstellung** präsentiert das Geschehen scheinbar unmittelbar. Es ist eine kaum bzw. nicht raffende Erzählweise im Gegensatz zu einer berichtenden Erzählung, die aus der Distanz erfolgt.

---

❸ Erzähltechnik

a) Ergänzen Sie in der folgenden Tabelle stichwortartig weitere erzähltechnische Merkmale.

Z. 1–39	Z. 39–46
Ich-Erzähler	Ich-Erzähler
…	Reflexion
eine beteiligte Figur	…
…	aus der Erinnerung erzählend
szenische Darstellung	…
episches Präteritum mit …	episches Präteritum mit …
…	…

b) Ordnen Sie den beiden Spalten der Tabelle die beiden Ebenen „Erzähler als erzählendes Ich" und „Erzähler als Figur der Handlung" zu.

Die Erzählperspektive

Die erste grobe Differenzierung epischer Texte kann nach ihrer **Erzählperspektive** vorgenommen werden. Es gibt die Perspektive des **Ich-Erzählers**, des auktorialen Erzählers und des personalen Erzählers. Beim Ich-Erzähler ist das Ich sowohl erzählendes Medium als auch handelnde Person. Auktoriale und personale Erzähler sprechen in der Er-/Sie-Form über andere handelnde Figuren. Von der Individualität des Erzählers auf den **Autor** zu schließen ist unzulässig: Die Differenzierung zwischen Autor und Erzähler muss bei fiktionalen Texten grundsätzlich eingehalten werden (vgl. S. 18 u. 26, 30).

Man unterscheidet beim Ich-Erzähler zwischen **erzählendem** und **erlebendem** (= erzähltem) **Ich**. Das erzählende Ich kann zu sich als erlebendem Ich kritisch und ablehnend stehen.

Die Beziehung zwischen Autor, Erzähler und Erzähltem (Geschehen, Handlung) prägt die Erzählweise. Es können **drei Ebenen** unterschieden werden: **die Ebene des fiktiven Erzählvorgangs** (Erzähler als Erzähler), **des erzählten Geschehens** (Erzähler als an der Handlung Beteiligter) und der **Erzähltechnik** (Erzähler als Kunstfigur des Autors).

4 *Erzählerfigur*
Fassen Sie die im nachfolgenden Text aus „Katz und Maus" enthaltenen Aussagen über den Erzähler in einer Stichwortliste zusammen.

Günter Grass

Katz und Maus

Text B

Ich aber, der ich Deine Maus einer und allen Katzen in den Blick brachte, muß nun schreiben. Selbst wären wir beide erfunden, ich müßte dennoch. Der uns erfand, von Berufs
5 wegen, zwingt mich, wieder und wieder Deinen Adamsapfel in die Hand zu nehmen, ihn an jenen Ort zu führen, der ihn siegen oder verlieren sah; und so lasse ich am Anfang die Maus über dem Schraubenzieher hüpfen,
10 werfe ein Volk vollgefressene Seemöwen hoch über Mahlkes Scheitel in den sprunghaften Nordost, nenne das Wetter sommerlich und anhaltend schön, vermute, daß es sich bei dem Wrack um ein ehemaliges Boot der Czaika-Klasse handelt, gebe der Ostsee 15 die Farbe dickglasiger Seltersflaschen, lasse nun, da der Ort der Handlung südöstlich der Ansteuerungstonne Neufahrwasser festgelegt ist, Mahlkes Haut, auf der immer noch Wasser in Rinnsalen abläuft, feinkörnig bis 20 graupelig werden; doch nicht die Furcht, sondern das übliche Frösteln nach zu langem Baden besetzte Mahlke und nahm seiner Haut die Glätte. ℝ

Günter Grass: Katz und Maus

(i)

Die Erzählerfigur Pilenz

(Stichworte und Zitate zu Aufgabe 5)
- der 30-jährige Erzähler Pilenz
- kein Mensch, abstraktes Wesen
- „… der ich Deine Maus einer und allen Katzen in den Blick brachte …"
- „Der uns erfand, von Berufs wegen, zwingt mich …"

- Ebene des fiktiven Erzählvorgangs
- Erzähler als Kunstfigur
- Erzählmedium des Autors
- Autor als authentischer Erzähler
- Ebene des erzählten Geschehens
  = erlebendes Ich

---

5 *Erzähler als Kunstfigur/als Erzähler/als Figur der Handlung*
Werten Sie die Informationen über die Erzählerfigur aus, indem Sie die in der Info-Box aufgelisteten Stichworte und Zitate einander zuordnen und in die grafische Darstellung einsetzen.

Die Figur des Erzählers

Ebene der Erzähltechnik,
Erzähler als Kunstfigur

_____

_____

_____

↓

Ebene des _____   _____

Erzähler als Figur der Handlung   ↔   Erzähler als Erzähler

_____   = erzählendes Ich

_____   „Ich aber […] muß nun schreiben."

_____

der 17-jährige Schüler Pilenz   _____

6 *Schaubild Erzählerfigur*
Versuchen Sie das folgende Schaubild so auszufüllen, dass die Figur Pilenz in ihrer Vielschichtigkeit mit ihrer Sichtweise dargestellt wird:

Die Kunstfigur Pilenz in der Erzählung „Katz und Maus":

7 *Text schreiben: Analyse der Erzählerfigur*
Verfassen Sie abschließend eine Analyse der Figur des Erzählers, ausgehend von den beiden vorliegenden Textpassagen, die in der hier vorgegebenen Reihenfolge den Anfang der Erzählung „Katz und Maus" von Günter Grass bilden.
Erstellen Sie – bevor Sie Ihren Text ausformulieren – stichwortartig eine Gliederung, die sich nach folgendem Schema richten kann:

Gliederung
1. Einleitung
   (Autor, Werk, Thema)

2. Hauptteil
   2.1 Inhaltliche Zusammenfassung der vorliegenden Textstelle
   2.2 Analyse der Erzählerfigur anhand der vorliegenden Textstelle

3. Schluss
   (Ergebnis, Ausblick, Stellungnahme)

1.4 Dramen

O. Mai, Gotthold Ephraim Lessing

ⓘ Biografisches

Der Schriftsteller Gotthold Ephraim Lessing (1729–1781) schrieb mit „Miss Sara Sampson" (1755) das erste bedeutende bürgerliche Trauerspiel. In seiner „Hamburgischen Dramaturgie" (1767 bis 1769) konzipierte er eine für die weitere Entwicklung des Theaters einflussreiche Dramentheorie.
1772 erschien das Trauerspiel „Emilia Galotti". Das dramatische Gedicht „Nathan der Weise", das zu Toleranz zwischen den Weltreligionen aufruft, verfasste er 1779.

Lessings Leben wird umspannt vom Zeitalter der Aufklärung (1720–1785). Die Epochenbezeichnung „Aufklärung" ist als geistes- und kulturgeschichtliche Bewegung zu verstehen, die verschiedene philosophische und literarische Strömungen erfasst.
Nach Auffassung des Philosophen Immanuel Kant ist das Zeitalter der Aufklärung dadurch gekennzeichnet, dass sich „alles" der Kritik „unterwerfen muss". Kant definierte 1783 die Aufklärung als „Ausgang des Menschen aus seiner selbst verschuldeten Unmündigkeit".

In dem **bürgerlichen Trauerspiel „Emilia Galotti"** greift Lessing ein oft bearbeitetes Motiv auf: die von Titus Livius erzählte Legende von der Römerin Virginia, die von ihrem Vater getötet wird, um sie vor der Willkür des Dezemvirn Appius Claudius zu bewahren.

ⓘ „Emilia Galotti": zum Inhalt des Dramas

Der Prinz von Guastalla, Hettore Gonzaga, wird seiner Geliebten Gräfin Orsina überdrüssig, als er Emilia Galotti kennen lernt, eine Untertanin aus einer wenig begüterten Familie. Emilia steht unmittelbar vor der Hochzeit mit dem Grafen Appiani, die der Prinz nun mit allen Mitteln seiner Macht verhindern will. Bei seinen Versuchen, Emilia näher zu kommen und den tugendstrengen Vater zu umgehen, unterstützt ihn sein skrupelloser Kammerherr Marinelli.
Als Emilia im Lustschloss des Prinzen fürchtet, der Verführung des Prinzen zu erliegen, beschwört sie ihren Vater, sie mit dem Dolch zu erstechen.

Erst im zweiten Aufzug tritt Emilia Galotti selber auf die Bühne. Sie berichtet ihrer Mutter von der Begegnung mit dem Prinzen.

Gotthold Ephraim Lessing
Emilia Galotti (1772)

2. AUFZUG, SECHSTER AUFTRITT
Emilia und Claudia Galotti

EMILIA *(stürzet in einer ängstlichen Verwirrung herein).*
Wohl mir! wohl mir! – Nun bin ich in Sicherheit. Oder ist er mir gar gefolgt? *(Indem sie den*
5 *Schleier zurückwirft und ihre Mutter erblicket.)*
Ist er, meine Mutter? ist er? – Nein, dem Himmel sei Dank!
CLAUDIA. Was ist dir, meine Tochter? was ist dir?
10 EMILIA. Nichts, nichts –
CLAUDIA. Und blickest so wild um dich? Und zitterst an jedem Gliede?
EMILIA. Was hab ich hören müssen? Und wo, wo hab ich es hören müssen?
15 CLAUDIA. Ich habe dich in der Kirche geglaubt –
EMILIA. Eben da! Was ist dem Laster Kirch' und Altar? – Ach, meine Mutter! *(Sich ihr in die Arme werfend.)*
20 CLAUDIA. Rede, meine Tochter! – Mach meiner Furcht ein Ende. – Was kann dir da, an heiliger Stätte, so Schlimmes begegnet sein?
EMILIA. Nie hätte meine Andacht inniger, brünstiger sein sollen als heute; nie ist sie we-
25 niger gewesen, was sie sein sollte.
CLAUDIA. Wir sind Menschen, Emilia. Die Gabe zu beten ist nicht immer in unserer Gewalt. Dem Himmel ist beten wollen auch beten.
30 EMILIA. Und sündigen wollen auch sündigen.
CLAUDIA. Das hat meine Emilia nicht wollen!
EMILIA. Nein, meine Mutter; so tief ließ mich die Gnade nicht sinken. – Aber dass fremdes
35 Laster uns, wider unsern Willen, zu Mitschuldigen machen kann!
CLAUDIA. Fasse dich! – Sammle deine Gedanken, so viel dir möglich. – Sag es mir mit eins, was dir geschehen.

EMILIA. Eben hatt' ich mich – weiter von dem 40
Altare, als ich sonst pflege – denn ich kam zu spät –, auf meine Knie gelassen. Eben fing ich an, mein Herz zu erheben: als dicht hinter mir etwas seinen Platz nahm. So dicht hinter mir! – Ich konnte weder vor noch zur Seite 45
rücken – so gern ich auch wollte; aus Furcht, dass eines andern Andacht mich in meiner stören möchte. – Andacht! das war das Schlimmste, was ich besorgte. – Aber es währte nicht lange, so hört' ich, ganz nah an mei- 50
nem Ohre – nach einem tiefen Seufzer – nicht den Namen einer Heiligen – den Namen – zürnen Sie nicht, meine Mutter – den Namen Ihrer Tochter! – Meinen Namen! – O dass laute Donner mich verhindert hätten, mehr zu 55
hören! – Es sprach von Schönheit, von Liebe – Es klagte, dass dieser Tag, welcher mein Glück mache – wenn er es anders mache –, sein Unglück auf immer entscheide. – Es beschwor mich – hören musst' ich dies alles. 60
Aber ich blickte nicht um; ich wollte tun, als ob ich es nicht hörte. – Was konnt' ich sonst? – Meinen guten Engel bitten, mich mit Taubheit zu schlagen; und wenn auch, wenn auch auf immer! – Das bat ich; das war das Einzige, 65
was ich beten konnte. – Endlich ward es Zeit, mich wieder zu erheben. Das heilige Amt ging zu Ende. Ich zitterte, mich umzukehren. Ich zitterte, ihn zu erblicken, der sich den Frevel erlauben dürfen. Und da ich mich um- 70
wandte, da ich ihn erblickte –
CLAUDIA. Wen, meine Tochter?
EMILIA. Raten Sie, meine Mutter, raten Sie – Ich glaubte in die Erde zu sinken – Ihn selbst.
CLAUDIA. Wen, ihn selbst? 75
EMILIA. Den Prinzen.
CLAUDIA. Den Prinzen! – O gesegnet sei die Ungeduld deines Vaters, der eben hier war und dich nicht erwarten wollte!

80 EMILIA. Mein Vater hier? – und wollte mich nicht erwarten?

CLAUDIA. Wenn du in deiner Verwirrung auch ihn das hättest hören lassen!

EMILIA. Nun, meine Mutter? – Was hätt er an 85 mir Strafbares finden können?

CLAUDIA. Nichts; ebenso wenig als an mir. Und doch, doch – Ha, du kennst deinen Vater nicht! In seinem Zorne hätt er den unschuldigen Gegenstand des Verbrechens mit dem 90 Verbrecher verwechselt. In seiner Wut hätt ich ihm geschienen, das veranlasst zu haben, was ich weder verhindern noch vorhersehen können. – Aber weiter, meine Tochter, weiter! Als du den Prinzen erkanntest – Ich will hof-95 fen, dass du deiner mächtig genug warest, ihm mit einem Blicke alle die Verachtung zu bezeigen, die er verdienet.

EMILIA. Das war ich nicht, meine Mutter! Nach dem Blicke, mit dem ich ihn erkannte, 100 hatt' ich nicht das Herz, einen zweiten auf ihn zu richten. Ich floh –

CLAUDIA. Und der Prinz dir nach –

EMILIA. Was ich nicht wusste, bis ich in der Halle mich bei der Hand ergriffen fühlte. Und 105 von ihm! Aus Scham musst' ich standhalten: mich von ihm loszuwinden würde die Vorbeigehenden zu aufmerksam auf uns gemacht haben. Das war die einzige Überlegung, deren ich fähig war – oder deren ich nun mich wieder erinnere. Er sprach; und ich 110 hab ihm geantwortet. Aber was er sprach, was ich ihm geantwortet – fällt mir es noch bei, so ist es gut, so will ich es Ihnen sagen, meine Mutter. Jetzt weiß ich von dem allen nichts. Meine Sinne hatten mich verlassen. – Um-115 sonst denk ich nach, wie ich von ihm weg und aus der Halle gekommen. Ich finde mich erst auf der Straße wieder, und höre ihn hinter mir herkommen, und höre ihn mit mir zugleich in das Haus treten, mit mir die Treppe 120 hinaufsteigen – –

CLAUDIA. Die Furcht hat ihren besonderen Sinn, meine Tochter! Ich werde es nie vergessen, mit welcher Gebärde du hereinstürztest. – Nein, so weit durfte er nicht wagen, dir zu 125 folgen. – Gott! Gott! wenn dein Vater das wüsste! – Wie wild er schon war, als er nur hörte, dass der Prinz dich jüngst nicht ohne Missfallen gesehen! – Indes, sei ruhig, meine Tochter! Nimm es für einen Traum, was dir 130 begegnet ist. Auch wird es noch weniger Folgen haben als ein Traum. Du entgehest heute mit eins allen Nachstellungen.

Analyse der Hauptfigur

1 *Lektüre und erste Eindrücke*

Da der Text für eine Aufführung auf der Bühne konzipiert ist, empfiehlt sich, um ein erstes Textverständnis zu gewinnen, der laute Vortrag.

a) *Lesen Sie den Dialog zwischen Emilia und ihrer Mutter laut.*

b) *Schreiben Sie stichwortartig auf, welche Gemütsverfassung Emilias beim Lesen deutlich wird.*

c) *Halten Sie Ihren ersten Eindruck von der Figur der Emilia fest, indem Sie beschreibende Adjektive finden.*

2 *Emilias Begegnung mit dem Prinzen*

Untersuchen Sie den Bericht Emilias über ihren Kirchenbesuch und ihre Begegnung mit dem Prinzen (Zeile 43–76).

a) *Notieren Sie die Worte, mit denen Emilia den Prinzen benennt.*

b) *Erläutern Sie, inwieweit Emilias Ausdrucksweise Rückschlüsse auf sie selbst zulässt.*

❸ Emilias Situation
a) Stellen Sie in einem Schema wie dem folgenden dar, welchen Einflüssen Emilia ausgesetzt ist.

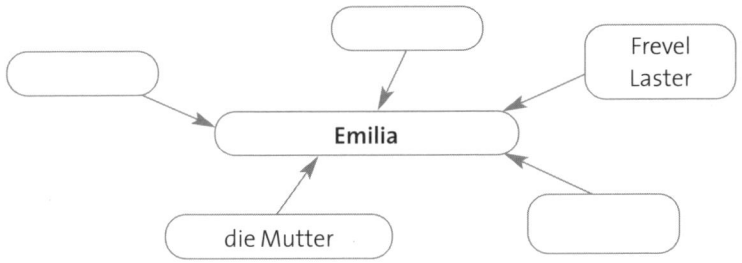

b) Erläutern Sie mithilfe Ihrer grafischen Darstellung Emilias Konflikt.

❹ Adel und Bürgertum
*Die innere Zerrissenheit der Figur Emilias ist vor allem dadurch zu erklären, dass hier „zwei Welten"
aufeinander treffen: die höfische Welt des Prinzen und die bürgerliche Welt des Vaters.*
a) Unterstreichen Sie zunächst alle Informationen über den Vater und den Prinzen im Text.
b) Stellen Sie dann die Textstellen in einer Tabelle gegenüber.
c) Erläutern Sie mithilfe der Tabelle, inwiefern Emilias Konflikt auch ein politischer Konflikt ist.

ⓘ
Das Bürgertum im Drama

Obwohl Lessing sein Stück nicht als konkrete Darstellung bestehender Herrschaftsformen verstanden wissen wollte, gibt dieses Drama Einblick in die Gesellschaftsstruktur dieser Zeit: Es zeigt eine willkürlich herrschende Adelsschicht und eine untergeordnete Schicht der Bürger. Dieses Drama thematisiert aber auch eine Entwicklung:
Im Laufe des 18. Jahrhunderts hatte sich durch die Beschäftigung mit dem aufklärerischen Gedankengut die „Bildung" von den Höfen in die Bürgerhäuser verlagert. Hier wurde im bewussten Gegensatz zu der „lockeren" Moral und den Intrigen bei Hofe eine Ethik entwickelt, in der Wahrhaftigkeit, Treue und Mitleid als wichtige Tugenden galten.
Tugend und moralische Lebensführung dienten dem Bürgertum der damaligen Zeit als Abgrenzung gegenüber der lasterhaften Lebensweise des Adels.

Schnoor von Carolsfeld, Emilia Galotti

(i)

„Faust I": zum Inhalt des Dramas

Die Einheit des Faust-Dramas bildet das übergreifende Thema von Irren und Streben als zentrales Wesensmerkmal des Menschen. Die Faust-Figur verkörpert diesen menschlichen Wesenszug: „Es irrt der Mensch, solang er strebt" (Vers 317).

Goethe hat vieles aus dem Gelehrtenleben im 16. Jahrhundert in seine Faust-Gestaltung einfließen lassen. Faust besitzt die höchsten Würden und Auszeichnungen, unter den Professoren ist er eine Ausnahmegestalt, denn ihn zeichnet eine Sehnsucht nach Erkenntnis, aber zugleich auch ein starkes Interesse am Leben in der Welt aus. Die Grenzen der Schulwissenschaft sind ihm zu eng. Von Himmel und Erde fordert er das Höchste; er verlangt nach der Erkenntnis des Absoluten, ist aber nie zufrieden, sondern von einer ständigen inneren Unruhe getrieben.

Im Gespräch mit seinem Schüler und Assistenten Wagner wird eine kontrastierende Gegenüberstellung zweier verschiedener Typen von Wissenschaftlern erreicht.

Goethes Faust-Tragödie beinhaltet zwei große Szenengruppen, die „Gelehrtentragödie" und die „Gretchentragödie". In beiden wird Faust als der Strebende vorgestellt. Tätigkeit, Bewegung und Zielsetzung gehören zum menschlichen Leben, doch bei Faust wird daraus Maßlosigkeit. Nachdem Faust als Wissenschaftler scheitert, öffnet sich ihm ein neuer Weg in die Liebe.

An den folgenden Textauszügen soll exemplarisch die Figur des strebenden Faust im Kontrast zu Wagner und Gretchen analysiert werden.

Johann Wolfgang Goethe
Faust I (1808)

Auszug aus der Szene „Nacht"

Es klopft.
FAUST. O Tod! ich kenn's – das ist mein Famulus[1] –
Es wird mein schönstes Glück zunichte!
5 Dass diese Fülle der Gesichte
Der trockne Schleicher stören muss!
Wagner im Schlafrocke und der Nachtmütze, eine Lampe in der Hand.
Faust wendet sich unwillig.
10 WAGNER. Verzeiht! ich hör Euch deklamieren;
Ihr last gewiss ein griechisch Trauerspiel?
In dieser Kunst möcht ich was profitieren,
Denn heutzutage wirkt das viel.
15 Ich hab es öfters rühmen hören,
Ein Komödiant könnt einen Pfarrer lehren.[2]
FAUST. Ja, wenn der Pfarrer ein Komödiant ist;

Wie das denn wohl zuzeiten kommen mag.
WAGNER. Ach! wenn man so in sein Museum 20
gebannt ist
Und sieht die Welt kaum einen Feiertag,
Kaum durch ein Fernglas, nur von weiten,
Wie soll man sie durch Überredung leiten?
FAUST. Wenn ihr's nicht fühlt, ihr werdet's 25
nicht erjagen,
Wenn es nicht aus der Seele dringt
Und mit urkräftigem Behagen
Die Herzen aller Hörer zwingt.
Sitzt ihr nur immer! Leimt zusammen, 30
Braut ein Ragout von andrer Schmaus
Und blast die kümmerlichen Flammen
Aus eurem Aschenhäufchen raus!
Bewundrung von Kindern und Affen,
Wenn euch darnach der Gaumen steht – 35

Doch werdet ihr nie Herz zu Herzen schaffen,
Wenn es euch nicht von Herzen geht.
WAGNER. Allein der Vortrag macht des Red-
ners Glück;
40 Ich fühl es wohl, noch bin ich weit zurück.
[...]
WAGNER. Verzeiht! es ist ein groß Ergetzen
Sich in den Geist der Zeiten zu versetzen;
Zu schauen, wie vor uns ein weiser Mann ge-
45 dacht
Und wie wir's dann zuletzt so herrlich weit
gebracht.
FAUST. O ja, bis an die Sterne weit!
Mein Freund, die Zeiten der Vergangenheit
50 Sind uns ein Buch mit sieben Siegeln;
Was ihr den Geist der Zeiten heißt,
Das ist im Grund der Herren eigner Geist,
In dem die Zeiten sich bespiegeln.
Da ist's denn wahrlich oft ein Jammer!
55 Man läuft euch bei dem ersten Blick davon.
Ein Kehrichtfass und eine Rumpelkammer
Und höchstens eine Haupt- und Staatsak-
tion[3]
Mit trefflichen pragmatischen Maximen,
60 Wie sie den Puppen[4] wohl im Munde zie-
men!
WAGNER. Allein die Welt! des Menschen Herz
und Geist!
Möcht jeglicher doch was davon erkennen.
65 FAUST. Ja, was man so erkennen heißt!

Wer darf das Kind beim rechten Namen nen-
nen?
Die wenigen, die was davon erkannt,
Die töricht gnug ihr volles Herz nicht wahr-
ten,   70
Dem Pöbel ihr Gefühl, ihr Schauen offenbar-
ten,
Hat man von je gekreuzigt und verbrannt.
Ich bitt Euch, Freund, es ist tief in der Nacht,
Wir müssen's diesmal unterbrechen.   75
WAGNER. Ich hätte gern nur immer fortge-
wacht,
Um so gelehrt mit Euch mich zu besprechen.
Doch morgen, als am ersten Ostertage,
Erlaubt mir ein' und andre Frage.   80
Mit Eifer hab ich mich der Studien beflissen;
Zwar weiß ich viel, doch möcht ich alles wis-
sen. *Ab.*
Faust *allein.* Wie nun dem Kopf nicht alle
Hoffnung schwindet,   85
Der immerfort an schalem Zeuge klebt,
Mit gier'ger Hand nach Schätzen gräbt
Und froh ist, wenn er Regenwürmer findet!

1 *Famulus:* Schüler und Assistent
2 *Komödiant ... Pfarrer:* Goethe wandte sich gegen die zeit-
   genössische Forderung eines Theologen, Pfarrer durch Schauspieler in der Redekunst unterrichten zu lassen.
3 *Haupt- und Staatsaktionen:* Stücke der Wanderbühnen über die
   Geschichte von Fürsten und Staaten
4 *Puppen:* Figuren der Wandertheater; Marionetten

❶ Faust und Wagner
   *a) Sammeln Sie stichwortartig Fausts Aussagen
   über seinen Famulus Wagner sowie dessen
   eigene Äußerungen über sich und die Wissenschaft.*
   *b) Suchen Sie geeignete Stichworte, die den
   Wissenschaftler Faust beschreiben und von
   Wagner abgrenzen.*

❷ Zwei Typen von Wissenschaftlern
   *Erläutern Sie, welche grundsätzlichen Typen von
   Wissenschaftlern Faust und Wagner verkörpern.*

Szenenausschnitt aus dem Film „Faust" von Gustav
Gründgens (Will Quadflieg als Faust)

ⓘ

Zum Inhalt und Kontext der Szene „Straße"

Der zu bearbeitenden Szene „Straße" geht die Szene „Hexenküche" unmittelbar voraus. In der Hexenküche unterwirft sich Faust einer „Verjüngungskur", indem er einen Zaubertrank einnimmt. Außerdem schaut Faust in einen Zauberspiegel, in dem er das Bild einer schönen Frau sieht, das er mit folgenden Worten kommentiert: „Das schönste Bild von einem Weibe!" Dieses erotische Erlebnis stimuliert Faust spontan und Mephistopheles verspricht Faust am Ende der Szene „Hexenküche": „Du sollst das Muster aller Frauen/Nun bald leibhaftig vor dir sehen./Du siehst, mit diesem Trank im Leibe,/Bald Helenen in jedem Weibe."

Auf diese Worte folgt nun die Szene „Straße", in der Faust Margarete im Vorübergehen begegnet. Margarete wird von diesem Moment an Fausts Leben bestimmen und umgekehrt Faust das Schicksal Gretchens.

Die Szene „Straße" stellt die erste Begegnung Fausts mit einer Frau dar. Dies korrespondiert mit der Tatsache, dass Faust bis zu diesem Zeitpunkt sein ganzes Leben seinem wissenschaftlichen Streben unterstellt hat, dementsprechend lebensfremd ist und ihm jegliche Liebeserfahrung fehlt.

In der Hexenküche jedoch weckt der Zaubertrank in Faust sinnliche Lust und Leidenschaft, der Blick in den Zauberspiegel die Sehnsucht nach der idealen Liebe. Faust ist von erotischem Verlangen erfüllt, als er Margarete begegnet.

Auszug aus der Szene „Straße"

Faust. Margarete vorübergehend.
FAUST. Mein schönes Fräulein, darf ich wagen
Meinen Arm und Geleit Ihr anzutragen?
MARGARETE. Bin weder Fräulein, weder schön,
5 Kann ungeleitet nach Hause gehn.
Sie macht sich los und ab.
FAUST. Beim Himmel, dieses Kind ist schön!
So etwas hab ich nie gesehn.
Sie ist so sitt- und tugendreich
10 Und etwas schnippisch doch zugleich.
Der Lippe Rot, der Wange Licht,
Die Tage der Welt vergess ich's nicht!
Wie sie die Augen niederschlägt,
Hat tief sich in mein Herz geprägt;
15 Wie sie kurz angebunden war,
Das ist nun zum Entzücken gar!
Mephistopheles tritt auf.
FAUST. Hör, du musst mir die Dirne schaffen!
MEPHISTOPHELES. Nun, welche?
20 FAUST. Sie ging just vorbei.
MEPHISTOPHELES. Da die? Sie kam von ihrem
    Pfaffen,
Der sprach sie aller Sünden frei;

C. A. Schwerdgeburth, Margarete und Faust

Ich schlich mich hart am Stuhl vorbei,
Es ist ein gar unschuldig Ding,
25 Das eben für nichts zur Beichte ging;
Über die hab ich keine Gewalt!
FAUST. Ist über vierzehn Jahr doch alt.
MEPHISTOPHELES. Du sprichst ja wie Hans
   Liederlich,
30 Der begehrt jede liebe Blum für sich,
Und dünkelt ihm, es wär kein Ehr
Und Gunst, die noch zu pflücken wär;
Geht aber doch nicht immer an.
FAUST. Mein Herr Magister Lobesan,

Lass Er mich mit dem Gesetz in Frieden!   35
Und das sag ich Ihm kurz und gut:
Wenn nicht das süße junge Blut
Heut Nacht in meinen Armen ruht,
So sind wir um Mitternacht geschieden.
MEPHISTOPHELES. Bedenkt, was gehn und   40
   stehen mag!
Ich brauche wenigstens vierzehn Tag
Nur die Gelegenheit auszuspüren.
FAUST. Hätt ich nur sieben Stunden Ruh,
Brauchte den Teufel nicht dazu,   45
So ein Geschöpfchen zu verführen.

❸ *Gliederung*
Gliedern Sie den Text in sinnvolle Handlungsabschnitte und versehen Sie diese jeweils mit einer Überschrift.

❹ *Faust und Margarete*
   a) *Beschreiben Sie Fausts und Margaretes spontane Reaktion in dieser ersten flüchtigen Begegnung und erläutern Sie diese.*
   b) *Unterstreichen Sie in den Zeilen 7–18 Äußerungen Fausts, die erkennen lassen, wie er Margarete nach der ersten Begegnung sieht und einschätzt.*

ⓘ **Hinweis zu Aufgabe 4**

Beachten Sie bitte, dass Faust Margarete noch nie vorher gesehen hat und dass die Anrede „Fräulein" einem adeligen Mädchen, aber nicht einer Bürgerstochter wie Margarete zustand. Vor diesem Hintergrund wird Margaretes Verhalten verständlich.

❺ *Fausts Sprache*
Mit Mephistopheles' Erscheinen ändert sich Fausts Sprache.
Das Sprachmuster lässt deutlich erkennen, was Faust will (sein Ziel) und welche Bedeutung Margarete für Faust besitzt.
Untersuchen Sie im dritten Handlungsabschnitt (Z. 17–46) Fausts Sprache.

❻ *Mephistos Reaktion*
Beschreiben Sie Mephistos Reaktion auf Fausts Forderung.

❼ *Analyse verfassen*
Verfassen Sie eine zusammenhängende Analyse der vorliegenden Textstelle, in der Sie die erarbeiteten Ergebnisse darstellen.

ⓘ **Hinweis zu Aufgabe 7**

Mögliche Gliederung Ihrer Analyse :
1. Einleitung
2. Inhaltliche Zusammenfassung der Szene
3. Gliederung in Handlungsabschnitte
4. Die Begegnung Faust – Margarete (Z. 2–6)
5. Fausts Liebesmonolog
6. Fausts Liebeslust, ausgehend von einer Sprachanalyse
7. Fausts Forderung an Mephistopheles und dessen Reaktion
8. Der Bezug zur Szene „Hexenküche"
9. Ausblick: Mephistopheles' mögliche Einflussnahme auf die Beziehung Faust – Margarete

Alexis Muston, Georg Büchner

Biografisches

Georg Büchner (1813–1837) gilt als Wegbereiter des modernen Dramas.
1835 erschien „Dantons Tod". Ein Jahr später schrieb Büchner das unvollendet gebliebene Drama „Woyzeck", die Komödie „Leonce und Lena" sowie die Erzählung „Lenz".

Das Woyzeck-Fragment

In der Geschichte des deutschen Dramas kennzeichnet das Fragment „Woyzeck" den Beginn des sozialen Dramas. Zum ersten Mal wird in „Woyzeck" eine Figur der untersten gesellschaftlichen Schicht zum Helden einer Tragödie.
Die Struktur des Woyzeck-Fragments weist kein Kontinuum auf, wie es Aristoteles für das Drama fordert. Die Szenen sind aneinander gereiht, sie gleichen Momentaufnahmen.

„Woyzeck": zum Inhalt des Dramas

Woyzeck, ein einfacher Soldat und ein Mann der untersten sozialen Schicht, versucht sich, seine Frau und ihr gemeinsames Kind durch Gelegenheitsarbeiten zu versorgen. Er rasiert den Hauptmann oder lässt sich von einem Arzt für ein Experiment an seinem Körper bezahlen. Woyzeck muss erleben, dass alle seine Bemühungen, Geld zu verdienen, nicht ausreichen und er nur Spott und Verachtung erfährt.

Woyzeck, der durch das Experiment des Doktors physisch sehr geschwächt ist, wird durch Drill, Arbeitsüberlastung, Not und Existenzangst auch psychisch zugrunde gerichtet.
Er hat Visionen vom Weltuntergang und glaubt Stimmen zu hören. Als seine Frau Marie sich von ihm abwendet, weil ein Tambourmajor sie verführt, brechen seine lang aufgestaute Wut und Verzweiflung hervor. Von seinen Stimmen gepeinigt bringt Woyzeck Marie um.

Die folgende 5. Szene der Bühnenfassung besteht aus einem Dialog zwischen Woyzeck und dem Hauptmann.

Georg Büchner

Woyzeck (1837)

Hauptmann auf einem Stuhl. Woyzeck rasiert ihn.
HAUPTMANN. Langsam, Woyzeck, langsam;
eins nach dem andern! Er macht mir ganz
schwindlig. Was soll ich denn mit den zehn
5 Minuten anfangen, die Er heut zu früh fertig
wird? Woyzeck, bedenk Er, Er hat noch seine
schöne dreißig Jahr zu leben, dreißig Jahr!
Macht dreihundertsechzig Monate, und Tage, Stunden, Minuten! Was will Er denn mit
10 der ungeheuren Zeit all anfangen? Teil er sich
ein, Woyzeck!
WOYZECK. Jawohl, Herr Hauptmann!
HAUPTMANN. Es wird mir ganz angst um die
Welt, wenn ich an die Ewigkeit denke. Be-
15 schäftigung, Woyzeck, Beschäftigung! Ewig,
das ist ewig, das ist ewig – das siehst du ein;
nun ist es aber wieder nicht ewig, und das ist
ein Augenblick, ja, ein Augenblick, Woyzeck,
es schaudert mich, wenn ich denke, dass sich
20 die Welt in einem Tag herumdreht! Was 'n
Zeitverschwendung! Wo soll das hinaus?
Woyzeck, ich kann kein Mühlrad mehr sehn
oder ich werd melancholisch.
WOYZECK. Jawohl, Herr Hauptmann.
25 HAUPTMANN. Woyzeck, Er sieht immer so verhetzt aus! Ein guter Mensch tut das nicht, ein
guter Mensch, der sein gutes Gewissen hat. –
Red Er doch was, Woyzeck! Was ist heut für
Wetter?
30 WOYZECK. Schlimm, Herr Hauptmann,
schlimm; Wind!
HAUPTMANN. Ich spür's schon, 's ist so was Ge-
schwindes draußen; so ein Wind macht mir
den Effekt wie eine Maus. *(Pfiffig.)* Ich glaub,
35 wir haben so was aus Süd-Nord?
WOYZECK. Jawohl, Herr Hauptmann.
HAUPTMANN. Ha, ha, ha! Süd-Nord! Ha, ha,
ha! Oh, Er ist dumm, ganz abscheulich
dumm! *(Gerührt.)* Woyzeck, Er ist ein guter
40 Mensch – aber *(mit Würde)* Woyzeck, Er hat
keine Moral! Moral, das ist, wenn man moralisch ist, versteht Er. Es ist ein gutes Wort. Er
hat ein Kind, ohne den Segen der Kirche, wie
unser hochehrwürdiger Herr Garnisonspredi-
ger sagt, ohne den Segen der Kirche, es ist 45
nicht von mir.
WOYZECK. Herr Hauptmann, der liebe Gott
wird den armen Wurm nicht drum ansehen,
ob das Amen drüber gesagt ist, eh er gemacht
wurde. Der Herr sprach: Lasset die Kleinen zu 50
mir kommen!
HAUPTMANN. Was sagt Er da? Was ist das für
eine kuriose Antwort? Er macht mich ganz
konfus mit seiner Antwort. Wenn ich sag: Er,
so mein ich Ihn, Ihn – 55
WOYZECK. Wir arme Leut – Sehn Sie, Herr
Hauptmann: Geld, Geld! Wer kein Geld hat –
Da setz einmal eines seinesgleichen auf die
Moral in der Welt. Man hat auch sein Fleisch
und Blut. Unsereins ist doch einmal unselig 60
in der und der andern Welt. Ich glaub, wenn
wir in Himmel kämen, so müssten wir donnern helfen.
HAUPTMANN. Woyzeck, Er hat keine Tugend,
Er ist kein tugendhafter Mensch. Fleisch und 65
Blut? Wenn ich am Fenster lieg, wenn's gereg-
net hat, und den weißen Strümpfen so nach-
seh, wie sie über die Gassen springen – verdammt, Woyzeck, da kommt mir die Liebe.
Ich hab auch Fleisch und Blut. Aber, Woy- 70
zeck, die Tugend, die Tugend! Wie sollte ich
dann die Zeit herumbringen? Ich sag mir immer: du bist ein tugendhafter Mensch,
(gerührt) ein guter Mensch, ein guter Mensch.
WOYZECK. Ja, Herr Hauptmann, die Tugend, 75
ich hab's noch nit so aus. Sehn Sie, wir gemei-
ne Leut, das hat keine Tugend, es kommt einem nur so die Natur; aber wenn ich ein Herr
wär und hätt ein' Hut und eine Uhr und eine
Anglaise und könnt vornehm reden, ich wollt 80
schon tugendhaft sein. Es muss was Schönes
sein um die Tugend, Herr Hauptmann. Aber
ich bin ein armer Kerl.
HAUPTMANN. Gut, Woyzeck. Du bist ein guter
Mensch, ein guter Mensch. Aber du denkst zu 85
viel, das zehrt; du siehst immer so verhetzt
aus – Der Diskurs hat mich ganz angegriffen.
Geh jetzt und renn nicht so; langsam, hübsch
langsam die Straße hinunter!

● Analyse einer Dramenszene

❶ Dialoganalyse

a) Skizzieren Sie den Verlauf des Gesprächs zwischen dem Hauptmann (HM) und Woyzeck (Wy), indem Sie die jeweiligen Redeanteile in die folgende Grafik eintragen und kurz beschreiben.

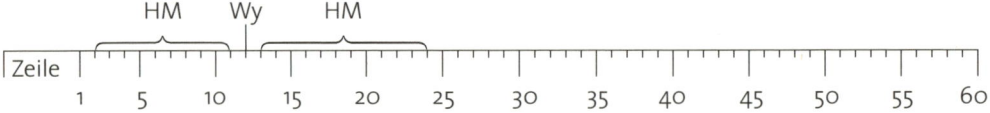

b) Welche Informationen liefert diese Skizze der Redeanteile über den Gesprächscharakter?

c) Bestimmen Sie die Textstelle, an der sich der Gesprächscharakter ändert, und erklären Sie die Ursache des Wechsels.

d) Nehmen Sie Stellung zu der Deutung des Abschnitts, der ganze Dialog sei Ausdruck einer unmenschlichen Beziehungslosigkeit der Redenden.

❷ Woyzeck und der Hauptmann

a) Unterstreichen Sie in unterschiedlichen Farben alle Textstellen,
   – die Informationen darüber geben, wie der Hauptmann Woyzeck sieht,
   – die Aussagen Woyzecks über sich selbst enthalten.

b) Vergleichen Sie die Aussagen Woyzecks mit den Aussagen des Hauptmanns. Stellen Sie Übereinstimmungen und Abweichungen heraus.

❸ Wertvorstellungen

a) Notieren Sie in Stichworten die in dem Gespräch direkt oder indirekt angesprochenen gesellschaftlichen Wertvorstellungen.

   Zum Beispiel: Beschäftigung, ein guter Mensch, Tugend, Geld …

b) Ordnen Sie diese gesellschaftlichen Wertvorstellungen den beiden Figuren zu, indem Sie eine Übersicht wie die auf S. 49 oben abgebildete anlegen.

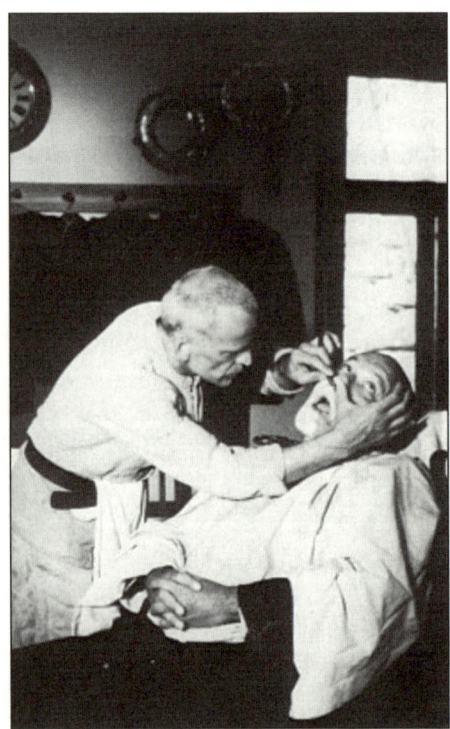

Szene aus dem Film „Woyzeck" von Werner Herzog

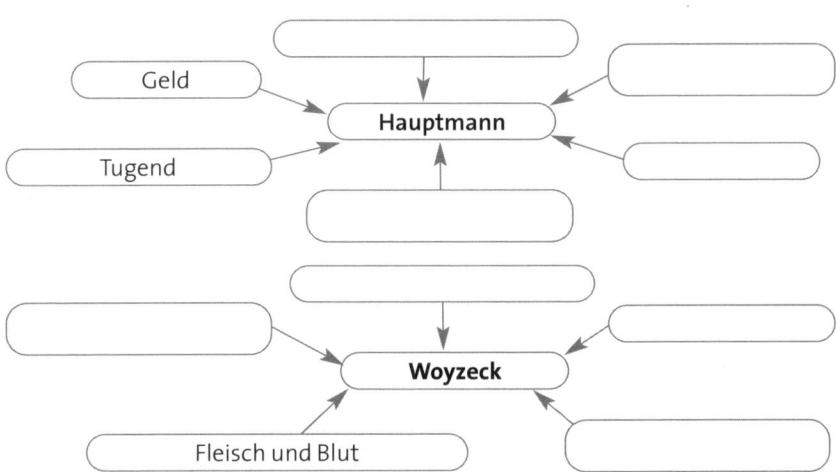

4 *Bild der Gesellschaft*
   a) Notieren Sie die Gründe, die Woyzeck nennt, warum er die gesellschaftlichen „Erwartungen" nicht erfüllen kann.
   b) Bewerten Sie mit Blick auf Woyzecks Aussagen das Wertesystem Woyzecks und des Hauptmanns.
   c) Welches Bild der Gesellschaft entwirft Büchner durch die Aussagen Woyzecks und des Hauptmanns?

5 *Büchners Intention*
   Arbeiten Sie auf der Grundlage Ihrer Untersuchungsergebnisse heraus, welche Absicht Büchner mit der Darstellung der Figuren des Hauptmanns und Woyzecks verfolgt.
   Berücksichtigen Sie dabei folgende Aussage Büchners in einem Brief:

Büchner (an die Familie, Februar 1834):

„[…] Ich verachte niemanden, am wenigsten wegen seines Verstandes oder seiner Bildung, weil es in niemands Gewalt liegt, kein Dummkopf oder kein Verbrecher zu werden – weil wir durch gleiche Umstände wohl alle gleich würden und weil die Umstände außer uns liegen. […] Ich habe freilich noch eine Art von Spott, es ist aber nicht der der Verachtung, sondern der des
5 Hasses. Der Hass ist so gut erlaubt als die Liebe und ich hege ihn im vollsten Maße gegen die, *welche verachten.*"

ⓘ **Büchners politische Ideen**

1834 organisierte Büchner in Darmstadt und Gießen die Sektionen eines revolutionären Geheimbundes mit dem Namen „Gesellschaft der Menschenrechte". Büchner glaubte, dass die Revolution in Hessen von den Massen der bäuerlichen Landbevölkerung getragen werden müsste. Durch Flugschriften wollte er ihr politisches und soziales Be-

wusstsein wecken. Wegen seiner ersten Flugschrift „Der Hessische Landbote", die im Juni 1883 in Druck ging, musste Büchner nach Straßburg fliehen. In dieser Flugschrift forderte Büchner das Volk auf, sich seiner Lage bewusst zu werden und sie, wenn nötig, auch mit Gewalt zu ändern. Das der Flugschrift vorangestellte Motto „Friede den Hütten! Krieg den Palästen!" verdeutlicht seine Einstellung.

Bertolt Brecht: Der gute Mensch von Sezuan

ⓘ **Biografisches**

Bertolt Brecht (1898–1956) ist der bedeutendste Dramenschriftsteller und -theoretiker des deutschsprachigen Theaters im 20. Jahrhundert. Er versuchte seine in der Auseinandersetzung mit dem Marxismus gewonnenen Erkenntnisse in seinem Werk umzusetzen und dieses für den Kampf gegen soziale Ungerechtigkeiten zu nutzen.

Zu den bekanntesten Theaterstücken Brechts gehören „Die Dreigroschenoper" (1928), „Leben des Galilei" (1938/39, 2. Fassung 1956), „Mutter Courage und ihre Kinder" (1939) und „Der gute Mensch von Sezuan" (1938–1941).

Weitere Informationen zu Leben und Werken Brechts finden Sie auf S. 65.

Der folgende Textausschnitt soll unter dem Themenschwerpunkt der **Dramentheorie Brechts** untersucht werden.

ⓘ **„Der gute Mensch von Sezuan":
zum Inhalt des Dramas**

Götter kommen auf die Erde, um zu sehen, ob die Welt wirklich so schlecht ist wie ihr Ruf oder ob es nicht zumindest einen guten Menschen auf ihr gibt. Wenn auch nur einer gefunden werden kann, ist das für sie Beweis genug, dass die Welt nicht so schlecht ist, wie immer behauptet wird. Ihre Suche scheint vergeblich, aber schließlich treffen sie Shen Te, eine Prostituierte, bei der sie freundlich aufgenommen werden. Sie zeigen sich durch ein Entgelt erkenntlich, mit dem Shen Te sich einen kleinen Laden einrichtet. Da die Menschen der Stadt unter großer materieller Not leiden, wenden sie sich an Shen Te mit der Bitte um Hilfe. Sie überfordern sie und nutzen sie so aus, dass Shen Te, die zu allen gleich gut sein möchte, der Ruin droht. Sie erkennt, dass der Mensch in dieser Welt nicht gut sein kann. Um sein Überleben zu sichern, zwingen ihn die gesellschaftlichen und wirtschaftlichen Umstände zum Gegenteil. So schlüpft Shen Te in die Rolle ihres imaginären Vetters Shui Ta, der mit den brutalsten Mitteln ihren Laden rettet.

Shen Te verliebt sich in den arbeitslosen Flieger Yang Sun. Die beiden wollen heiraten. Aber während Shen Te Sun echte Gefühle entgegenbringt, ist dieser nur um des eigenen Vorteils willen an ihr interessiert. Er erhofft sich von ihr Geld, um eine Stelle anzutreten. Nachdem sie es ihm gegeben hat, gibt er es sofort für andere Dinge aus. Seine Mutter, Frau Yang, bittet nun Shui Ta zu helfen. Shui Ta akzeptiert und nach einigen Wochen zeigt sich folgendes Bild:

Bertolt Brecht

Der gute Mensch von Sezuan (1941)

Auszug aus dem 8. Bild

Sun folgt Shui Ta in die Fabrik. Frau Yang kehrt an die Rampe zurück.

FRAU YANG *zum Publikum:* Die ersten Wochen waren hart für Sun. Die Arbeit sagte ihm
5 nicht zu. Er hatte wenig Gelegenheit, sich auszuzeichnen. Erst in der dritten Woche kam ihm ein kleiner Vorfall zu Hilfe. Er und der frühere Schreiner Lin To mußten Tabakballen schleppen.
10 *Sun und der frühere Schreiner Lin To schleppen je zwei Tabakballen.*

DER FRÜHERE SCHREINER *hält ächzend inne und läßt sich auf einen Ballen nieder:* Ich kann nicht mehr. Ich bin nicht mehr jung genug für die-
15 se Arbeit.

SUN *setzt sich ebenfalls:* Warum schmeißt du ihnen die Ballen nicht einfach hin?

DER FRÜHERE SCHREINER Und wovon sollen wir leben? Ich muß doch sogar, um das Notwen-
20 dige zu haben, die Kinder einspannen. Wenn das Fräulein Shen Te sähe! Sie war gut.

SUN Sie war nicht die Schlechteste. Wenn die Verhältnisse nicht so elend gewesen wären, hätten wir es ganz gut miteinander getroffen.
25 Ich möchte wissen, wo sie ist. Besser, wir machen weiter. Um diese Zeit pflegt er zu kommen. *Sie stehen auf.*

Sun sieht Shui Ta kommen: Gib den einen Ballen her, du Krüppel! *Sun nimmt auch noch den*
30 *einen Ballen Lin To's auf.*

DER FRÜHERE SCHREINER Vielen Dank! Ja, wenn sie da wäre, würdest du gleich einen Stein im Brett haben, wenn sie sähe, daß du einem alten Mann so zur Hand gehst. Ach ja!
35 *Herein Shui Ta.*

FRAU YANG *zum Publikum:* Und mit einem Blick sieht natürlich Herr Shui Ta, was ein guter Arbeiter ist, der keine Arbeit scheut. Und er greift ein.
40 SHUI TA Halt, ihr! Was ist da los? Warum trägst du nur einen einzigen Ballen?

DER FRÜHERE SCHREINER Ich bin ein wenig müde heute, Herr Shui Ta, und Yang Sun war so freundlich …

SHUI TA Du kehrst um und nimmst drei Bal- 45
len, Freund. Was Yang Sun kann, kannst du auch. Yang Sun hat guten Willen und du hast keinen.

FRAU YANG *während der frühere Schreiner zwei weitere Ballen holt, zum Publikum:* Kein Wort 50
natürlich zu Sun. Aber Herr Shui Ta war im Bilde. Und am nächsten Samstag bei der Lohnauszahlung …

Ein Tisch wird aufgestellt, und Shui Ta kommt mit einem Säckchen Geld. Neben dem Aufseher – 55
dem früheren Arbeitslosen – stehend, zahlt er den Lohn aus.

Sun tritt vor den Tisch.

DER AUFSEHER Yang Sun – 6 Silberdollar.

SUN Entschuldigen Sie, es könnten nur 5 60
sein. Nur 5 Silberdollar. *Er nimmt die Liste, die der Aufseher hält.* Sehen Sie bitte, hier stehen fälschlicherweise sechs Arbeitstage, ich war aber einen Tag abwesend, eines Gerichtstermins wegen. *Heuchlerisch:* Ich will nichts be- 65
kommen, was ich nicht verdiene, und wenn der Lohn noch so lumpig ist!

DER AUFSEHER Also 5 Silberdollar! *Zu Shui Ta:* Ein seltener Fall, Herr Shui Ta!

SHUI TA Wie können hier sechs Tage stehen, 70
wenn es nur fünf waren?

DER AUFSEHER Ich muß mich tatsächlich geirrt haben, Herr Shui Ta. *Zu Sun, kalt:* Es wird nicht mehr vorkommen.

SHUI TA *winkt Sun zur Seite:* Ich habe neulich 75
beobachtet, daß Sie ein kräftiger Mensch sind und Ihre Kraft auch der Firma nicht vorenthalten. Heute sehe ich, daß Sie sogar ein ehrlicher Mensch sind. Passiert das öfter, daß der Aufseher sich zuungunsten der Firma irrt? 80

SUN Er hat Bekannte unter den Arbeitern und wird als einer der ihren angesehen.

SHUI TA Ich verstehe. Ein Dienst ist des andern wert. Wollen Sie eine Gratifikation?

85 SUN Nein. Aber vielleicht darf ich darauf hinweisen, daß ich auch ein intelligenter Mensch bin. Ich habe eine gewisse Bildung genossen, wissen Sie. Der Aufseher meint es sehr gut mit der Belegschaft, aber er kann, un-

90 gebildet, wie er ist, nicht verstehen, was die Firma benötigt. Geben Sie mir eine Probezeit von einer Woche, Herr Shui Ta, und ich glaube, Ihnen beweisen zu können, daß meine Intelligenz für die Firma mehr wert ist als

95 meine pure Muskelkraft.

FRAU YANG *zum Publikum:* Das waren kühne Worte, aber an diesem Tage sagte ich zu meinem Sun: „Du bist ein Flieger. Zeig, daß du auch, wo du jetzt bist, in die Höhe kommen

100 kannst! Flieg, mein Falke!" Und tatsächlich, was bringen doch Bildung und Intelligenz für große Dinge hervor! Wie will einer ohne sie zu den besseren Leuten gehören? Wahre Wunderwerke verrichtete mein Sohn in der

105 Fabrik des Herrn Shui Ta!

Sun steht breitbeinig hinter den Arbeitenden. Sie reichen sich über die Köpfe einen Korb Rohtabak zu.

SUN Das ist keine ehrliche Arbeit, ihr! Dieser

110 Korb muß fixer wandern! *Zu einem Kind:* Du kannst dich doch auf den Boden setzen, da nimmst du keinen Platz weg! Und du kannst noch ganz gut das Pressen übernehmen, ja, du dort! Ihr faulen Hunde, wofür bezahlen

115 wir euch Lohn? Fixer mit dem Korb! Zum Teufel! Setzt den Großpapa auf die Seite und laßt ihn mit den Kindern nur zupfen! Jetzt hat es sich ausgefaulenzt hier! Im Takt das Ganze! *Er klatscht mit den Händen den Takt,*

120 *und der Korb wandert schneller.*

FRAU YANG *zum Publikum:* Und keine Anfeindung, keine Schmähung von seiten ungebildeter Menschen, denn das blieb nicht aus, hielten meinen Sohn von der Erfüllung sei-

125 ner Pflicht zurück.

Einer der Arbeiter stimmt das Lied vom achten Elefanten an. Die andern fallen in den Refrain ein.

LIED VOM ACHTEN ELEFANTEN

Sieben Elefanten hatte Herr Dschin 130
Und da war dann noch der achte.
Sieben waren wild und der achte war zahm
Und der achte war's, der sie bewachte.
  Trabt schneller!
  Herr Dschin hat einen Wald 135
  Der muß vor Nacht gerodet sein
  Und Nacht ist jetzt schon bald!

Sieben Elefanten roden den Wald
Und Herr Dschin ritt hoch auf dem achten.
All den Tag Nummer acht stand faul auf der 140
    Wacht
Und sah zu, was sie hinter sich brachten.
  Grabt schneller!
  Herr Dschin hat einen Wald
  Der muß vor Nacht gerodet sein 145
  Und Nacht ist jetzt schon bald!

Sieben Elefanten wollten nicht mehr
Hatten satt das Bäumeabschlachten.
Herr Dschin war nervös, auf die sieben war er
    bös 150
Und gab ein Schaff Reis dem achten.
  Was soll das?
  Herr Dschin hat einen Wald
  Der muß vor Nacht gerodet sein
  Und Nacht ist jetzt schon bald! 155

Sieben Elefanten hatten keinen Zahn
Seinen Zahn hatte nur noch der achte.
Und Nummer acht war vorhanden, schlug
    die sieben zuschanden
Und Herr Dschin stand dahinten und lachte. 160
  Grabt weiter!
  Herr Dschin hat einen Wald
  Der muß vor Nacht gerodet sein
  Und Nacht ist jetzt schon bald!

Shui Ta ist gemächlich schlendernd und eine Zi- 165
garre rauchend nach vorn gekommen. Yang Sun
hat den Refrain der dritten Strophe lachend mit-
gesungen und in der letzten Strophe durch Hän-
deklatschen das Tempo beschleunigt.

170 FRAU YANG *zum Publikum:* Wir können Herrn Shui Ta wirklich nicht genug danken. Beinahe ohne jedes Zutun, aber mit Strenge und Weisheit hat er alles Gute herausgeholt, was in Sun steckte. Er hat ihm nicht allerhand 175 phantastische Versprechungen gemacht wie seine so sehr gepriesene Kusine, sondern ihn zu ehrlicher Arbeit gezwungen. Heute ist Sun ein ganz anderer Mensch als vor drei Monaten. Das werden Sie wohl zugeben! „Das Edle ist wie eine Glocke, schlägt man sie, so tönt 180 sie, schlägt man sie nicht, so tönt sie nicht", wie die Alten sagten. Ⓡ

„Der gute Mensch von Sezuan", Szene aus dem 8. Bild, Aufführung im Frankfurter „Theater am Turm" 1969, Regie: Claus Peymann

❶ Handlung und Kommentar

Im 8. Bild „Shui Ta's Tabakfabrik" finden sich verschiedene Ebenen: die Handlungsebene, die zeitlich in der Vergangenheit liegt und Sun in Shui Ta's Tabakfabrik zeigt, und die Ebene des Kommentars, auf der Frau Yang das Verhalten ihres Sohnes Sun dem Publikum erklärt.
Gliedern Sie den Text auf der Basis dieser Unterscheidung der beiden Ebenen:

Z. 3–9   Frau Yang berichtet über die Anfangsschwierigkeiten Suns.
Z. 10–...   ...
...   ...

❷ Dramentheorie und Verfremdung

Erläutern Sie den Zusammenhang von Frau Yangs Kommentaren und der eigentlichen Handlung.
Beachten Sie dabei Brechts Dramentheorie und die Bedeutung des Verfremdungseffektes.

❸ „V-Effekte"

Sammeln Sie weitere Elemente des Textes, die Ihnen „verfremdet" erscheinen.
Zum Beispiel: die Namensgebung, das „Lied vom achten Elefanten"...

Brechts Konzeption des epischen Theaters

Brecht unterscheidet sich in seiner Theaterkonzeption grundsätzlich vom traditionellen Theater, dem so genannten aristotelischen Theater. Während dieses den Zuschauer in eine illusionäre Welt entführen möchte, in der er sich seinen Gefühlen hingeben und mit den handelnden Personen identifizieren und „mit-leiden" darf, versucht Brecht genau das Gegenteil zu erreichen. Er möchte seinen Zuschauer desillusionieren und ihn somit daran hindern, sich zu identifizieren. Er will ein Theater der kritischen Auseinandersetzung schaffen, das zu gesellschaftlichen Veränderungen führt. So lässt er auf der Bühne die Dinge nicht darstellen, sondern erzählen – daher der Begriff des epischen Theaters, den Brecht für sein Theater prägte. Die Distanz des Schauspielers zur dargestellten Rolle und zu seinem Spiel soll immer erkennbar bleiben. Ziel ist es nicht nur, die Illusion zu brechen, sondern vor allem auch, den Zuschauer zu kritischen Reflexionen anzuregen. Er soll sich mit den Mitteln der Vernunft mit den auf der Bühne vorgespielten gesellschaftlichen, politischen und ökonomischen Zuständen und Entwicklungen auseinander setzen und selbst Lösungen finden, die schließlich eine menschenwürdigere Welt herbeiführen.

Um dies zu erreichen, entwickelte Brecht Techniken, die sich grundsätzlich von denen des traditionellen Theaters unterscheiden.

Der Verfremdungseffekt

Mit dem so genannten Verfremdungseffekt, von Brecht auch V-Effekt genannt, will der Autor dem Zuschauer fortwährend ins Gedächtnis rufen, dass er sich nicht dem schönen Schein auf der Bühne hingeben darf, sondern über das Dargestellte nachdenken muss, ohne es als gegeben oder unveränderlich hinzunehmen. So ersetzt er etwa die traditionelle Akteinteilung durch Bilder. Oft informieren Spruchbänder über der Bühne schon vor dem Einsetzen des nächsten Bildes über die zu spielende Handlung, um die Spannung auf den Fortgang der Handlung zu mindern und dem Zuschauer die Möglichkeit zu geben, sich auf das Geschehen und seine Hintergründe zu konzentrieren.

Vielfach werden die Personen auf der Bühne typisiert und nicht als individuell durchgeformte Charaktere gezeigt, um grundsätzliche gesellschaftliche Probleme aufzuzeigen, die nicht nur Einzelne betreffen.

Wichtig im Theater Brechts sind auch die Songs. Sie unterbrechen immer wieder die eigentliche Handlung und haben – ähnlich wie der Chor im antiken Drama – die Funktion zu kommentieren. Sie decken gesellschaftliche Missstände auf und prangern sie an mit dem Ziel, eine Bewusstseinsänderung beim Zuschauer hervorzurufen und zur Veränderung unhaltbarer Zustände beizutragen. Formal erscheint der Song in der Regel einfach. Er benutzt vielfach Formen aus dem Bereich des Volkslieds, z. B. die vierzeilige Strophe, den Refrain und eine schlichte Melodie.

Weitere Mittel der Verfremdung sind z. B. das Heraustreten der Figur aus ihrer Rolle oder die Anspielung auf Verhältnisse oder Ereignisse, die einer Figur zur Zeit der Handlung gar nicht bekannt sein dürften. Durch solche „unrealistischen" Elemente (z. B. auch durch eine nicht zeitgemäße Redeweise oder Kostümierung der Figuren) können Bezüge zu aktuellen gesellschaftlichen Umständen und Ereignissen verdeutlicht werden.

4 *Figurencharakterisierung*
Charakterisieren Sie die Figur Suns, indem Sie die wesentlichen Äußerungen von ihm selbst bzw. anderer über ihn herausschreiben und anschließend auswerten. Beachten Sie auch die Regieanweisungen.

Frau Yang: „... sieht natürlich Herr Shui Ta, was ein guter Arbeiter ist, der keine Arbeit scheut" (Z. 37 f.)
...

Shui Ta: „...Yang Sun hat guten Willen ..." (Z. 47)
...

Sun: „Ich will nichts bekommen, was ich nicht verdiene, ..." (Z. 65 f.)
...

Regie: „Heuchlerisch" (Z. 65)
...

5 *Schreiben Sie eine kurze Figurenanalyse Suns. Benutzen Sie dabei das bisher zusammengestellte Material.*

6 *Das „Lied vom achten Elefanten"*
Zeigen Sie, inwiefern das „Lied vom achten Elefanten" Parallelen zu der veränderten Situation in „Shui Ta's Tabakfabrik" aufweist und als Kommentar auf das Geschehen und die unmenschlichen Zustände in der Fabrik verstanden werden kann.

Parallelen

sieben Elefanten = Arbeiter
Herr Dschin = ...
der achte Elefant = ...

7 *Intention*
Erklären Sie die Aussageabsicht des 8. Bildes. Berücksichtigen Sie zusätzlich die Dramen-konzeption Bertolt Brechts.

Szene aus dem 8. Bild,
Sun und Shui Ta im Gespräch

1.5 Lyrik

Andreas Gryphius

Es ist alles Eitel. (1643)

DU sihst / wohin du sihst nur Eitelkeit auff Erden.
   Was diser heute baut / reist jener morgen ein:
   Wo itzund[1] Städte stehn / wird eine Wisen seyn /
Auff der ein Schäfers-Kind wird spilen mit den Herden:
5 Was itzund prächtig blüht / sol bald zutretten werden.
   Was itzt so pocht und trotzt ist Morgen Asch und Bein /
   Nichts ist / das ewig sey / kein Ertz / kein Marmorstein.
Itzt lacht das Glück uns an / bald donnern die Beschwerden.
   Der hohen Thaten Ruhm muss wie ein Traum vergehn.
10   Soll denn das Spil der Zeit / der leichte Mensch bestehn?
Ach! was ist alles diß / was wir vor köstlich achten /
   Als schlechte Nichtikeit / als Schatten / Staub und Wind;
   Als eine Wisen-Blum / die man nicht wider find't.
Noch wil was Ewig ist kein einig Mensch betrachten!

Sonett
Alexandriner:
sechshebiger Jambus
mit Mittelzäsur

a	wK	umschlie-	
b	mK	ßender	Quartett
b	mK	Reim	
a	wK		
a	wK	umschlie-	
b	mK	ßender	Quartett
b	mK	Reim	
a	wK		
c	mK		
c	mK		
d	wK	Schweif-	Terzette
e	mK	reim	
e	mK		
d	wK		

❶ *Erläutern Sie den gedanklichen Zusammenhang der Überschrift und der Verse 1, 7, 10 und 14, indem Sie den Inhalt der Verse wiedergeben und den verbindenden Gedankengang aufzeigen.*

❷ *a) Geben Sie den Inhalt der Verse 2–9 und 11–13 wieder.*
b) Erklären Sie den antithetischen Bau der Verse 2–9 und 11–13.
c) Zeigen Sie die Bedeutung und Funktion von Exempla (Beispielen) der Verse 2–9 und 11–13 auf.

Christian Hofmann von Hofmannswaldau

Vergänglichkeit der schönheit (ca. 1660)

   Es wird der bleiche tod mit seiner kalten hand
Dir endlich mit der zeit umb deine brüste streichen /
Der liebliche corall der lippen wird verbleichen;
   Der schultern warmer schnee wird werden kalter sand /
5   Der augen süsser blitz / die kräffte deiner hand /
Für welchen solches fällt / die werden zeitlich weichen /
Das haar / das itzund kan des goldes glantz erreichen /
   Tilgt endlich tag und jahr als ein gemeines[2] band.
Der wohlgesetzte fuß / die lieblichen gebärden /
10 Die werden theils zu staub / theils nichts und nichtig werden /
   Denn opfert keiner mehr der gottheit deiner pracht.
Diß und noch mehr als diß muss endlich untergehen /
Dein hertze kan allein zu aller zeit bestehen /
   Dieweil[3] es die natur aus diamant gemacht.

1 *itzund:* jetzt
2 *gemeines:* allgemein, gewöhnlich
3 *dieweil:* weil

ⓘ

Barock (ca. 1600–1720)
Grundzüge der Epoche

Das Wort „Barock" lässt an prunkvolle Kirchen- und Klosterbauten denken, an großartige Schlösser oder an vielgestaltige Stuckornamente und farbenprächtige Fresken. In der Musikgeschichte stellt die Barockzeit einen Höhepunkt dar. Ebenso wichtig wie Architektur, Malerei und Musik ist aber auch die Literatur dieser Epoche. Sie umfasst etwa den Zeitraum von 1600 bis 1720 und spiegelt das Denken dieser Zeit besonders deutlich. Bezeichnend für die Menschen und ihre Einstellung ist zunächst die **Freude am Leben**, die sich im Alltagsleben, im Schmuck der Häuser und selbst einfacher Dorfkirchen ebenso ausdrückt wie in der Mode oder in aufwändigen, prunkvollen Festen. Die kurze Zeit des Lebens sollte möglichst intensiv genutzt werden. Dieser Wunsch äußerte sich im Grundsatz des „Carpe diem" („Genieße, nutze den Tag"; übernommen aus der Ode des römischen Dichters Horaz).

Im krassen Gegensatz zur Freude am Lebensgenuss stand das Wissen um die **Vergänglichkeit**, das „Memento mori" („Gedenke des Todes"). Die Jahre des Dreißigjährigen Krieges mit Mord, Brand, Hunger, Seuchen und Zerstörungen zeigten die Brüchigkeit des Lebens deutlich genug.

Die Motive „Carpe diem" und „Memento mori", die beiden gegensätzlichen und zugleich eng miteinander verknüpften Grundakkorde des barocken Lebens, finden ihre Synthese in einem überzeugten Glauben und im Bewusstsein, dass sich der Mensch auf Erden für das ewige Leben bewähren muss. Das menschliche Leben wird mit einem **Spiel auf der Bühne der Welt** verglichen.

ⓘ

Fachbegriffe zur Lyrikanalyse

Das **Sonett** ist im Barockzeitalter eine sehr geläufige Textgestalt, in der die Dichter nach italienischen und französischen Mustern geistliche und weltliche Dinge zu verhandeln pflegten. Den Vorschriften, die Martin Opitz 1624 für deutsche Sonette aufgestellt hat, folgt Gryphius hier genau. Die vierzehn Verse gliedern sich den Reimen nach in das Oktett aus zwei Quartetten und das Sextett aus zwei Terzetten; zunächst wird der umschließende Reim (abba abba), dann der Schweifreim (ccd eed) verwandt; männliche und weibliche Kadenzen wechseln einander ab. Nicht minder vorschriftsmäßig hat Gryphius die Wahl des Versmaßes getroffen. Er bedient sich des Alexandriners, der aus sechs Jamben mit Zäsur nach dem dritten Versfuß besteht.

Exemplum (Plural: Exempla): Beispiel; ein konkreter Einzelfall zur Verdeutlichung einer allgemeinen Aussage
Antithese: Gegensatz, Kontrast
Jambus: regelmäßige Abfolge von unbetonten und betonten Silben
Zäsur: Sinnabschnitt im Vers
weibliche Kadenz: Vers endet mit einer unbetonten Silbe (abgekürzt: wK)
männliche Kadenz: Vers endet mit einer betonten Silbe (abgekürzt: mK)

❸ *Gedichtvergleich*
Vergleichen Sie das Gedicht von Christian Hofmann von Hofmannswaldau mit dem von Gryphius.

❹ *Bezug zur Epoche*
Benennen Sie epochentypische Merkmale, die Sie bei Hofmannswaldau erkennen.

Johann Wolfgang Goethe
Prometheus[1] (1774)

Bedecke deinen Himmel, Zeus[2],
Mit Wolkendunst!
Und übe, Knaben gleich,
Der Disteln köpft,
5 An Eichen dich und Bergeshöhn!
Musst mir meine Erde
Doch lassen stehn
Und meine Hütte,
Die du nicht gebaut,
10 Und meinen Herd,
Um dessen Glut
Du mich beneidest.

Ich kenne nichts Ärmer's
Unter der Sonn' als euch Götter.
15 Ihr nähret kümmerlich
Von Opfersteuern
Und Gebetshauch
Eure Majestät
Und darbtet, wären
20 Nicht Kinder und Bettler
Hoffnungsvolle Toren.

Da ich ein Kind war,
Nicht wusste, wo aus, wo ein,
Kehrte mein verirrtes Aug'
25 Zur Sonne, als wenn drüber wär'
Ein Ohr, zu hören mein Klage,
Ein Herz wie meins,
Sich des Bedrängten zu erbarmen.

Wer half mir wider
30 Der Titanen[3] Übermut?
Wer rettete vom Tode mich,
Von Sklaverei?
Hast du's nicht alles selbst vollendet,
Heilig glühend Herz?
35 Und glühtest, jung und gut,
Betrogen, Rettungdank
Dem Schlafenden dadroben?

Johann Heinrich Füssli: Der gefesselte Prometheus

Ich dich ehren? Wofür?
Hast du die Schmerzen gelindert
40 Je des Beladenen?
Hast du die Tränen gestillet
Je des Geängsteten?

Hat nicht mich zum Manne geschmiedet
Die allmächtige Zeit
45 Und das ewige Schicksal,
Meine Herrn und deine?

Wähntest du etwa,
Ich sollte das Leben hassen,
In Wüsten fliehn,
50 Weil nicht alle Knabenmorgen-
Blütenträume reiften?

Hier sitz ich, forme Menschen
Nach meinem Bilde,
Ein Geschlecht, das mir gleich sei,
55 Zu leiden, weinen,
Genießen und zu freuen sich,
Und dein nicht zu achten,
Wie ich.

1 *Prometheus:* in der griech. Mythologie ein Titane. Als Freund der Menschen lehnt er sich gegen den Göttervater Zeus auf, woraufhin dieser den Menschen das Feuer vorenthält. Prometheus entwendet es ihm und bringt es den Menschen zurück. Zur Strafe wird er an einen Felsen geschmiedet, wo ein Adler tagsüber seine Leber frisst, die jedoch nachts wieder nachwächst. Durch Herakles wird er von dieser Qual befreit.
2 *Zeus:* höchster Gott der Griechen
3 *Titanen:* Götter der griechischen Mythologie, die von Zeus gestürzt wurden

Sturm und Drang

Goethes Gedicht „Prometheus" gilt als eines der bedeutendsten Gedichte des Sturm und Drang (ca. 1771–1786).

Stand in der Aufklärung der Glaube an die Vernunft im Vordergrund, so ändert sich das im Sturm und Drang, in dem das Gefühl zum Tragen kommt. Man misstraut der Vernunft als alleinigem Mittel, sich die Welt anzueignen und sich mit ihr auseinander zu setzen. Stattdessen verlässt man sich auf sein subjektives Gefühl und die Kraft des eigenen Handelns. Das hat einen übersteigerten Individualismus zur Folge, der im Geniekult gipfelt.

Die hoch geschätzte Subjektivität zeigt sich nicht nur auf der inhaltlichen Ebene, sondern auch im Bereich der Form. Man setzt sich über bis dahin geltende Normen in der Literatur hinweg und sucht nach Formen, die dem schaffenden Ich, dem Genie, das sich nicht durch Regeln einschränken lässt, einen adäquaten Ausdruck erlauben. Der Dichter des Sturm und Drang versteht sich als „zweiter Gott", der eine Welt nach eigenen Vorstellungen hervorbringt.

Goethe ist nicht nur mit seinem Roman „Die Leiden des jungen Werther", sondern auch mit seiner frühen Lyrik einer der wichtigsten Vertreter dieser Epoche.

❶ *Prometheus' Verhältnis zu den Göttern*

Untersuchen Sie Prometheus' Verhältnis zu den Göttern, indem Sie

a) seine wichtigsten Kritikpunkte zusammenfassen,

b) daraus die Konsequenzen ableiten, die sich für ihn jeweils aus seiner Erfahrung mit den Göttern ergeben.

Tragen Sie Ihr Material stichwortartig in eine Tabelle nach diesem Muster ein:

Kritik an den Göttern	Konsequenzen für das Leben Prometheus'
Ich kenne nichts Ärmer's ... als euch Götter (Z. 13–14)	meine Hütte, / Die du nicht gebaut (Z. 8–9)
...	...

❷ *Sprachliche Mittel untersuchen*

Untersuchen Sie, wie Prometheus seine Empörung Zeus gegenüber äußert. Sammeln Sie die markantesten sprachlich-stilistischen Besonderheiten und deuten Sie ihre Funktion.

Zeile	Funktion der Äußerung	Sprachlich-stilistische Mittel
1–5	Spott	Imperative, ...
...	...	...

❸ *Selbstverständnis des lyrischen Ichs*

Stellen Sie das Selbstverständnis des lyrischen Ichs dar.

❹ *„Prometheus" vor dem Hintergrund der Epoche*

Erläutern Sie, inwiefern das Gedicht „Prometheus" ein Spiegel seiner Zeit ist.

Clemens Brentano: Sprich aus der Ferne

Ein wichtiges Thema **romantischer Lyrik** ist die Darstellung der wesensmäßigen **Verbundenheit von Ich und Welt.** Diese kann – so die Romantiker – nicht durch rationales, wissenschaftliches Denken, sondern nur mithilfe von **Fantasie und Poesie** erfahren werden. Die Zeit solcher Erlebnisse einer mystischen Einheit von Ich und Welt ist immer wieder die Nacht, die die menschliche Seele von den Fesseln der rationalen, dinglichen Tagwelt befreit.

Clemens Brentano
Sprich aus der Ferne (1801)

Sprich aus der Ferne
Heimliche[1] Welt,
Die sich so gerne
Zu mir gesellt.

5 Wenn das Abendrot niedergesunken,
Keine freudige Farbe mehr spricht,
Und die Kränze still leuchtender Funken
Die Nacht um die schattigte Stirne flicht:

Wehet der Sterne
10 Heiliger Sinn
Leis durch die Ferne
Bis zu mir hin.

Wenn des Mondes still lindernde Tränen
Lösen der Nächte verborgenes Weh;
15 Dann wehet Friede. In goldenen Kähnen
Schiffen die Geister im himmlischen See.

Glänzender Lieder
Klingender Lauf
Ringelt sich nieder,
20 Wallet hinauf.

Wenn der Mitternacht heiliges Grauen
Bang durch die dunklen Wälder
hinschleicht,
Und die Büsche gar wundersam schauen,
25 Alles sich finster tiefsinnig bezeugt:

Wandelt im Dunkeln
Freundliches Spiel,
Still Lichter funkeln
Schimmerndes Ziel.

30 Alles ist freundlich wohlwollend verbunden,
Bietet sich tröstend und traurend[2] die Hand,
Sind durch die Nächte die Lichter gewunden,
Alles ist ewig im Innern verwandt.

Sprich aus der Ferne
35 Heimliche Welt,
Die sich so gerne
Zu mir gesellt.

1 *heimlich:* bedeutet einerseits „vertraut", andererseits aber auch „geheimnisvoll".
2 *traurend:* meint traulich, vertraut.

❶ *Gedankengang, Aufbau, Thematik*
a) Lesen Sie das Gedicht laut. Achten Sie dabei auf seine Musikalität.
b) Geben Sie den Gedankengang und den Aufbau des Gedichts wieder.
c) Formulieren Sie vorläufig Thema und Aussage des Gedichts.

❷ *Das romantische Weltbild*
Die vorletzte Strophe bringt das dem Gedicht zugrunde liegende romantische Weltbild auf den Punkt. Weisen Sie die Kernthesen dieser Strophe in der Wortwahl und Bildlichkeit des Gedichts nach.

Zu Beginn des 20. Jahrhunderts befassen sich **expressionistische Lyriker** zunehmend mit dem **Thema der modernen Großstadt.** Statt der Möglichkeit eines harmonischen Gleichklangs von Mensch und Natur wird nun u. a. die für die Moderne typische Erfahrung der **Anonymität, Isolation und Entfremdung** des Menschen durch die von ihm selbst geschaffene großstädtische Umwelt gestaltet.

Oskar Loerke

Blauer Abend in Berlin (1911)

Der Himmel fließt in steinernen Kanälen;
Denn zu Kanälen steilrecht ausgehauen
Sind alle Straßen, voll vom Himmelblauen;
Und Kuppeln gleichen Bojen, Schlote Pfählen

5 Im Wasser. Schwarze Essendämpfe schwelen
Und sind wie Wasserpflanzen anzuschauen.
Die Leben, die sich ganz im Grunde stauen,
Beginnen sacht vom Himmel zu erzählen,

Gemengt, entwirrt nach blauen Melodien.
10 Wie eines Wassers Bodensatz und Tand
Regt sie des Wassers Wille und Verstand

Im Dünen, Kommen, Gehen, Gleiten, Ziehen.
Die Menschen sind wie grober bunter Sand
Im linden Spiel der großen Wellenhand.

(i)
Sonettform und Textzugang

Gedichte, die wie das hier abgedruckte aus zwei Quartetten (= 4-zeiligen Strophen) und zwei Terzetten (= 3-zeiligen Strophen) bestehen, nennt man „Sonette". Ihrer schon äußerlich sichtbaren Zweiteilung entspricht auch eine inhaltliche Verschiedenheit der Quartette und der Terzette. Die Quartette können dabei im Verhältnis von
– Kontrast,
– Pointe,
– Folgerung,
– Umkehrung (= Inversion)
zu den Terzetten stehen. Der Zugang zur Aussage ergibt sich daher oft aus einem Vergleich der Quartette mit den Terzetten.

❶ Gedankengang, Themen, Aussage
a) *Geben Sie den Gedankengang der Quartette und der Terzette wieder. Beachten Sie dabei, aus welchem Blickwinkel der Autor die Stadt beschreibt.*
b) *Benennen Sie Themen und Grundaussagen der Quartette und Terzette.*

❷ Die Quartette: Stadt, Mensch, Natur
Die Terzette: Weltverständnis
Erklären Sie anhand der Terzette, welche Rolle den Menschen in der von ihnen selbst geschaffenen Stadt und in der Welt zugewiesen wird. Welches Weltverständnis wird deutlich?

❸ Gedicht als Ausdruck einer Kollektiverfahrung
Zeigen Sie, dass Loerke in seinem Gedicht kein Einzelerlebnis, sondern eine Kollektiverfahrung ausdrückt. Beziehen Sie dazu die genannten städtischen Bereiche, die Bezeichnungen für den Menschen und die Wortwahl der Terzette ein.

Eichendorffs und Trakls Gedichte gehören den literarischen Epochen der **Romantik** bzw. des **Expressionismus** an, in die Sie auf den letzten beiden Seiten einen ersten Einblick gewonnen haben. Sie weisen Ähnlichkeiten und Unterschiede auf, die durch einen **Textvergleich** herausgearbeitet und gedeutet werden sollen.

Joseph von Eichendorff

Mondnacht (1837)

Es war, als hätt der Himmel
Die Erde still geküsst,
Dass sie im Blütenschimmer
Von ihm nun träumen müsst.

5 Die Luft ging durch die Felder,
Die Ähren wogten sacht,
Es rauschten leis die Wälder,
So sternklar war die Nacht.

Und meine Seele spannte
10 Weit ihre Flügel aus,
Flog durch die stillen Lande,
Als flöge sie nach Haus.

Georg Trakl

Verfall (1913)

Am Abend, wenn die Glocken Frieden läuten,
Folg ich der Vögel wundervollen Flügen,
Die lang geschart, gleich frommen Pilgerzügen,
Entschwinden in den herbstlich klaren Weiten.

5 Hinwandelnd durch den dämmervollen Garten
Träum ich nach ihren helleren Geschicken
Und fühl der Stunden Weiser kaum mehr rücken.
So folg ich über Wolken ihren Fahrten.

Da macht ein Hauch mich von Verfall erzittern.
10 Die Amsel klagt in den entlaubten Zweigen.
Es schwankt der rote Wein an rostigen Gittern,

Indes wie blasser Kinder Todesreigen
Um dunkle Brunnenränder, die verwittern,
Im Wind sich fröstelnd blaue Astern neigen.

❶ *Beziehungen zwischen den Gedichten*
   a) *Skizzieren Sie den Gedankengang beider Gedichte.*
      Verdeutlichen Sie dann die jeweiligen Themen- und Aussageschwerpunkte.
   b) *Markieren bzw. notieren Sie Ähnlichkeiten und Unterschiede zwischen den beiden Gedichten hinsichtlich der Wortwahl, der dargestellten Situationen und der Befindlichkeit des jeweiligen Sprechers.*

❷ *Natur und Ich in Eichendorffs „Mondnacht"*
   a) *Untersuchen Sie die Beziehungen zwischen Himmel und Erde in den ersten Strophen. Welche sprachlichen und formalen Gestaltungsmittel werden eingesetzt?*
   b) *Vergleichen Sie die Darstellung des lyrischen Ichs in Strophe 3 mit der des Himmels und der Luft in den Strophen 1 und 2. Welche Parallelen ergeben sich?*
   c) *Nehmen Sie begründend Stellung zu folgender Aussage:*
      „Eichendorffs Gedicht stellt die Stimmung des lyrischen Ichs, nicht aber eine tatsächliche Mondnacht dar. Die Vereinigung von lyrischem Ich und Natur findet in der Fantasie statt."

Textvergleich

Verfahren A: Interpretation erst des einen, dann des anderen Textes; abschließender Textvergleich unter bestimmten Gesichtspunkten.
Vorteil: Übersichtlichkeit.
Nachteil: im Vergleichsteil umständliche Rückbezüge auf frühere Ergebnisse, dadurch Wiederholungen.

Verfahren B: Einzelne Interpretationsschritte werden jeweils an beiden Texten vollzogen, die Ergebnisse jeweils direkt miteinander verglichen. Am Schluss steht eine Zusammenfassung der Vergleichsergebnisse.
Vorteil: Ergebnisse können direkt verglichen werden.
Schwierigkeit: Notwendigkeit sehr genauer Planung der Einzelschritte.

Gestaltungsmittel in der Lyrik

Wortwahl:
– Bildlichkeit/Bildfelder (verstärken aufgrund von Assoziationen und von Bezügen zur Thematik die Textaussage)
– Verben/Adjektive mit bedeutungsmäßigen Ähnlichkeiten oder Kontrasten
– Personifikation (Unbelebtes wird mit menschlichen Attributen ausgestattet)

Form- und Stilelemente:
– Zeilen- bzw. Strophensprung (Betonung von Weite, Dauer, Tiefe etc.)
– Zäsur (zwei betonte Silben folgen aufeinander) zur Betonungsverstärkung
– Klimax (Spannungs- oder Aussagehöhepunkt)

Das lyrische Ich: Begriff zur Bezeichnung des Sprechers in einem Gedicht, analog zum Ich-Erzähler in der Epik.

3 *Ich und Natur in Trakls „Verfall"*
Untersuchen Sie, wie sich Naturwahrnehmung und Befindlichkeit des lyrischen Ichs entwickeln. Benennen Sie zugeordnete Bildbereiche.

4 *Vergleich*
Eine Sichtung der Untersuchungsergebnisse ergibt folgende Berührungspunkte und Vergleichsaspekte:
– *Motive und Metaphern*
– *Darstellung/Natur*
– *Beziehung zwischen Natur und lyrischem Ich*
– *Fantasie und Realität*

a) Vergleichen Sie die im Folgenden aufgeführten Motive hinsichtlich ihrer Funktion bzw. Intention in den beiden Gedichten: Fliegen, Traum, Luft/Hauch, Nacht/Abend. Tragen Sie Ihre Ergebnisse in ein solches Schema ein:

Motive	„Mondnacht"	„Verfall"
...	...	...

b) Stellen Sie die wesentlichen Ergebnisse zu den oben genannten Vergleichsaspekten in einem zusammenhängenden Text vergleichend gegenüber.

Bertolt Brecht
Fragen eines lesenden Arbeiters (1936)

Wer baute das siebentorige Theben[1]?
In den Büchern stehen die Namen von Königen.
Haben die Könige die Felsbrocken herbeigeschleppt?
Und das mehrmals zerstörte Babylon –
5 Wer baute es so viele Male auf? In welchen Häusern
Des goldstrahlenden Lima[2] wohnten die Bauleute?
Wohin gingen an dem Abend, wo die Chinesische Mauer fertig war
Die Maurer? Das große Rom
Ist voll von Triumphbögen. Wer errichtete sie? Über wen
10 Triumphierten die Cäsaren? Hatte das vielbesungene Byzanz[3]
Nur Paläste für seine Bewohner? Selbst in dem sagenhaften Atlantis[4]
Brüllten in der Nacht, wo das Meer es verschlang
Die Ersaufenden nach ihren Sklaven.

Der junge Alexander eroberte Indien.[5]
15 Er allein?
Cäsar schlug die Gallier.[6]
Hatte er nicht wenigstens einen Koch bei sich?
Philipp von Spanien[7] weinte, als seine Flotte
Untergegangen war. Weinte sonst niemand?
20 Friedrich der Zweite siegte im Siebenjährigen Krieg[8]. Wer
Siegte außer ihm?

Jede Seite ein Sieg.
Wer kochte den Siegesschmaus?
Alle zehn Jahre ein großer Mann.
25 Wer bezahlte die Spesen?

So viele Berichte.
So viele Fragen.   Ⓡ

1 *Theben:* im 4. Jh. mächtigste Stadt in Griechenland
2 *Lima:* ehemalige Hauptstadt des Inkareiches, von
  Pizzaro erobert. Heutige Hauptstadt Perus.
3 *Byzanz:* Hauptstadt des oströmischen Reiches
  (später Konstantinopel, Istanbul)
4 *Atlantis:* Reich, das der Sage nach im Meer versank
5 *Alexander der Große:* Indienfeldzug 327–325 v. Chr.
6 *Cäsar …:* Eroberung Galliens 58–51 v. Chr.
7 *Philipp II. (1556–1598):* Seine Flotte erlitt 1588
  gegen England eine vernichtende Niederlage.
8 *Der Siebenjährige Krieg (1756–1763):* Preußen gelingt
  unter König Friedrich II. (dem Großen) der
  Aufstieg zur Hauptmacht neben Österreich im
  zersplitterten Deutschen Reich.

(i)

Biografisches

Der deutsche Schriftsteller Bertolt Brecht (eigtl. Eugen Berthold Friedrich Brecht, 10. 2. 1898 – 14. 8. 1956) gehört zu den einflussreichsten Dramatikern des 20. Jahrhunderts. Frühwerke: „Baal" (1918/19), „Die Dreigroschenoper" (1929). Der 1933 emigrierte Schriftsteller gründete nach seiner Rückkehr nach Berlin 1949 das „Berliner Ensemble". Ohne selbst der SED beizutreten, stellte er seine Dichtung in den Dienst der kommunistischen Bewegung.

Im Exil entstanden (oft mit Unterstützung seiner Mitarbeiterinnen und Mitarbeiter wie Marieluise Fleißer) wichtige Dramen: „Leben des Galilei" (1. Fassung entstanden 1938), „Mutter Courage und ihre Kinder" (1939), „Der gute Mensch von Sezuan" (1938–41) usw. In dieser Zeit entstand auch Brechts Theorie des epischen Theaters.

Neben Romanen, Kurzgeschichten, Hörspielen zeugt auch seine Lyrik („Hauspostille", 1927, „Svendborger Gedichte", 1939) von seiner Gesellschaftskritik. Für Brecht war die Kunst Widerspruch zur Gegenwart und zielte auf eine Veränderung der Welt.

Nach 1925 entstand eine Lyrik, welche – dem in der bildenden Kunst vertretenen Prinzip der „neuen Sachlichkeit" entsprechend – nicht mehr eine alltagsferne Welt reiner Schönheit vertreten sollte. Die Lyrik sei, wie Bertolt Brecht im Vorwort zu seiner Gedichtsammlung „Hauspostille" formuliert, „für den Gebrauch der Leser bestimmt".
Brechts Lyrik weist häufig reimlose Verse und unregelmäßige Rhythmen auf. Dadurch soll eine allzu problemlose Einfühlung des Lesers verhindert werden.

1 *Erste Eindrücke*
Lesen Sie das Gedicht und halten Sie in Stichworten Ihre ersten Eindrücke fest.

2 *Aufbau des Gedichts*
a) *Bestimmen Sie die Satzarten und ihre Funktionen. Welches Schema liegt der Abfolge der Satzarten zugrunde?*
b) *Wie verändern sich Strophenumfang und Verslänge im Verlauf des Gedichts? Welche Wirkung wird damit erzielt?*

3 *Bedeutung der Fragen im Gedicht*
a) *Markieren Sie zuerst die Fragepronomen und die Verben.*
b) *Erläutern Sie den Inhalt der Fragen.*
c) *Geben Sie Antworten auf die Fragen.*

4 *Geschichtsbild*
a) *Arbeiten Sie die dargestellte Beziehung zwischen Herrschenden und Arbeitern heraus.*
b) *Erläutern Sie vor diesem Hintergrund den hier angesprochenen Umgang mit der Geschichte.*

5 *Interpretation schreiben*
Verfassen Sie auf der Grundlage Ihrer Analyseergebnisse eine Interpretation des Gedichts in einem zusammenhängenden Text.

Günter Eich

Inventur (1948)

Dies ist meine Mütze,
dies ist mein Mantel,
hier mein Rasierzeug
im Beutel aus Leinen.

5 Konservenbüchse:
Mein Teller, mein Becher,
ich hab in das Weißblech
den Namen geritzt.

Geritzt mit diesem
10 kostbaren Nagel,
den vor begehrlichen
Augen ich berge.

Im Brotbeutel sind
ein Paar wollene Socken
15 und einiges, was ich
niemand verrate,

so dient er als Kissen
nachts meinem Kopf.
Die Pappe hier liegt
20 zwischen mir und der Erde.

Die Bleistiftmine
lieb ich am meisten:
Tags schreibt sie mir Verse,
die nachts ich erdacht.

25 Dies ist mein Notizbuch,
dies meine Zeltbahn,
dies ist mein Handtuch,
dies ist mein Zwirn.

Historischer Hintergrund

Die Nazidiktatur stürzte viele Menschen in eine schwere Krise. Noch nie hatten sie solche Verbrechen gegen die Menschlichkeit erlebt. Auch die Schriftsteller waren tief betroffen und wussten nicht, wie sie nach dem Zweiten Weltkrieg noch weiterschreiben sollten. Der Philosoph und Soziologe Theodor W. Adorno fasste es so, dass nach Auschwitz ein Gedicht zu schreiben barbarisch sei. Der Naziterror war zu brutal, um mit ästhetischen Gebilden wie etwa Gedichten darauf zu reagieren.

Trotz des Urteils Adornos wurde weiter Literatur geschrieben, wenn auch anders als vor der Nazidiktatur. Schriftstellerinnen und Schriftsteller rangen darum, dem, was sie erlebt hatten, mit literarischen Mitteln Ausdruck zu verleihen.

Allmählich fanden sie eine neue Sprache. Ein besonders bedeutsames und viel zitiertes Dokument in diesem Zusammenhang ist das Gedicht „Inventur" von Günter Eich.

---

1 *Situation des lyrischen Ichs*
Beschreiben Sie die Situation, in der das lyrische Ich sich befindet. Beachten Sie den historischen Kontext.

2 *Inhalt und Form*
Untersuchen Sie Form und Inhalt des Gedichts, indem Sie für jede Strophe herausarbeiten, was gesagt wird, wie es gesagt wird und welche Funktion die Form im Hinblick auf den Inhalt hat.
Tragen Sie Ihre Ergebnisse in eine Tabelle nach folgendem Beispiel ein:

Was? (Inhalt)	Wie? (Form)	Warum? (Funktion)
Auflistung von Kleidungsstücken ...	Parallelismus ...	Reduktion auf das Faktische; Nennen des Unverzichtbaren ...
...	...	...

3 *Textaussage*
Erläutern Sie, inwiefern das Gedicht „Inventur" das Ringen der Schriftsteller um einen Neuanfang in der Literatur nach dem Zweiten Weltkrieg widerspiegelt.

Rolf Dieter Brinkmann
Einen jener klassischen (1975)

schwarzen Tangos[1] in Köln, Ende des
Monats August, da der Sommer schon

ganz verstaubt ist, kurz nach Laden
5 Schluss aus der offenen Tür einer

dunklen Wirtschaft, die einem
Griechen gehört, hören, ist beinahe

ein Wunder: für einen Moment eine
Überraschung, für einen Moment

10 Aufatmen, für einen Moment
eine Pause in dieser Straße,

die niemand liebt und atemlos
macht, beim Hindurchgehen. Ich

schrieb das schnell auf, bevor
15 der Moment in der verfluchten

dunstigen Abgestorbenheit Kölns
wieder erlosch.

1 *Tango:* aus Argentinien stammender Tanz im
2/4- oder 4/8-Takt, mit Kreuz- und Knickschritten
und abruptem Stillstand. Der Rhythmus im Tango
ist synkopisch, d. h., die Betonung wird auf einen
für gewöhnlich unbetonten Taktwert verschoben.

ⓘ **Biografisches**

Rolf Dieter Brinkmann (1940–1975):
Seine Gedichte sind Momentaufnahmen,
Schnappschüsse. Brinkmanns Gedicht-
band „Westwärts 1 & 2" (1975) zählte
zu den erfolgreichsten Lyrikbänden der
70er-Jahre.

❶ Inhalt
a) Beschreiben Sie das im Gedicht dargestellte Bild.
b) Geben Sie das im Gedicht dargestellte Erlebnis
mit eigenen Worten wieder.
c) Zeigen Sie die vom lyrischen Ich vorgenommene
Deutung und Bewertung des Erlebnisses auf.

❷ Bedeutung der Form
Erläutern Sie die Berührungspunkte der für den Tanz
„Tango" bezeichnenden Eigenschaften mit
– der Erlebnisebene (Was wird erlebt?),
– der gedanklichen Ebene (Was denkt das lyrische
Ich?) und
– der Erscheinungsform des Textes.

TIPP
Hören Sie sich einen Tango an, bevor Sie
an der Interpretation arbeiten.

ⓘ **Stichworte für Aufgabe 2:**

– charakteristische Tanzbewegungen
– rhythmische Verschiebungen
– Stillstand, Pause
– Reflexion/Nachdenken
– verschachtelter Satzbau
– Hektik
– Momentaufnahme

2 Kreatives Schreiben

2.1 Parallelgedicht/Gegengedicht schreiben

Produktionsorientierte Aufgaben oder Aufgaben zum kreativen Schreiben kennen Sie vermutlich aus dem Unterricht. Solche Aufgaben können ganz unterschiedliche Funktionen haben: Sie können helfen, sich in die Situation einer fiktiven Figur hineinzuversetzen, sie können die Aufmerksamkeit auf einen bestimmten Aspekt eines Textes hinlenken oder die Sensibilität für literarische Techniken fördern, sie können auch dazu dienen, eigene Gedanken oder Gefühle in Sprache zu fassen. Oft spielt die Bewertung der Lösungen eine untergeordnete Rolle gegenüber der Erfahrung, selbst kreativ tätig zu sein.

(i) **Kreatives Schreiben in Klausuren**

Bei einer Leistungsüberprüfung, insbesondere beim schriftlichen Abitur, gehen kreative Aufgaben allerdings genauso in die Beurteilung ein wie die anderen Aufgaben. Für Sie bedeutet dies, dass Ihnen die Bewertungskriterien klar sein müssen.

Kreative Aufgaben im Abitur setzen nicht nur Fantasie und Formulierungskünste voraus, sondern auch Analysefähigkeit und Sachwissen!
Achten Sie bei jeder Ihrer Lösungen darauf, dass Sie sie **plausibel begründen** können.

Bei der Schreibaufgabe zu den beiden folgenden Gedichten ist das kreative Schreiben nicht eng an die Interpretation eines Textes gebunden. Hier steht das spielerische Üben einiger häufig angewandter Verfahrensweisen im kreativen Umgang mit Lyrik im Vordergrund.

Joseph von Eichendorff
Zwielicht (1815)

Dämmrung will die Flügel spreiten,
Schaurig rühren sich die Bäume,
Wolken ziehn wie schwere Träume –
Was will dieses Graun bedeuten?

5　Hast ein Reh du lieb vor andern,
Lass es nicht alleine grasen,
Jäger ziehn im Wald und blasen,
Stimmen hin und wieder wandern.

Hast du einen Freund hienieden,
10　Trau ihm nicht zu dieser Stunde,
Freundlich wohl mit Aug und Munde,
Sinnt er Krieg im tück'schen Frieden.

Was heut müde gehet unter,
hebt sich morgen neugeboren.
15　Manches bleibt in Nacht verloren –
Hüte dich, bleib wach und munter!

Robert Gernhardt
Zu zwei Sätzen von Eichendorff (1984)

Dämmrung will die Flügel spreiten,
wird uns alsobald verlassen,
willst du ihren Flug begleiten,
musst du sie am Bürzel fassen.

5　Freilich, mancher, der so reiste,
fiel aus großer Höh' hinunter,
weil er einschlief und vereiste.
Hüte dich, bleib wach und munter.

Links unten auf S. 68 sehen Sie ein bekanntes Gedicht der Spätromantik, rechts sein „Nach-bild" (aus Robert Gernhardts Gedichtserie „Vorbild und Nachbild").

1 *Stellen Sie fest, was Gernhardt in seiner Nachdichtung von Eichendorffs „Zwielicht" beibehalten hat.*

2 *Schreiben Sie ein anderes „Nachbild", indem Sie selbst den Raum zwischen dem ersten und dem letzten Vers des Eichendorff-Gedichts füllen. Halten Sie sich dabei an die formalen Vorgaben Gernhardts.*

TIPP
Um im metrischen Schema zu bleiben, können Sie auf einem freien Blatt und mit großem Zeilenabstand hilfsweise die Silben mit Hebungen und Senkungen als auszufüllende „Hohlform" notieren: Dam–da dam–da dam–da dam–da …

Im Folgenden finden Sie ein weiteres Beispiel für eine kreative Antwort auf einen lyrischen Text. Hier setzt der Verfasser am Gedankengang des Gedichtes an.

Bertolt Brecht
Der Radwechsel (1953)

Ich sitze am Straßenrand.
Der Fahrer wechselt das Rad.
Ich bin nicht gern, wo ich herkomme.
Ich bin nicht gern, wo ich hinfahre.
5 Warum sehe ich den Radwechsel
Mit Ungeduld?

Yaak Karsunke
Matti[1] wechselt das Rad (1969)

während ich den reifen abmontiere,
haut sich der chef auf die wiese, sieht
    dauernd rüber.
als fahrer verwartest du stunden, warum
5 wird er nervös wenn er einmal
auf mich warten muss? wenn die panne
ihn zu viel zeit kostet: er
kann mir ja helfen.

1 *Matti:* Figur in Brechts Drama „Herr Puntila und sein Knecht Matti"

3 *Antworten Sie in ähnlicher Weise auf folgendes Gedicht von Brecht und erläutern Sie kurz Ihr „Gegengedicht".*

Bertolt Brecht
Laute (1953)

Später, im Herbst
Hausen in den Silberpappeln große Schwärme von Krähen
Aber den ganzen Sommer durch höre ich
Da die Gegend vogellos ist
5 Nur Laute von Menschen rührend.
Ich bin's zufrieden.

2.2 Erzähltext fortsetzen/umschreiben

Eine häufig gestellte Aufgabe ist das Zuendeschreiben eines Textes, von dem der Schluss fortgelassen wurde. Eine andere Möglichkeit ist es, einen Text zu vollenden, der gar keinen Schluss hat, ein Textfragment also. Die Brüder Grimm haben beim Sammeln und Bearbeiten ihrer Märchen auch einige Fragmente zusammengetragen, die unverändert herausgegeben wurden (Urfassung 1812). Wir geben hier zwei davon wieder.

Brüder Grimm

Schneeblume

Eine junge Königstochter hieß Schneeblume, weil sie weiß wie der Schnee war, und im Winter geboren. Eines Tags war ihre Mutter krank geworden, und sie ging in den Wald
5 und wollte heilsame Kräuter brechen, wie sie nun an einem großen Baum vorüberging, flog ein Schwarm Bienen heraus und bedeckten ihren ganzen Leib von Kopf bis zu Füßen. Aber sie stachen sie nicht und thaten ihr
10 nicht weh, sondern trugen Honig auf ihre Lippen, und ihr ganzer Leib strahlte ordentlich von Schönheit. – –

Brüder Grimm

Prinzessin mit der Laus

Es war einmal eine Prinzessin, die war so reinlich, gewiss die reinlichste von der ganzen Welt, nie sah man den kleinsten Schmutz oder Flecken an ihr. Einmal aber fand man eine Laus auf ihrem Kopf sitzen, welches für 5 ein wahres Wunder galt, und man wollte darum die Laus nicht umbringen, sondern beschloss, sie mit Milch groß zu füttern. Dies geschah, die Laus wuchs immer mehr, sodass sie endlich so groß wie ein Kalb war. Wie nun 10 diese Laus starb, ließ ihr die Prinzessin das Fell abziehen und sich ein Kleid daraus machen. Kam nun ein Freier und hielt um sie an, so gab sie ihm auf zu rathen, von welchem Thier das Fell wäre, das sie zum Kleid trug. Da 15 dies nun keiner rathen konnte, mussten sie alle abziehen. Endlich kam ein schöner Prinz auf folgende Art dahinter. – –

❶ *Vollenden Sie eines der Märchen im Stile der Brüder Grimm.*

ⓘ **Grimms Märchen: Stilmerkmale**

Hier einige Merkmale in Stichworten:
- Formelhaftigkeit
- parataktischer Satzbau
- wörtliche Rede
- schmückende Adjektive
- Diminutiva (Verkleinerungsformen)
- häufige Zahlen: 3, 7, 12
- kaum innere Handlung

TIPP

Um den Grimm'schen Märchenstil zu treffen, sollten Sie einige der bekanntesten Märchen der Gebrüder Grimm noch einmal lesen – aber nicht in einer für Kinder bearbeiteten Ausgabe!

Manchmal erschwert die Fremdheit der Sprache das Verständnis eines Textes. Spielerisch lässt sich dann ein Zugang zu ihm gewinnen, wenn man den Text erst einmal für sich „übersetzt".

Im folgenden Beispiel schreibt ein junger Mann seinem Freund einen Brief:

Daniel Chodowiecki, Werther

Am 4. Mai 1771.

Wie froh bin ich, dass ich weg bin! Bester Freund, was ist das Herz des Menschen! Dich zu verlassen, den ich so liebe, von dem ich unzertrennlich war, und froh zu sein! Ich
5 weiß, du verzeihst mir's. Waren nicht meine übrigen Verbindungen recht ausgesucht vom Schicksal, um ein Herz wie das meine zu ängstigen? Die arme Leonore! Und doch war ich unschuldig. Konnt' ich dafür, dass, während
10 die eigensinnigen Reize ihrer Schwester mir eine angenehme Unterhaltung verschafften, dass eine Leidenschaft in dem armen Herzen sich bildete! Und doch – bin ich ganz unschuldig? Hab ich nicht ihre Empfindungen
15 genährt? Hab ich mich nicht an den ganz wahren Ausdrücken der Natur, die uns so oft zu lachen machten, so wenig lächerlich sie waren, selbst ergetzt, hab ich nicht – Oh, was ist der Mensch, dass er über sich klagen darf!
20 Ich will, lieber Freund, ich verspreche dir's, ich will mich bessern, will nicht mehr ein bisschen Übel, das uns das Schicksal vorlegt, wiederkäuen, wie ich's immer getan habe; ich will das Gegenwärtige genießen, und das Ver-
25 gangene soll mir vergangen sein. Gewiss, du hast Recht, Bester, der Schmerzen wären minder unter den Menschen, wenn sie nicht – Gott weiß, warum sie so gemacht sind – mit so viel Emsigkeit der Einbildungskraft sich beschäftigten, die Erinnerungen des vergan- 30 genen Übels zurückzurufen eher als eine gleichgültige Gegenwart zu ertragen.

Dies ist der Anfang des ersten Briefes aus Goethes Roman „Die Leiden des jungen Werther" (1774) in der von Goethe überarbeiteten Fassung von 1787.

Vielleicht können Sie sich in Werthers Lage versetzen, weil Sie Ähnliches erlebt haben.

2 *Übertragen Sie diesen Brief in die heutige Zeit, indem Sie einen Brief oder eine E-Mail ähnlichen Inhalts schreiben.*

TIPP...

Bei dieser Aufgabe ist es schwer, den Ausgangstext nicht zu parodieren. Und eine Parodie ist deshalb schwierig, weil sie oft zu albern gerät. Versuchen Sie die Ernsthaftigkeit des Textes zu bewahren.

2.3 Dramenszene ausgestalten/kommentieren

Die Figuren eines Dramas lernen Sie fast nur durch ihr Reden kennen. Machen Sie sich ein Bild von den beiden Personen im folgenden Textauszug (1. Akt, 1. Szene).

Frank Wedekind

Frühlings Erwachen (1891)

Wohnzimmer.

WENDLA. Warum hast du mir das Kleid so lang gemacht, Mutter?

FRAU BERGMANN. Du wirst vierzehn Jahr heute!

5 WENDLA. Hätt ich gewusst, dass du mir das Kleid so lang machen werdest, ich wäre lieber nicht vierzehn geworden.

FRAU BERGMANN. Das Kleid ist nicht zu lang, Wendla. Was willst du denn! Kann ich dafür,
10 dass mein Kind mit jedem Frühling wieder zwei Zoll größer ist? Du darfst doch als ausgewachsenes Mädchen nicht in Prinzesskleidchen einhergehen.

WENDLA. Jedenfalls steht mir mein Prinzess-
15 kleidchen besser als diese Nachtschlumpe. – Lass mich's noch einmal tragen, Mutter! Nur noch den Sommer lang. Ob ich nun vierzehn zähle oder fünfzehn, dies Bußgewand wird mir immer noch recht sein. – Heben wir's auf
20 bis zu meinem nächsten Geburtstag; jetzt würd ich doch nur die Litze heruntertreten.

FRAU BERGMANN. Ich weiß nicht, was ich sagen soll. Ich würde dich ja gerne so behalten, Kind, wie du gerade bist. Andere Mädchen
25 sind stakig und plump in deinem Alter. Du bist das Gegenteil. – Wer weiß, wie du sein wirst, wenn sich die andern entwickelt haben.

WENDLA. Wer weiß – vielleicht werde ich
30 nicht mehr sein.

FRAU BERGMANN. Kind, Kind, wie kommst du auf die Gedanken!

WENDLA. Nicht, liebe Mutter; nicht traurig sein!

FRAU BERGMANN *(sie küssend)*. Mein einziges 35 Herzblatt!

WENDLA. Sie kommen mir so des Abends, wenn ich nicht einschlafe. Mir ist gar nicht traurig dabei, und ich weiß, dass ich dann umso besser schlafe. – Ist es sündhaft, Mutter, 40 über derlei zu sinnen?

FRAU BERGMANN. Geh denn und häng das Bußgewand in den Schrank! Zieh in Gottes Namen dein Prinzesskleidchen wieder an! – Ich werde dir gelegentlich eine Handbreit Vo-45 lants unten ansetzen.

WENDLA *(das Kleid in den Schrank hängend)*. Nein, da möcht ich schon lieber gleich vollends zwanzig sein …!

FRAU BERGMANN. Wenn du nur nicht zu kalt 50 hast! – Das Kleidchen war dir ja seinerzeit reichlich lang; aber …

WENDLA. Jetzt, wo der Sommer kommt? – O Mutter, in den Kniekehlen bekommt man auch als Kind keine Diphtheritis! Wer wird so 55 kleinmütig sein. In meinen Jahren friert man noch nicht – am wenigsten an die Beine. Wär's etwa besser, wenn ich zu heiß hätte, Mutter? – Dank es dem lieben Gott, wenn sich dein Herzblatt nicht eines Morgens die 60 Ärmel wegstutzt und dir so zwischen Licht abends ohne Schuhe und Strümpfe entgegentritt! – Wenn ich mein Bußgewand trage, kleide ich mich darunter wie eine Elfenkönigin … Nicht schelten, Mütterchen! Es sieht's 65 dann ja niemand mehr.

❶ *Schreiben Sie einen Monolog der Mutter, der sich hier anschließen könnte.*

In Dramen wird oft durch eine Differenz von Gesagtem und Gemeintem Spannung erzeugt. Lesen Sie dazu den Auszug auf S. 73 (Ausschnitt aus der 1. Szene).

Henrik Ibsen

Nora (Ein Puppenheim) (1879)

NORA *(nimmt eine Tüte Makronen aus der Tasche und isst einige. Dann tritt sie vorsichtig an die Tür ihres Mannes und lauscht).* Ja, er ist zu Hause. *(Summt wieder, während sie an den Tisch*
5 *rechts geht.)*
HELMER *(in seinem Zimmer).* Ist das die Lerche, die da draußen zwitschert?
NORA *(damit beschäftigt, einige der Päckchen zu öffnen).* Ja, das ist sie.
10 HELMER. Ist es das Eichhörnchen, das da rumort?
NORA. Ja!
HELMER. Wann nach Hause gekommen?
NORA. Grad eben. *(Steckt die Makronentüte in*
15 *die Tasche und wischt sich den Mund ab.)* Komm, Torvald, und sieh, was ich gekauft habe.
HELMER. Stör mich nicht! *(Etwas später öffnet er die Tür und schaut, die Feder in der Hand, herein.)* Gekauft, sagst du? Alles das? Ist mein
20 lockrer Zeisig wieder aus gewesen und hat Geld verschwendet?
NORA. Ja, aber Torvald, dies Jahr dürfen wir uns doch wirklich ein wenig amüsieren. Es ist doch das erste Weihnachtsfest, an dem wir
25 nicht zu sparen brauchen.
HELMER. Ja, weißt du, verschwenden dürfen wir nichts.
NORA. Doch, Torvald, ein wenig können wir jetzt schon verschwenden. Nicht wahr? Nur
30 ein ganz klein wenig. Du bekommst doch nun ein großes Gehalt und wirst viel, viel Geld verdienen.
HELMER. Ja, von Neujahr an. Aber es dauert noch ein ganzes Vierteljahr, bis das Gehalt
35 fällig ist.
NORA. Ach was, so lange können wir ja borgen.
HELMER. Nora! *(Tritt zu ihr und nimmt sie*

scherzend am Ohr.) Geht dein Leichtsinn wieder mit dir durch? Nimm an, ich borgte heu-
40 te tausend Kronen, du brächtest sie in der Weihnachtswoche durch und ich bekäm am Silvesterabend einen Dachziegel auf den Kopf und läge da –
NORA *(legt ihm die Hand auf den Mund).* Ach
45 pfui! Wie kannst du so abscheulich reden!
HELMER. Ja, nimm mal an, so etwas geschähe – was dann?
NORA. Wenn etwas so Schlimmes einträfe, wäre es mir ganz gleichgültig, ob ich Schul-
50 den hätte oder nicht.
HELMER. Aber die Leute, von denen ich geliehen hätte?
NORA. Die? Wer kümmert sich um die! Das sind ja Fremde.
55 HELMER. Nora, Nora, bist du eine Frau! Nein, aber im Ernst, Nora, du weißt, wie ich in dieser Beziehung denke. Keine Schulden! Niemals Geld leihen! Es kommt etwas Unfreies und damit Unschönes in ein Heim, das auf
60 Borgen und Schuldenmachen aufgebaut ist.
[…]
NORA *(geht zum Ofen).* Ja, ja, wie du willst, Torvald.
HELMER *(folgt ihr).* Nun, nun, meine Lerche
65 muss nicht gleich die Flügel hängen lassen. Was, schmollt mein Eichhörnchen? *(Nimmt seinen Geldbeutel.)* Nora, was glaubst du, was ich hier habe?
NORA *(wendet sich schnell um).* Geld!
70 HELMER. Da! *(Gibt ihr einige Scheine.)* Herrgott, ich weiß wohl, dass in der Weihnachtszeit im Hause allerhand gebraucht wird.
NORA *(zählt).* Zehn – zwanzig – dreißig – vierzig. O danke, danke, Torvald; damit ist mir
75 lange geholfen.
HELMER. Ja, das hoffe ich wirklich.

❷ *Fügen Sie an geeigneten Stellen einen Subtext ein (siehe Info-Box). Verwenden Sie dazu Fußnoten.*

ⓘ
Subtext
Der Text „unter" dem Text: Das, was eine Figur eigentlich meint, während sie spricht, kann man als inneren Monolog ausführen. So kann sich unter Umständen ein ganzer Paralleldialog ergeben.

3.1 Basistraining Sachtextanalyse

Sie sind es in Ihrem Deutschunterricht gewohnt, vorwiegend literarische (fiktionale) Texte zu analysieren. Es begegnen Ihnen aber auch Sachtexte (nichtfiktionale Texte), mit denen Sie sich auch in allen anderen Schulfächern auseinander setzen müssen. Bei diesen Texten geht es nicht nur um den Informationsgehalt, sondern auch darum, sich den Aufbau und den Argumentationsgang, die sprachliche Gestaltung und die Intentionen des Autors bewusst zu machen.

Diese Einheit möchte Sie mit den wichtigsten Schritten bei der Analyse nichtfiktionaler Texte vertraut machen.

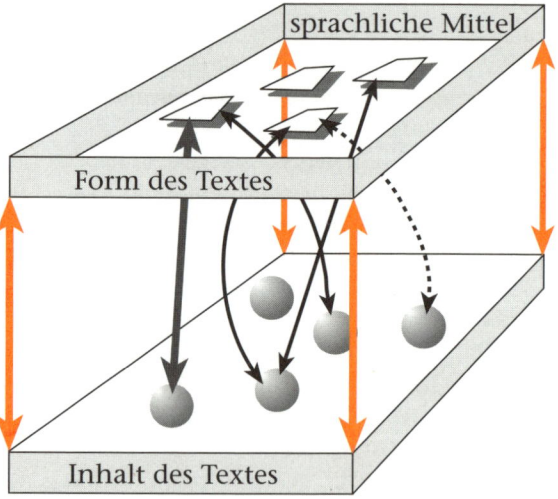

Der erste Blick verrät nicht viel über den Text.

Erst die Textanalyse macht das Zusammenspiel von Form und Inhalt nachvollziehbar und ermöglicht ein sicheres Verstehen, wie der Text geplant ist und wirkt.

ⓘ **Analyse nichtfiktionaler Texte**

Grundsätzliches Ziel jeder Textanalyse ist es, das Zusammenwirken von Inhalt, Form und kommunikativer Funktion darzustellen und kritisch zu prüfen.
Idealerweise trennt man die einzelnen Bestandteile der Analyse nicht, sondern untersucht deren Zusammenspiel. Den Abschluss bildet die persönliche Stellungnahme.

Bei der Analyse von Sachtexten ist vor allem auf folgende Aspekte zu achten:
– Kommunikationssituationen
– Inhalt und gedanklicher Aufbau
– Argumentationsstruktur
– sprachliche Gestaltung
– Intention

ⓘ **Biografisches**

Peter Härtling wurde 1933 in Chemnitz geboren. Nach Tätigkeiten als Feuilleton-redakteur und Verlagslektor arbeitet Härt-ling seit 1974 als freier Schriftsteller. Er wurde als Lyriker, Erzähler und Essayist bekannt und schrieb u. a. Kinderbücher.

❶ *Erste Eindrücke*
Lesen Sie den Text und notieren Sie Ihre ersten Eindrücke in Stichworten.

Peter Härtling
Lest, Leute! Lest weiter! (1981)

Es gibt eine Menge von mehr oder weniger geistreichen Aufsätzen über Romananfänge, doch, soviel ich weiß, nicht einen einzigen über den, der einen Roman zu lesen beginnt.
5 Das ist kaum zu glauben. Denn hier hätte man die Gelegenheit, über veritables[1] Glück zu schreiben. Oder ist es kein Glück, zum ers-ten Mal diesen einen langen, die Szene berei-tenden Satz lesen zu dürfen, auf eine Musik
10 zu lauschen, von der man gleich sicher weiß, dass sie einen dieses Buch, dieses Leben lang begleiten wird?
„In Front des schon seit Kurfürst Georg Wil-helm von der Familie von Briest bewohnten
15 Herrenhauses zu Hohen-Cremmen fiel heller Sonnenschein auf die mittagsstille Dorfstra-ße, während nach der Park- und Gartenseite hin ein rechtwinklig angebauter Seitenflügel einen breiten Schatten erst auf einen weiß
20 und grün quadrierten Fliesengang und dann über diesen hinaus auf ein großes, in seiner Mitte mit einer Sonnenuhr und an seinem Rande mit einer Canna Indica und Rhabar-berstauden besetztes Rondell warf."
25 Jeden beneide ich um die erste Begegnung mit Effi Briest, den Ruf zu hören, der sie von der Schaukel und aus der Kindheit reißt.

Könnte ich doch, ohne Erinnerung, von neu-em in die Geschichte hineinfallen, Erfahrun-gen sammeln, Menschen kennen lernen, den 30 alten Briest oder Instetten, sie lieben oder ge-gen sie aufbegehren, auf sie einreden, sie in meine Träume verschleppen – aber ich habe ja noch Bücher mit ihren Gestalten, Städten, Landschaften vor mir, habe längst noch 35 nicht alle denkbaren und beschriebenen Emotionen und Sensationen erkundet, ge-nossen oder verabscheut. Außerdem kann man Bücher, die man besonders lieb gewon-nen hat, immer frisch entdecken, indem 40 man sich mit dem eigenen Leben gewisser-maßen an den ihren beteiligt …
Ja, ich schwärme. Ich tu's, seit ich lese, und ich tu's nun mit Vorsatz. Denn mein Neid auf die Erfahrung des ersten Satzes trifft leider 45 viel zu wenige. Fast alle leidenschaftlichen Türöffner und mitreißenden Aufblätterer sind verschwunden. Eine Zeit lang, als man vor lauter Literatur-Theorie und Linguistik[2] die Praxis des Lesens vernachlässigte, hat 50 man ihnen ihre Narrheit vergällt. Und heute graben sich eben die jüngeren Lehrer, die Germanistik-Studenten, wenn überhaupt, in die Sekundärliteratur und behandeln die

55 Bücher, die ihr zugrunde liegen, als eine wissenschaftliche Legende, als „Primär-Texte". Das hört sich nach gewaschenen Wörtern an, nach Silbenknöchelchen, doch nicht nach Erzählungen, Gedichten, Romanen.

60 Die Buchhändler stehen den Wissenschaftlern darin nicht nach. Sie legen allerdings Wert auf Primär-Texte, die sie primär zu verkaufen trachten, und sonst gar nichts. Natürlich stößt man da wie dort auf Ausnahmen.

65 Und sie werden gottlob wieder ein bisschen gehätschelt. Aber dass den Kunden in jeder Buchhandlung, klein oder groß, ein Enthusiast erwartet, ein Kenner, der gleichermaßen berät wie beeinflusst, können wir uns nicht

70 mehr vorstellen.

Darum provoziere ich jüngere Leute, die schon mit Büchern umgehen, sich zu ihrer Liebe zu bekennen, über ihre Lektüre zu reden, als ging's um Leben, als kehrten sie

75 zurück von einer unerhörten Reise, die jeder, wenn er mag und wenn es ihm darauf ankommt, „buchen" kann.

Es geht ja nicht nur um schöne, schreckliche, spannende Geschichten, sondern genauso

80 gut um Informationen, Neuigkeiten, Entdeckungen oder um Gedanken, Ideen, die uns voranstoßen, erheben oder zerstören können. Auch da braucht's keine Lockvögel. Es genügen Sätze – wie halb geöffnete Türen

85 zu noch unbekannten Kammern, Zimmern, Sälen.

„Wer sind wir? Wo kommen wir her? Wohin gehen wir? Was erwartet uns?"

Vor fünfundzwanzig Jahren las ich diese Fragen zum ersten Mal. Sie zogen mich hinter 90 sich her in ein Abenteuer, das noch kein Ende hat, auch deshalb, weil das Buch zu einer unerschöpflichen Prüfung auswucherte und nicht aufhört, mich mit Bildern, gewaltigen Bruchstücken, Ausrufen, Klagen, Einsichten 95 heimzusuchen: So hat Blochs „Prinzip Hoffnung" eine Spur in mein Leben gezeichnet und von ihr ließe sich schon wieder erzählen. Das Glück des Lesens ist teilbar, mitteilbar. Wer liest, liest auch schon vor. Der Anblick ei- 100 nes über ein Buch gebeugten, ganz und gar in die in ihm tönende Stimme verlorenen Menschen bewegt und zieht an.

Und es könnte ja sein, dass er aufschaut und zu reden beginnt, noch ganz atemlos, zum 105 Beispiel von jenem alten Juden und dem Kind, weißt du, das Kind ist krank, und wie es sich später herausstellt, doch nicht, bloß – ach, lies es doch selber. Du wirst nicht mehr aufhören können, sage ich dir – „Vor vielen 110 Jahren lebte in Zuchnow ein Mann namens Mendel Singer. Er war fromm, gottesfürchtig und gewöhnlich, ein ganz alltäglicher Jude. Er übte den schlichten Beruf eines Lehrers aus. In seinem Haus, das nur aus einer geräu- 115 migen Küche bestand, vermittelte er Kindern die Kenntnis der Bibel."

Da sollte nun schon Joseph Roths „Hiob" aufgeschlagen liegen.

Damit es keine Pause gibt.   120

Damit ich bitten kann: Lest, Leute! Lest weiter!

1 *veritabel:* wirklich, echt
2 *Linguistik:* Sprachwissenschaft

❷ Markieren
Lesen Sie den Text erneut und unterstreichen Sie markante Textstellen.

❸ Gliederung
Stellen Sie in einer ersten Gliederung die Grobstruktur des Textes dar (ca. 6 Sinnabschnitte).

Arten der Gliederung

Die Gliederung kann in Stichworten (Nominalstil) oder in vollständigen Sätzen (Verbalstil) formuliert werden, z. B.: „Äußerung eines Wunsches" oder „Peter Härtling äußert einen Wunsch".

Sie können die Aussagen eines Textes entweder ihrer Reihenfolge nach (linear) oder je nach Themen strukturiert (thematisch) darstellen.

Bei der thematisch strukturierten Darstellung geht man von der Hauptaussage aus.

> **Argumentation**
>
> Unter einem Argument versteht man eine begründende Aussage zu einer Hauptaussage (These) des Textes.
>
> Im Argumentationsgang werden die einzelnen Argumente miteinander verbunden. Ein Text wirkt besonders überzeugend, wenn die einzelnen Argumente im Argumentationsgang sinnvoll und nachvollziehbar miteinander verknüpft werden.

4 *Argumentation*

a) *Skizzieren Sie den Argumentationsgang im Einzelnen. Gehen Sie in dieser Aufgabe linear vor:*

Z. 1–5   A1   ▶   Es gibt keine Aufsätze über den Leser von Romananfängen.
Z. 5–12   A2   ▶   Die erste Lektüre eines Romananfangs ist beglückend.
…   …   …
(A = Aussage Härtlings)

b) *Machen Sie mit Farben kenntlich, welche Argumente zusammengehören.*
c) *Benennen Sie die Hauptaussage.*
d) *Stellen Sie auf der Basis Ihrer Ergebnisse in einem ausformulierten Text den Argumentationsgang Härtlings in eigenen Worten dar.*

5 *Behauptung und Belege*

These: Peter Härtlings Text ist ausgesprochen subjektiv.
Suchen Sie geeignete Belege für diese Behauptung.

a) *Legen Sie eine Tabelle nach folgendem Muster an und tragen Sie die Belege in die linke Spalte ein.*

subjektiv gefärbte Äußerungen	sprachliche Gestaltung	Funktion
„Lest, Leute! Lest weiter!" (Überschrift) …	…	…

b) *Beschreiben Sie jeweils die sprachliche und stilistische Gestaltung (mittlere Spalte der Tabelle, s. Beispiel auf S. 78).*

> **Sprachliche und stilistische Gestaltung**
>
> Der Begriff sprachliche und stilistische Gestaltung bezieht sich vor allem auf die **rhetorischen Figuren** und die Bedeutung der Wörter (z. B. Schlüsselwörter, Wortfelder, Bedeutungsassoziationen usw.). Zur sprachlichen Gestaltung gehören aber auch grammatische Besonderheiten, z. B. die Modi (Modus = Indikativ/Konjunktiv), Aussagesatz/Fragesatz/Imperativ, Zitat usw.

subjektiv gefärbte Äußerungen	sprachliche Gestaltung	Funktion
„Lest, Leute! Lest weiter!" (Überschrift)	– Imperativ – Alliteration	...
„mehr oder weniger geistreichen Aufsätzen" (Z.1f.)	...	...
...	...	...

c) Benennen Sie jeweils die Funktion der sprachlichen Gestaltung und tragen Sie diese in die rechte Spalte ein.

subjektiv gefärbte Äußerungen	sprachliche Gestaltung	Funktion
„Lest, Leute! Lest weiter!" (Überschrift)	– Imperativ – Alliteration	– direkte Ansprache, Aufforderung – Verstärkung des Imperativs
„mehr oder weniger geistreichen Aufsätzen" (Z.1f.)	...	...
...	...	...

6 Textsorte „Essay"
Peter Härtling hat für die Mitteilung seiner Überzeugungen die Form des Essays gewählt. Identifizieren Sie Merkmale dieser Textsorte und listen Sie sie auf.

ⓘ **Der Essay**

Ein ernsthaftes Thema kann auch in der freien Form des Essays erörtert werden. Im Französischen heißt „essayer" „versuchen", und somit ist der Essay ein „Versuch", sich schriftlich einem Thema zu widmen. Es ist erlaubt, von einem Gedanken zum nächsten zu wandern, ohne dass das Ende feststeht. Formulierungen können erprobt und ausgebaut werden, Sprachspiele bieten sich an.

Auf strengen gedanklichen Aufbau und wissenschaftliche Analytik wird zugunsten der Freude am Formulieren und am ungezwungenen Nachdenken verzichtet.

Den Abschluss einer Analyse bildet eine kritisch reflektierte persönliche Stellungnahme.

7 *Stellungnahme*
Wie im Titel vermittelt, möchte Peter Härtling zum Lesen von Romanen anregen.
Inwiefern ist es dem Verfasser Ihrer Ansicht nach gelungen, seine Intention zu verwirklichen? Stellen Sie begründend Ihre Meinung dar.

ⓘ Persönliche Stellungnahme

Es gibt verschiedene Akzentsetzungen in der Stellungnahme. Man kann sich auf markante Aspekte des Inhalts, der Form, des Argumentationsganges und/oder der Wirkung auf den Leser konzentrieren.

8 *Aufsatz*
Schreiben Sie jetzt eine zusammenfassende Textanalyse, in der Sie folgende Aspekte berücksichtigen (siehe auch die Tipps in der Info-Box unten):

I. Inhaltsangabe
II. Analyse der Argumentationsstruktur
III. Analyse von thematischen, sprachlich-stilistischen, intentionalen und gattungstypischen Aspekten
IV. Kritisch begründete Wertung des Textes

ⓘ Tipps für den Aufsatz

I. Inhaltsangabe:
Der erste Satz einer Inhaltsangabe sollte den Autor, den Titel, die Textart und das Thema nennen. Die Inhaltsangabe gibt kurz und knapp die wesentlichen Aussagen des Textes im Präsens wieder. Zitate und wörtliche Rede sollten an dieser Stelle vermieden werden.

II. Analyse der Argumentationsstruktur:
Im Unterschied zur Inhaltsangabe wird in diesem Abschnitt die gedankliche Struktur untersucht, z. B.: Prämissen (Voraussetzungen), zentrale Thesen und Argumente, Schlussfolgerungen usw.

III. Aspektorientierte Textanalyse:
In diesem Abschnitt geht es um eine überzeugende Verknüpfung der genannten Teilaspekte. Dabei ist insbesondere darauf zu achten, dass sprachliche Merkmale nicht isoliert stehen bleiben, sondern mit ihren Funktionen benannt werden.

IV. Stellungnahme:
Die abschließende persönliche Stellungnahme enthält neben bewertenden Äußerungen auch Argumente, die dem Bereich der persönlichen Erfahrung entlehnt sein können.

3.2 Politische Rede

Stefan Heym am 4.11.1989

ⓘ

Zum historischen und situativen Kontext der Rede

Im Herbst 1989 vollzog sich in der DDR ein politischer Umbruch. Die Bürgerinnen und Bürger protestierten zu Zehntausenden in Leipzig, Dresden, im Ostteil Berlins und anderen Städten der DDR gegen die Herrschaft des SED-Staates und zwangen so schließlich das alte System zur Aufgabe. Ein Höhepunkt des Protestes war die Massenkundgebung für mehr Demokratie am 4. November 1989 auf dem Alexanderplatz in Berlin. Fünf Tage später sollte die 1961 errichtete Mauer zwischen Ost- und West-Berlin fallen.
Stefan Heym, einer der wichtigen kritischen Schriftsteller der DDR, hielt bei der Veranstaltung diese Rede.

Stefan Heym

Liebe Freunde, Mitbürger,
es ist, als habe einer die Fenster aufgestoßen nach all den Jahren der Stagnation, der geistigen, wirtschaftlichen, politischen, den Jah-
5 ren von Dumpfheit und Mief und bürokratischer Willkür, von amtlicher Blindheit und Taubheit. Welche Wandlung! Vor noch nicht vier Wochen: die schön gezimmerte Tribüne, hier um die Ecke, mit dem Vorbeimarsch,
10 dem bestellten, vor den Erhabenen.[1] Und heute ihr, die ihr euch aus freiem Willen versammelt habt, für Freiheit und Demokratie und für einen Sozialismus, der den Namen wert ist.
15 In der Zeit, die jetzt hoffentlich zu Ende ist, wie oft kamen da die Menschen zu mir, mit ihren Klagen. Dem war Unrecht geschehen und der war unterdrückt und geschurigelt worden und allesamt waren sie frustriert.
20 Und ich sagte, so tut doch etwas. Und sie sagten resigniert, wir können doch nichts tun.

Und das ging so in dieser Republik, bis es nicht mehr ging, bis es so viel Unbilligkeit angehäuft hat im Staate und so viel Unmut im Leben der Menschen, dass ein Teil von ihnen 25 weglief. Die anderen aber, die Mehrzahl, erklärte, und zwar auf der Straße, öffentlich: Schluss, ändern, wir sind das Volk!
Einer schrieb mir – und der Mann hat Recht: Wir haben in diesen letzten Wochen unsere 30 Sprachlosigkeit überwunden und sind jetzt dabei, den aufrechten Gang zu erlernen, und das, Freunde, in Deutschland, wo bisher sämtliche Revolutionen danebengegangen sind und wo die Leute immer gekuscht ha- 35 ben, unter dem Kaiser, unter den Nazis und später auch.
Aber sprechen, frei sprechen, gehen, aufrecht gehen, das ist nicht genug. Lasst uns auch lernen zu regieren. Die Macht gehört nicht in 40 die Macht eines Einzelnen oder ein paar weniger oder eines Apparats oder einer Partei. Alle, alle müssen teilhaben an dieser Macht. Und wer immer sie ausübt und wo immer,

45 muss der Kontrolle der Bürger unterworfen sein. Denn Macht korrumpiert, und absolute Macht, das können wir heute noch sehen, korrumpiert absolut. Der Sozialismus – nicht der Stalin'sche, der richtige –, den wir endlich 50 erbauen wollen, zu unserem Nutzen und zum Nutzen ganz Deutschlands, dieser Sozialismus ist nicht denkbar ohne Demokratie. Demokratie aber, ein griechisches Wort, heißt Herrschaft des Volkes. Freunde, Mitbürger, üben wir sie aus, diese 55 Herrschaft.

1 Heym spielt hier auf die aufwändigen Militärparaden und Feierlichkeiten aus Anlass des 40. Jahrestages der DDR vom 6. bis 8. Oktober an.

❶ Redeanfang

Heym hätte seine Zuhörer auch anders ansprechen können: Liebe Genossinnen und Genossen/Sehr geehrte Versammlung/Liebe Demonstrationsteilnehmer!
Warum wählte Heym seine Variante und wie ist die Wirkung dieser Anrede?

❷ Sprachliche Mittel

Benennen Sie rhetorische Mittel in der Heym-Rede und beschreiben Sie ihre mögliche Wirkung.

Redezitat	Bezeichnung	Wirkung
…	…	…

Rhetorische Figuren

Zählen Sie bei der Untersuchung der rhetorischen Figuren in einer Rede nicht einfach alle rhetorischen Mittel auf, die Sie im Text entdecken, sondern konzentrieren Sie sich auf die wichtigsten Phänomene und arbeiten Sie heraus, inwiefern die rhetorischen Mittel im Kontext der **konkreten Redesituation** und der **Redeabsichten** von Bedeutung sind.

Die **Anapher:**
wörtliche Wiederholung von Wörtern an Satzanfängen
Die **Emphase:**
hervorhebende, nachdrückliche Betonung, z. B.: *Er ist wahrhaftig ein Mann.*
Der **Euphemismus:**
Beschönigung, z. B. *vollschlank*
Das **Hyperbaton:**
Abweichung von der üblichen Wortstellung im Satz, z. B.: *Es ist des Jahres schönste Zeit.*
Die **Hyperbel:**
Übertreibungen, z. B. *Tastengott* (als Bezeichnung für einen begabten Pianisten)

Die **Ironie:**
spöttisch das Gegenteil von dem sagen, was gemeint ist, z. B.: *Du bist ein schöner Freund!*
Die **Klimax:**
zumeist dreigliedrige Steigerung zu einem Höhepunkt, z. B.: *Zuerst war es nur Sympathie, dann tiefe Zuneigung und schließlich Liebe.*
Die **Metapher** (Bedeutungsübertragung):
sprachliche Verknüpfung zweier semantischer Bereiche, die gewöhnlich unverbunden sind, z. B. *das Licht der Erkenntnis, das Feuer der Liebe*
Der **Parallelismus:**
Wiederholung derselben syntaktischen Konstruktion bei ungefähr gleicher Wortzahl, z. B.: *Schön ist die Liebe, schrecklich der Tod.*
Die **rhetorische Frage:**
Frage, auf die keine Antwort erwartet wird bzw. auf die durch die Art der Formulierung die Antwortrichtung bereits festgelegt ist, z. B.: *Sind wir nicht alle nur Menschen?*
Das **Wortspiel:**
Der Tennisplatz ist mal voller und mal leerer, aber immer voller Lehrer.

3 *„Sozialismus"*
Was versteht Heym unter „Sozialismus" und wie beurteilt er das sozialistische Regime der DDR?

Die Ziele einer Rede

Gemäß der antiken Rhetorik ist das übergreifende Ziel jeder Rede, die **Zustimmung des Hörers** zu erreichen bzw. ihn zu **überzeugen**. Dazu müssen sowohl die verstandesmäßigen als auch die gefühlsmäßigen Kräfte des Menschen angesprochen werden, um die in der Rede ausgedrückte „Wahrheit" zugänglich zu machen. Wie dies zu erreichen ist, erläutert Quintilian, der Verfasser der bis heute maßgeblichen antiken Rhetorik, anhand der **drei Aufgabenbereiche des Redners**. Demzufolge soll eine Rede
1. **belehren und beweisen**
   (docere/probare)
2. **gewinnen und erfreuen**
   (conciliare/delectare)
3. **bewegen und aufstacheln**
   (movere/concitare)

Folgende Fragestellung hilft Ihnen, immer das rhetorische Ziel bzw. den Zweck der Rede im Auge zu behalten:
Ist das primäre Ziel der Rede bzw. des jeweiligen Redeabschnittes **Abwertung, Aufwertung** oder **Beschwichtigung**?
– **Abwertung** meint die Diffamierung der **gegnerischen Position**. Der Redner versucht die Zuhörer zu gewinnen, indem er den „Gegner" oder dessen Überzeugung negativ darstellt.
– Bei der Strategie der **Aufwertung** versucht der Redner die **eigene Position** so günstig darzustellen, dass die Zuhörer gar nicht anders können, als ihm zuzustimmen.
– Von **Beschwichtigung** lässt sich dann sprechen, wenn der Redner um einen Interessenausgleich zwischen den verschiedenen Gruppen bemüht zu sein scheint: Er operiert mit so vagen Formulierungen, dass er von den verschiedenen Gruppen als Vermittler zwischen den widersprechenden Positionen angesehen werden kann.

---

4 *Absichten*
   a) Welche Absichten verfolgt Heym mit seiner Rede?
   b) Versuchen Sie diese Absichten in eine Rangfolge zu bringen und begründen Sie Ihre Entscheidung.

5 *Analyse*
   Fertigen Sie mithilfe des Modells zur Redeanalyse auf S. 83 eine selbstständige Redeanalyse der Heym-Rede an.

Das Schaubild auf S. 83 soll aber lediglich eine Gliederungshilfe sein. Die einzelnen „Bausteine" bedingen sich fast alle gegenseitig. So hängt etwa die Art der Argumentation direkt mit der Redekonstellation, Redeintention und den Rolleneinschätzungen zusammen; die Einschätzung der Hörerrolle und die Redeintention beeinflussen die Wahl der rhetorischen Mittel usw. Ein mechanisches „Abhaken" der einzelnen Analyseaspekte würde diesen hier nur angedeuteten Wechselwirkungen nicht gerecht.

Modell zur Redeanalyse

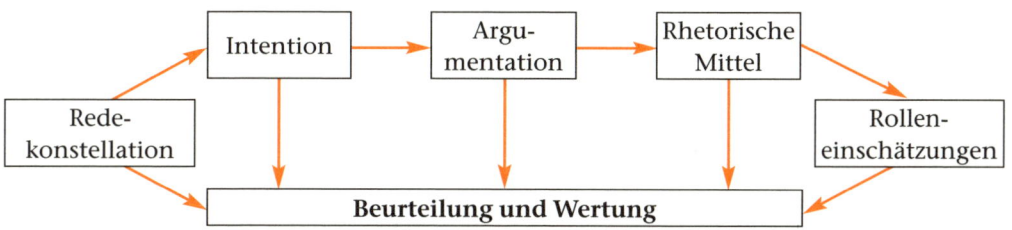

Gesichtspunkte zur Redeanalyse

1. Redekonstellation: W-Fragen: *Wer* sagt *wann* und *wo was* zu *wem, wie* und über *welche Medien*?
Ihre Analyse sollte also mit einer kurzen Beschreibung des historisch-politischen Kontextes und der konkreten Redesituation eingeleitet werden.

2. Intention: Welche Absichten und Ziele verfolgt der Redner?
Die Redeabsichten werden von einem Redner oftmals nicht ausdrücklich bzw. nur teilweise angesprochen. Auch kann es vorkommen, dass bewusst falsche Ziele genannt werden. In diesen Fällen gilt es, die Taktik des Verschleierns bzw. der Lüge offen zu legen und zu hinterfragen.

3. Argumentation: Wie ist die Rede aufgebaut, wie argumentiert der Redner?

4. Rhetorische Mittel: Welche rhetorischen Mittel werden verwendet und welche Wirkungen oder Funktion haben sie vermutlich?
Zur Sprachuntersuchung zählt neben den für die Rede besonders wichtigen rhetorischen Figuren auch eine Analyse der Sprache insgesamt (sprachliche Bilder, Wortwahl, Satzbau, Stilebene).

5. Rolleneinschätzungen: Wie schätzt der Redner seine eigene Rolle und die seiner Adressaten ein?
Oft sagt bereits die Anrede etwas über die Einschätzung der Adressaten durch den Redner aus. Die Selbsteinschätzung des Redners und die Funktion, in der er spricht, sind hingegen meist nicht ausdrücklich erwähnt und müssen daher von Ihnen (auf der Basis der erarbeiteten Redekonstellation) analysiert und interpretiert werden.

6. Beurteilung und Wertung: Wie beurteilen und werten Sie die Rede?
Die Beurteilung und Wertung von Gestalt und Gehalt der Rede sollten schlüssig aus Ihren Analyseergebnissen hervorgehen. Diese können ggf. noch einmal ausdrücklich zur Untermauerung herangezogen werden. Berücksichtigen Sie auch die Glaubwürdigkeit bzw. Wahrhaftigkeit der Textaussagen. Auch Ihre persönliche Stellungnahme ist gefragt: Artikulieren und begründen Sie Ihre eigene Einstellung zu den weltanschaulichen und moralischen Grundsätzen, zu Wertungen und Normen sowie zu den Wirklichkeitseinschätzungen und Schlussfolgerungen des Textes.

3.3 Zeitungsbericht

❶ *Fotos zum Text*

Bevor Sie den Zeitungsartikel auf S. 85 lesen, betrachten Sie detailliert die beiden Fotos mit ihren Untertiteln. Notieren Sie auf einem Zettel Ihre spontanen Leseerwartungen.

ⓘ Massenkommunikation

Zeitungen sind neben Büchern, Tonträgern, Fernsehen, Video, Kino, Radio und dem Internet Medien der Massenkommunikation. Kennzeichnend für diese Medien sind:
- die **Kommunikatoren:** Texter/-in, Sprecher/-in, Autor/-in, Moderator/-in, Redakteur/-in, Interpret/-in usw.,
- die **kommunikative Distanz,** d.h. die relativ große räumliche und zeitliche Entfernung zwischen Sender und Empfänger einer Information, die oft füreinander anonym sind,
- die **ungleiche (asymmetrische) Verteilung der Sprechrollen,** die eine direkte Verständigung zwischen den Kommunikationsteilnehmern ausschließt und so Unklarheiten über Ziele und Folgen der Massenkommunikation mit einschließt.

Chinesische Marine

Howaldts-Werft in Kiel

❷ Text
Lesen Sie nun den Artikel.

China

…

Während Chinas Finanzminister Liu Zhongli vergangenen Freitag vor dem Volkskongress eine Erhöhung des Militärbudgets um stolze 12,8 Prozent verkündete, blieb eines der teuersten Rüstungsprojekte der Volksbefreiungsarmee offiziell unter Verschluss. Erstmals testeten Anfang Februar israelische und chinesische Militärs in der südwestchinesischen Stadt Chengdu den gemeinsam entwickelten Kampfjet F-10. Das Jagdflugzeug ist bei weitem nicht das einzige Projekt der geheimen Rüstungskooperation. Seit Ende der achtziger Jahre unterstützen die Israelis das kommunistische Land beim Bau konventioneller U-Boote der Song-Klasse, mit denen im Konfliktfall die Versorgung der demokratischen Inselrepublik Taiwan unterbrochen werden könnte. Die U-Boote werden auf einer Werft in der zentralchinesischen Stadt Wuhan gefertigt. Einige beteiligte israelische Militärs waren dabei, als auf der Howaldts-Werft in Kiel Boote für Israel gebaut wurden. Nach Ansicht von Experten ist klar, dass auf dem Umweg Tel Aviv in großem Maßstab deutsche Militärtechnologie nach Peking exportiert wurde. Dass die chinesischen Generäle die auf einige Millionen Euro bezifferte Zusammenarbeit aus dem offiziellen Etat des Verteidigungsministeriums finanzieren, halten ausländische Militärs für ausgeschlossen. In Wahrheit seien die Ausgaben der Volksbefreiungsarmee drei- bis viermal so hoch wie vom Finanzminister Liu Zhongli angegeben und würden unter anderen Haushaltsposten versteckt. (1998)

a) *Welche Erwartungen, die die Fotos auf S. 84 bei Ihnen geweckt haben, werden bestätigt? Welche werden widerlegt?*

Bestätigte Erwartungen	Widerlegte Erwartungen
…	…

b) *Erläutern Sie aufgrund Ihrer bisherigen Beobachtungen die Funktion des Text-Bild-Zusammenhanges.*

❸ Schlagzeile
Ergänzen Sie eine passende Schlagzeile zum Artikel.
Begründen Sie Ihre Wahl und vergleichen Sie Ihre Schlagzeile mit dem Vorschlag im Lösungsheft.
Listen Sie einige Zeitungen auf, aus denen der Artikel stammen könnte.

ⓘ

Kriterien zur Analyse eines Zeitungsartikels:

- **Die klassischen W-Fragen:** *Wer* sagt *wann* und *wo was wie* zu *wem* und *mit welcher Absicht?*
- **Adressatenkreis:** z.B. Boulevardzeitung oder politisches Magazin?
- **Erscheinungsweise:** täglich, wöchentlich oder monatlich?
- **Verbreitung:** regional, landesweit oder weltweit?
- **Rubrik:** Politik, Sport, Wirtschaftsteil, Forschung und Technik, Kultur, Modernes Leben usw.
- **Textsorte:** z.B. Meldung (reine Nachricht), Bericht (mit Hintergründen), Kommentar (enthält Wertungen, was bei Meldungen und Berichten nicht erlaubt ist), Glosse

Textfunktionen

Bei Pressetexten unterscheidet man drei Textfunktionen:
- **informativ:** z.B. Meldungen, Berichte, Ratgeber, Wetterbericht usw.
- **unterhaltend:** z.B. Horoskope, Leserbriefe, Rätselseiten, Humor usw.
- **appellativ:** z.B. Werbung, Aufrufe, Rat gebende Texte usw.

ⓘ

Pressesprache

(auch Zeitungssprache). Bezeichnung für den Sprachgebrauch der Presse. Sie ist im Ganzen nicht einheitlich, sondern hängt von Textsorte, Adressatenkreis, Erscheinungsweise, Verbreitung und inhaltlicher Rubrik ab.

Typische Merkmale der Pressesprache sind:
- **Fachvokabular:** In unserem Artikel der Gebrauch von themenbezogenen Fachwörtern wie z.B. „Volkskongress", „Rüstungskooperation" oder „konventionelle U-Boote". Auch Sportjournale, Computerfachzeitschriften usw. haben ihr typisches Vokabular.
- **Nominalstil:** Anstatt zu schreiben „Das Jagdflugzeug ist bei weitem nicht das einzige Projekt, bei dem Chinesen und Israelis heimlich kooperierten", heißt es in unserem Artikel: „Das Jagdflugzeug ist bei weitem nicht das einzige Projekt der geheimen Rüstungskooperation." Bildung langer Wörter und möglichst häufige Um-

wandlung von Verben in Substantive (Nomen) erlauben es, auf weniger Raum Informationen dichter und kompakter zu übermitteln. Der Nominalstil der Pressesprache ist häufig Gegenstand der Stilkritik an Zeitungen.
- **Hypotaxe:** Satzgebilde, bei dem einem Hauptsatz ein oder mehrere Nebensätze untergeordnet sind, bis hin zum Schachtelsatz. Beispiel aus dem Text: „Während Chinas Finanzminister Liu Zhongli vergangenen Freitag vor dem Volkskongress eine Erhöhung des Militärbudgets um stolze 12,8 Prozent verkündete, blieb eines der teuersten Rüstungsprojekte der Volksbefreiungsarmee offiziell unter Verschluss."
- **Parataxe:** Die Abfolge mehrerer meist kurzer Hauptsätze. Beispiel: „Chinas Finanzminister Lin Zhongli gab eine Erhöhung des Militärbudgets bekannt. Am vergangenen Freitag kündigte er vor dem Volkskongress eine Aufstockung um 12,8 Prozent an."

4 Analyse

a) Legen Sie eine Tabelle an. Schreiben Sie für jedes typische Merkmal der Pressesprache Beispiele aus dem Zeitungstext heraus.

b) Tragen Sie dazu ein, welche Wirkungen und welche sich daraus ergebenden Funktionen diese Phänomene in unserem Zeitungstext haben.

Stilelemente der Pressesprache	Beispiele	Wirkungen und Funktionen
Fachvokabular	Rüstungskooperation, konventionelle U-Boote	Verkürzung des Textes, erspart umständliche Erklärungen, spricht gebildete Leser an
Nominalstil	...	...
Hypotaxe	...	...
Parataxe	...	...

5 Aufsatz

Erstellen Sie einen zusammenhängenden Text, in dem Sie den Zeitungsartikel auf S. 85 nach den im Folgenden aufgelisteten Gesichtspunkten analysieren.
Beachten Sie auch die Hinweise in den Info-Boxen auf S. 86 und verwenden Sie Ihre Vorarbeiten aus den Aufgaben 1–4.

- Text-Bild-Zusammenhang
- Gründe für Ihre Konzeption der Schlagzeile
- Textsorte
- Textfunktionen
- Adressatenkreis
- Erscheinungsweise
- Verbreitung
- Rubrik
- Merkmale der Pressesprache und ihr Zusammenhang mit Textsorte, Adressatenkreis, Rubrik, Erscheinungsweise und Verbreitung

6 Zusatzübung: Boulevardzeitung

a) Suchen Sie sich einen Artikel aus einer Boulevardzeitung – möglichst mit Fotoillustrationen. Wenden Sie die Vorgehensweisen der Aufgaben 1, 2 und 4 auf ihn an und vergleichen Sie ihn mit dem Artikel auf S. 85.

b) Nutzen Sie Ihre Analyse des Artikels aus einer Boulevardzeitung nun, um unseren Zeitungsartikel in einen Artikel aus dieser Boulevardzeitung umzuschreiben. Welche Informationen würden Sie kürzen, vereinfachen oder weglassen?
Denken Sie auch darüber nach, wie Sie das Layout umgestalten müssten. Welche Schlagzeile käme infrage?

4.1 Basistraining Textgebundene Erörterung

ⓘ **Neil Postman:**
„Wir amüsieren uns zu Tode"

Der Amerikaner Neil Postman (geb. 1931) geht in seiner Medienanalyse im Buch „Wir amüsieren uns zu Tode" (1985) davon aus, dass das Medium, in dem Gedanken geäußert werden, beeinflusst, welche Gedanken überhaupt geäußert werden. Da das Wesen des Fernsehens die Unterhaltung sei, werde auch die Darbietung von Themen aus Bereichen wie Politik, Wissenschaft, Religion und Erziehung im Fernsehen letztlich zu Entertainment. Das Fernsehen sei dabei, „unsere Kultur in eine riesige Arena für das Showbusiness" zu verwandeln.

Neil Postman
Unterricht als Unterhaltung[1]

Als im Jahre 1969 die erste Folge von *Sesamstraße* gesendet wurde, schien ausgemacht, dass sie bei Kindern, Eltern und Erziehern begeisterte Aufnahme finden würde. Den Kin-
5 dern gefiel die Sendung, weil sie mit Werbespots groß geworden waren und intuitiv wussten, dass sie die am besten gemachte Unterhaltung im Fernsehen ist. Diejenigen, die noch nicht zur Schule gingen, und auch die,
10 die gerade in die Schule gekommen waren, fanden nichts Komisches dabei, dass der Unterricht aus einer Serie von Werbespots bestand. Und dass das Fernsehen zu ihrer Unterhaltung da war, war für sie ohnehin selbst-
15 verständlich.
Die Eltern begrüßten *Sesamstraße* aus mehreren Gründen – nicht zuletzt deshalb, weil die Sendung ihre Schuldgefühle angesichts der Tatsache dämpfte, dass sie nicht imstande
20 oder nicht willens waren, den Zugang ihrer Kinder zum Fernsehen zu beschränken. *Sesamstraße* schien zu rechtfertigen, dass man Vier- und Fünfjährigen erlaubte, während langer Zeitspannen reglos vor dem Bildschirm zu verharren. Die Eltern gaben sich 25 der Hoffnung hin, das Fernsehen werde ihren Kindern noch etwas anderes beibringen als die Antwort auf die Frage, welche Cornflakes die knusprigsten sind. Gleichzeitig enthob *Sesamstraße* sie der Verpflichtung, ihren Kin- 30 dern, soweit sie noch im Vorschulalter waren, das Lesen beizubringen – gewiss keine Kleinigkeit in einer Kultur, in der Kinder häufig als lästig empfunden werden. […]
Sesamstraße erschien als eine fantasievolle 35 Hilfe bei der Lösung des immer größer werdenden Problems, den Amerikanern das Lesen beizubringen, und gleichzeitig schien sie die Kinder zu ermuntern, die Schule zu lieben. 40

Heute wissen wir, dass *Sesamstraße* die Kinder nur dann ermuntert, die Schule zu lieben, wenn es in der Schule zugeht wie in *Sesamstraße*. Mit anderen Worten, wir wissen, dass
45 *Sesamstraße* die herkömmliche Idee des Schulunterrichts untergräbt. Während das Klassenzimmer ein Ort sozialer Interaktionen ist, bleibt der Platz vor dem Bildschirm Privatgelände. Während man in einem Klas-
50 senzimmer den Lehrer etwas fragen kann, kann man dem Bildschirm keine Fragen stellen. Während es in der Schule hauptsächlich um die Sprachentwicklung geht, verlangt das Fernsehen Aufmerksamkeit für Bilder. Wäh-
55 rend der Schulbesuch vom Gesetz vorgeschrieben ist, ist Fernsehen ein freiwilliger Akt. Während man in der Schule eine Strafe riskiert, wenn man nicht auf den Lehrer Acht gibt, wird fehlende Aufmerksamkeit vor dem
60 Bildschirm nicht geahndet. Während man mit dem Verhalten in der Schule zugleich gewisse Regeln des Sozialverhaltens beachtet, braucht man sich beim Fernsehen an solche Regeln nicht zu halten, das Fernsehen hat
65 keinen Begriff von Sozialverhalten. Während der Spaß im Klassenzimmer immer nur Mittel zum Zweck ist, wird er im Fernsehen zum eigentlichen Zweck. [...]
Das Fernsehen bietet eine wunderbare und,
70 wie gesagt, höchst originelle Alternative zu alledem. Man könnte sagen, dass die vom Fernsehen propagierte Bildungstheorie im Wesentlichen drei Gebote umfasst. Der Einfluss dieser Gebote lässt sich an Fernsehsen-
75 dungen aller Art beobachten. [...]

1. Du sollst nichts voraussetzen.
Jede Fernsehsendung muss eine in sich geschlossene Einheit sein. Vorwissen darf nicht verlangt werden. Nichts darf darauf hinwei-
80 sen, dass Lernen ein Gebäude ist, das auf einem Fundament errichtet ist. Dem Lernenden muss jederzeit Zutritt gewährt werden, ohne dass er dadurch benachteiligt wäre.

2. Du sollst nicht irritieren.
Im Fernsehunterricht ist die Irritation der 85 kürzeste Weg zu niedrigen Einschaltquoten. Ein irritierter Fernsehschüler ist ein Schüler, der auf einen anderen Sender umschaltet. Die Sendungen dürfen also nichts enthalten, was man behalten, studieren, mit Fleiß ver- 90 folgen oder – das Schlimmste überhaupt – geduldig erarbeiten müsste. Man geht davon aus, dass jede Information, jeder Bericht, jeder Gedanke unmittelbar zugänglich gemacht werden kann, denn nicht die Ent- 95 wicklung des Lernenden, sondern seine Zufriedenheit ist entscheidend.

3. Du sollst die Erörterung meiden wie die zehn Plagen, die Ägypten heimsuchten.
Von allen Feinden des Fernsehunterrichts, zu 100 denen auch die Kontinuität und die Irritation gehören, ist die Erörterung der furchtbarste. Argumente, Hypothesen, Darlegungen, Gründe, Widerlegungen und all die anderen traditionellen Instrumente eines 105 vernünftigen Diskurses lassen das Fernsehen zum Radio werden, schlimmer, sie machen aus ihm ein drittklassiges Druckerzeugnis. Deshalb erfolgt der Fernsehunterricht stets in der Form von Geschichtenerzählen, geleitet 110 von dynamischen Bildern und von Musik unterstützt. [...]
Im Fernsehen wird nichts gelehrt, was sich nicht visualisieren und in den Kontext einer dramatischen Handlung stellen lässt. 115
Einen Unterricht ohne Voraussetzungen, ohne Irritation und ohne Erörterung darf man wohl als Unterhaltung bezeichnen.

1 Auszug aus: „Wir amüsieren uns zu Tode"

❶ *Ausgangstext erschließen*
a) Lesen Sie den vorliegenden Text und formulieren Sie die zentrale These Postmans.
b) Unterstreichen Sie die wesentlichen Argumente, mit denen Postman seine Haltung stützt.

> **Aufbau einer Erörterung**
> **im Anschluss an einen Sachtext**
>
> Nach Abschluss der Analyse der Textvorlage beginnt die eigenständige Erörterung.
> Es gibt drei Möglichkeiten, sich mit dem besprochenen Thema auseinander zu setzen:
>
> 1. Zustimmung zur zentralen Textaussage
> 2. Ablehnung der zentralen Textaussage
> 3. eingeschränkte Zustimmung bzw. eingeschränkte Ablehnung
>
> Bei einer eingeschränkten Zustimmung zur zentralen These des Ausgangstextes legt man zunächst die Gegenthese (Kontra-Position) dar. Diese wird durch entsprechende Gegenargumente unterstützt.
>
> Bei der Anordnung der Gegenargumente beginnt man mit dem stärksten Argument, um dann jeweils das nächstschwächere anzuschließen, bis man die Kontra-Position angemessen dargestellt hat.
> Es folgt der Drehpunkt, ein Überleitungssatz, der zu der Ausgangsthese (Pro-Position) führt. Nachdem diese kurz in Erinnerung gerufen ist, geht man methodisch nach dem steigernden Prinzip vor:
> Man entwickelt seine Pro-Argumente vom schwächsten zum stärksten.
> Abschließend wägt man beide Seiten ab und lässt die Erörterung mit einer reflektierten und begründeten Entscheidung enden.

2 Argumente sammeln und ordnen

Im Folgenden sollen Sie das Thema eigenständig erörtern.
Ist „Fernsehunterricht" für Kinder nach Art der „Sesamstraße" hilfreich und nützlich oder nicht?
a) Finden Sie zu den wichtigsten Argumenten Postmans, die gegen das Fernsehen sprechen, geeignete Gegenargumente. Berücksichtigen Sie dabei die Tatsache, dass sich Postmans Aussagen an der Medienwelt der USA orientieren.

These/Argument Postmans	eigenes Gegenargument
Fernsehen dient nur der Unterhaltung (s. Z. 13–15)	...

b) Ordnen Sie die Argumente nach ihrer Bedeutung. Orientieren Sie sich dabei an dem folgenden Schema:

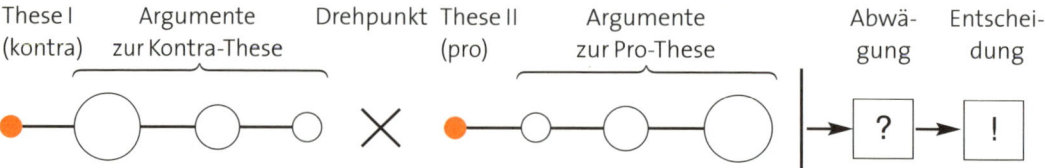

3 Erörterung ausformulieren

Stellen Sie Ihre Ergebnisse in einem zusammenhängenden Text dar.

4.2 Basistraining Pro-und-Kontra-Erörterung

Grundtypen der Erörterung

Im Prinzip können zwei Grundtypen der Erörterung unterschieden werden:
– Erörterungen, bei denen Sie sich mit einem Sachverhalt oder einem Problem argumentativ auseinander setzen sollen (**freie Erörterung oder Essay**),
– Erörterungen, bei denen Sie einen vorgegebenen Text analysieren und zum dargestellten Problem Stellung beziehen sollen (**textgebundene Erörterung**).
Die in diesem Kapitel zu übende **Pro-und-Kontra-Erörterung** ist der Prototyp der ersten Kategorie.

In unzähligen Fernseh- und Talkshows werden heute auf unterschiedlichstem Niveau alle möglichen Themen, Probleme und Fragen „erörtert". Meistens vertritt dabei eine bestimmte Person bzw. vertreten mehrere Personen einseitig die eine Position, während die andere Position von einer Gegengruppe bzw. einer anderen Person verfochten wird. Der Talkmaster oder die Talkmasterin stellt das jeweilige Thema vor, greift moderierend ein, resümiert abschließend die Diskussion, versucht zu einem Gesamturteil zu kommen und schlägt sich mehr auf die eine oder die andere Seite. Damit haben wir im Prinzip das **Grundschema der Pro-und-Kontra-Erörterung**:

A Einleitung	B Hauptteil	C Schluss
Themavorstellung/Hinführung zum Problem	Darstellung der Pro- und der Kontra-Position (mit ihren jeweiligen Thesen und Argumenten). Anschließend Abwägen der Positionen und persönliche Entscheidung	Konsequenzen/Ausblick

Sie übernehmen in Ihrer Erörterung nun sowohl die Rolle des Talkmasters als auch die der Gesprächsgäste.

Sie sollten bei Ihrer Erörterung folgendermaßen vorgehen:

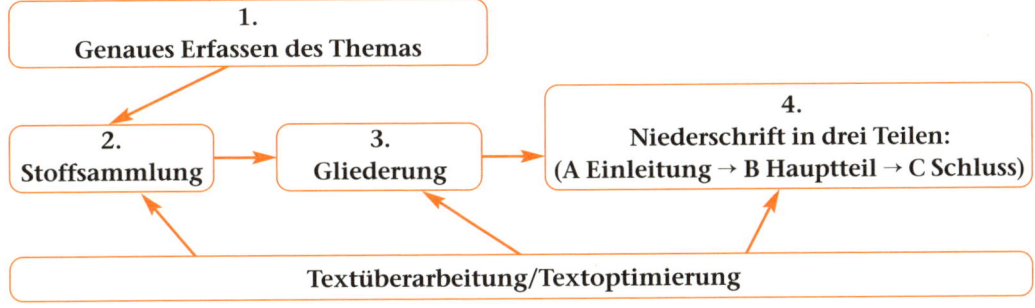

Genaues Erfassen des Themas

Die Horrorvorstellung eines jeden Schülers: „Thema verfehlt". Dieser Kardinalfehler ist eine der Hauptgefahren bei der Erörterung. Eine genaue Analyse der Aufgabenstellung ist daher unbedingt notwendig und zugleich der erste Arbeitsschritt bei einer Erörterungsklausur.

❶ *Die folgenden Themenstellungen zum selben Problem sind unterschiedlich und setzen jeweils andere Akzente. Arbeiten Sie die Aspekte und ihre Konsequenzen für die Bearbeitung heraus.*

1. Im heutigen Schulsystem erhalten die Schüler für ihre erbrachten Leistungen Noten. Erörtern Sie, ob Zensuren in der Schule notwendig sind oder ob man auf sie verzichten kann.

2. Schüler erhalten für ihre Leistungen Noten. Erläutern Sie, wie dies zu begründen ist.

3. Viele Schüler leiden sehr unter dem Zensurendruck und würden am liebsten auf Noten verzichten. Wie beurteilen Sie diesen Sachverhalt?

Stoffsammlung

Bei einer Pro-und-Kontra-Erörterung bietet es sich an, zum Sammeln der Thesen, Argumente und Beispiele eine Tabelle mit zwei Spalten anzulegen, in denen die Pro- und die Kontra-Argumente einander gegenübergestellt werden. Dabei kann man im Brainstorming-Verfahren alles niederschreiben, was einem jeweils an Pro- und Kontra-Aspekten spontan einfällt (= ungeordnete Stoffsammlung). Oft sind aber Pro- und Kontra-Argumente nur zwei Seiten derselben Medaille. Dann ist es sinnvoll, Argumente und Beispiele geordnet einander gegenüberzustellen (= geordnete Stoffsammlung).

> ⓘ **Zur Stützung der Argumente**
> kann man
> – seinen eigenen Erfahrungshintergrund befragen.
> – Informationen aus wissenschaftlichen Untersuchungen, Statistiken, Lehrbüchern, Lexika usw. zitieren.
> – Definitionen und Erklärungen aufnehmen.
> – Fallbeispiele anführen.
> – Meinungen von Experten oder anerkannten Persönlichkeiten wiedergeben.

❷ *Notieren Sie all Ihre Argumente und Beispiele und tragen Sie diese möglichst geordnet in eine Tabelle nach folgendem Muster ein:*

Zensuren sind

notwendig	verzichtbar
...	...

Gliederung

Obwohl durch die geordnete Stoffsammlung die Gedanken bereits vorstrukturiert sind, müssen im dritten Arbeitsschritt, der Gliederung, die jetzt noch gleichgeordneten Stichpunkte klassifiziert und in eine Rangfolge gebracht werden: Was sind Begründungen bzw. Argumente? Was sind eher Beispiele zur Stützung bestimmter Argumente? Welche Argumente sind die wichtigsten bzw. stärksten, welche sind eher schwächer? Anhand dieser Überlegungen müssen Sie vor der genauen Verschriftlichung den „Bauplan" Ihrer Erörterung entwickeln.

3 *Welche Gedanken in Ihrer Tabelle sind eher Begründungen bzw. Argumente für die Pro- bzw. die Kontra-Position, welche Stichpunkte könnten eher als Beispiele zur Stützung bestimmter Hauptargumente dienen? Kreisen Sie die Argumente in Ihrer Tabelle ein und ordnen Sie ihnen passende Beispiele mit Pfeilen zu. Wenn zu einem Argument noch keine stützenden Beispiele gehören, versuchen Sie diese zu ergänzen.*

ⓘ

Gliederungsschema für die Pro-und-Kontra-Erörterung

Folgende „Baupläne" für den Hauptteil haben sich bewährt:

Bauplan I: (vgl. S. 99)
1. These (kontra)
    1.1 Argument
        Stützung
    1.2 Argument
        Stützung
    1.3 …

2. These (pro)
    2.1 Argument
        Stützung
    2.2 …

Die Position, für die man sich selbst entschieden hat, sollte der jeweiligen Gegenposition folgen und mit dem schwächsten Argument beginnen und mit dem stärksten Argument schließen. Bei der jeweiligen Gegenposition verfährt man umgekehrt.

Bauplan II:
Pro-und-Kontra-Problematik als offene Frage

1. Gegenargument (kontra)
    Stützung

          2. Argument
            Stützung

3. Gegenargument (kontra)
    Stützung

          4. Argument
            Stützung

usw.

4 *Bringen Sie die Hauptargumente sowohl auf der Pro- als auch auf der Kontra-Seite in eine sinnvolle Rangfolge.*

Niederschrift in drei Teilen

Der entscheidende vierte Arbeitsschritt, die Niederschrift der Erörterung, sollte mit der Formulierung einer Einleitung beginnen. Nehmen Sie sich dafür genügend Zeit, denn die Einleitung sollte – ohne zu viel vorwegzunehmen – knapp auf die zu behandelnde Problematik hinführen, deren Bedeutsamkeit bzw. Aktualität verdeutlichen und bei dem Leser so viel Interesse wecken, dass er die Notwendigkeit sieht weiterzulesen.

Einleitung

Bei der Einleitung haben sich u. a. folgende Vorgehensweisen bewährt:

a) Zitat eines Experten anführen
b) Besonders provozierende These äußern oder wiedergeben
c) Konkretes Beispiel bzw. Hinweis auf aktuellen Einzelfall geben
d) Klärung eines wichtigen Begriffs
e) Verweis auf die Geschichte bzw. Entwicklung des Problems
f) Von analogen oder gegensätzlichen Erscheinungen ausgehen
g) Von einem größeren Problem ausgehen

Achten Sie bei der Formulierung der Einleitung darauf, dass

– sie möglichst nur einen Grundgedanken enthält, nicht weiter untergliedert wird und keinen wesentlichen Aspekt des Hauptteils vorwegnimmt,
– sie keine reine Umformulierung oder Umschreibung des Themas ist, allerdings mit der Formulierung des Themas als Schnitt- und Übergangsstelle zum Hauptteil enden kann.

---

5 *Spielen Sie die vorgeschlagenen Möglichkeiten für eine Einleitung einzeln durch.*

Im **Hauptteil** geht es um die sprachlich angemessene Umsetzung Ihres im Gliederungskonzept vorstrukturierten Gedankenganges. Sie sollten dabei den inneren Zusammenhang der argumentativen Schritte zum Ausdruck bringen, die Argumente also zweckmäßig verknüpfen und nicht lediglich aufzählen bzw. aneinander reihen. Vergessen Sie nicht, Ihre Argumente durch Beispiele zu veranschaulichen bzw. glaubhaft zu machen.

Gestaltung des Hauptteils

Sie können Ihre Argumente durch gegenüberstellende, reihende oder steigernd gewichtende Textsignale miteinander verknüpfen. „**Textverknüpfer**" sind z. B.:

reihend
im Folgenden, wie oben bereits erwähnt, zusätzlich, ferner, schließlich, weiterhin, (so)dann, auch

gegenüberstellend (vor allem notwendig bei Gliederungsschema II)
dagegen, hingegen, indessen, einerseits – andererseits, während, aber, (je)doch, dennoch, trotzdem, obwohl, zwar – aber

steigernd
zunächst, vor allem, besonders hinzuweisen ist …, noch wichtiger ist …, ausschlaggebend aber ist …, noch überzeugender ist …

6 a) *Stellen Sie sich vor, Sie wollen die Gegner von Zensuren in Schulen (vgl. Aufgabe 1, S. 92) überzeugen. Wie formulieren Sie Ihre zentrale Befürwortungsthese?*

b) *Sie sind überzeugter Gegner der Zensurengebung? Wie würden Sie dann Ihre zentrale Ablehnungsthese formulieren?*

Gestaltung des Drehpunktes

Entscheidet man sich für die häufig gewählte Gliederungsvariante I, gibt es im Hauptteil eine zentrale Überleitungs- bzw. Schnittstelle: den Wechsel zur jeweiligen Gegenposition: Dieser „Drehpunkt" lässt sich sprachlich mithilfe gegenüberstellender **Textverknüpfer** realisieren (vgl. S. 94). Inhaltlich kann man den Drehpunkt so gestalten, dass man entweder direkt auf die Zentralthese der Ausgangsposition eingeht und dazu seine Gegenthese formuliert oder aber direkt ein Beispiel anführt, das die zentrale Behauptung oder eines der Argumente zur Ausgangsposition erschüttert, um damit seine eigene Position einzuleiten.

---

7 *Formulieren Sie einen Drehpunkt für die Erörterung des Zensurenproblems. (Sie können entweder die Rolle eines Befürworters oder eines Gegners der Zensurengebung einnehmen.)*

Ende des Hauptteils

Der Hauptteil sollte damit schließen, dass Sie die Pro- und die Kontra-Position gegeneinander abwägen, um anschließend zu einer logisch aus Argumentation und Abwägung hervorgehenden eigenen Auffassung zu gelangen. Das Abwägen der Argumente ist dann überflüssig, wenn die Ausführungen zuvor so zwingend waren, dass man direkt zur begründeten Entscheidung überleiten kann. Man muss sich nicht immer für eine der beiden Positionen entscheiden. Bei vielen Problemen kann der Abwägung ein Kompromissvorschlag folgen.

---

8 *Schreiben Sie jetzt einen kompletten Hauptteil zur Erörterungsfrage, ob Zensuren in der Schule notwendig oder verzichtbar sind.*

Ein kurzer Schlussgedanke sollte Ihre Erörterung abrunden. Wie die Einleitung sollten Sie den Schluss pointiert formulieren und nicht einen zweiten Hauptteil schreiben.

9 *Formulieren Sie einen interessanten Schluss für Ihre Erörterung. Entscheiden Sie sich dabei für die Ihrer Meinung nach geeignete Variante der angebotenen Vorschläge zur Gestaltung des Schlusses.*

Den Schluss gestalten

Die Gestaltung des Schlusses hängt von der Argumentation im Hauptteil ab.
Sie können aus der am Ende des Hauptteils getroffenen Entscheidung
– mögliche Konsequenzen ableiten,
– eine Prognose wagen,
– die Einleitung wieder aufnehmen,
– ein nicht behandeltes, aber angrenzendes Problem ansprechen,
– Forderungen an den Leser stellen.

4.3 Erörterndes Schreiben zu literarischen Texten

(i) **Biografisches**

Der Schweizer Max Frisch (1911–1991) gilt als einer der einflussreichsten Schriftsteller der Nachkriegszeit. Zu seinen bekanntesten Dramen gehören „Biedermann und die Brandstifter" (1958) und „Andorra" (1961), zu seinen bedeutendsten Romanen „Stiller" (1954), „Homo faber" (1957) und „Mein Name sei Gantenbein" (1964). Ein wesentliches Medium seiner Auseinandersetzungen ist die Form des Tagebuchs.

(i) **„Homo faber": ein Roman über Schicksal und Zufall**

In dem Roman „Homo faber" berichtet der Ich-Erzähler Walter Faber von wesentlichen Stationen seines Lebens. Einen breiten Raum in seinem Bericht nimmt seine Begegnung mit seiner Tochter Sabeth ein, die er auf einer Schiffsreise kennen lernt und in die er sich verliebt, ohne zu wissen, dass es seine eigene Tochter ist. Auf einer gemeinsamen Reise durch Griechenland wird Sabeth von einer Schlange gebissen. Faber versucht sie zu retten, muss erleben, dass alle Bemühungen umsonst sind, sie stirbt. Am Krankenbett trifft Faber Hanna, mit der er als junger Mann verlobt war. Es stellt sich heraus, dass Sabeth ihre gemeinsame Tochter ist.

Seine ungewöhnlichen Erlebnisse und Begegnungen hält Faber für Zufall. Um sich in seiner Gewissensnot selbst zu entlasten, versucht er sich mit den Mitteln der Naturwissenschaften zu überzeugen, dass er ein Opfer des Zufalls geworden ist. Er setzt sich mithilfe von eigenen Aufzeichnungen mit sich und anderen Personen, vor allem Hanna, auseinander.

1 *Assoziationen und Erklärungen*

a) *Notieren Sie in einer Tabelle stichwortartig, was Ihnen zu den Begriffen „Schicksal", „Fügung" und „Zufall" einfällt.*

Schicksal	Fügung	Zufall
...	...	...

b) *Erklären Sie die Bedeutung dieser Begriffe.*

Max Frisch
Homo faber (1957)

Ich glaube nicht an Fügung und Schicksal, als Techniker bin ich gewohnt mit den Formeln der Wahrscheinlichkeit zu rechnen. Wieso Fügung? Ich gebe zu: Ohne die Notlandung
5 in Tamaulipas (26. III.) wäre alles anders gekommen; ich hätte diesen jungen Hencke nicht kennengelernt, ich hätte vielleicht nie wieder von Hanna gehört, ich wüßte heute noch nicht, daß ich Vater bin. Es ist nicht aus-
10 zudenken, wie anders alles gekommen wäre ohne diese Notlandung in Tamaulipas. Vielleicht würde Sabeth noch leben. Ich bestreite nicht: Es war mehr als ein Zufall, daß alles so gekommen ist, es war eine ganze Kette von
15 Zufällen. Aber wieso Fügung? Ich brauche, um das Unwahrscheinliche als Erfahrungstatsache gelten zu lassen, keinerlei Mystik; Mathematik genügt mir.
Mathematisch gesprochen:
20 Das Wahrscheinliche (daß bei 6 000 000 000 Würfen mit einem regelmäßigen Sechserwürfel annähernd 1 000 000 000 Einser vorkommen) und das Unwahrscheinliche (daß bei 6 Würfen mit demselben Würfel einmal
25 6 Einser vorkommen) unterscheiden sich nicht dem Wesen nach, sondern nur der Häufigkeit nach, wobei das Häufigere von vornherein als glaubwürdiger erscheint. Es ist aber, wenn einmal das Unwahrscheinliche
30 eintritt, nichts Höheres dabei, keinerlei Wunder oder Derartiges, wie es der Laie so gerne haben möchte. Indem wir vom Wahrscheinlichen sprechen, ist ja das Unwahrscheinliche immer schon inbegriffen, und zwar als
35 Grenzfall des Möglichen, und wenn es einmal eintritt, das Unwahrscheinliche, so besteht für unsereinen keinerlei Grund zur Verwunderung, zur Erschütterung, zur Mystifikation. [...]
40 Betreffend Statistik: Hanna wollte nichts davon wissen, weil sie an Schicksal glaubt, ich merkte es sofort, obschon Hanna es nie ausdrücklich sagte. Alle Frauen haben einen Hang zum Aberglauben, aber Hanna ist
45 hochgebildet; darum verwunderte es mich. Sie redete von Mythen, wie unsereiner vom Wärmesatz, nämlich wie von einem physikalischen Gesetz, das durch jede Erfahrung nur bestätigt wird, daher in einem geradezu gleichgültigen Ton. Ohne Verwunderung.
50 Oedipus[1] und die Sphinx[2], auf einer kaputten Vase dargestellt in kindlicher Weise, Athene[3], die Erinnyen[4] beziehungsweise Eumeniden und wie sie alle heißen, das sind
55 Tatsachen für sie; es hindert sie nichts, mitten im ernsthaftesten Gespräch gerade damit zu kommen. Ganz abgesehen davon, daß ich in Mythologie und überhaupt in Belletristik nicht beschlagen bin, ich wollte nicht streiten; wir hatten praktische Sorgen genug.
60 Am 29. V. sollte ich in Paris sein –
Am 31. V. in New York –
Am 3. VI. (spätestens) in Venezuela –
Hanna arbeitet in einem Archäologischen Institut, Götter gehören zu ihrem Job, das muß-
65 te ich mir immer wieder sagen: sicher hat auch unsereiner, ohne es zu merken, eine déformation professionelle. Ich mußte lächeln, wenn Hanna so redete. „Du mit deinen Göttern!"
70 Dann ließ sie es sofort.   Ⓡ

---

1 *Ödipus:* Der griechischen Mythologie nach tötet er, wie das Orakel prophezeit hat, unwissentlich seinen Vater und heiratet seine Mutter, ohne sie als seine Mutter zu erkennen. Die Sphinx gibt ihm den entscheidenden Hinweis zur Aufklärung seines tragischen Schicksals.
2 *Sphinx:* in der griechischen Mythologie geflügelter Löwe mit Frauenkopf. Durch geheimnisvolle Rätsel gibt sie dem Fragenden Hinweise auf sein Schicksal.
3 *Athene:* in der griechischen Mythologie Göttin der Weisheit, Kunst und Wissenschaft
4 *Erinnyen/Eumeniden:* griechische Rachegöttinnen

Max Frisch über Zufall und Fügung

„Der Zufall ganz allgemein: Was uns zufällt ohne unsere Voraussicht, ohne unseren bewußten Willen. Schon der Zufall, wie zwei Menschen sich kennenlernen, wird oft als 5 Fügung empfunden … Dabei wäre es kaum nötig, daß wir, um die Macht des Zufalls zu deuten und dadurch erträglich zu machen, schon den lieben Gott bemühen; es genügt die Vorstellung, daß immer und überall, wo wir leben, alles vorhanden ist: … für mich 10 aber, wo immer ich gehe und stehe, ist es nicht das vorhandene Alles, was mein Verhalten bestimmt, sondern das Mögliche, jener Teil des Vorhandenen, den ich sehen und hören kann, … der Zufall zeigt mir, wofür ich 15 zur Zeit ein Auge habe … Am Ende ist es immer das Fällige, das uns zufällt."

ℝ

❷ Vergleich der Positionen
  a) *Unterstreichen Sie in den jeweiligen Textausschnitten Äußerungen zum Thema „Schicksal",*
     „Fügung" und „Zufall".
     Benutzen Sie für jeden Begriff eine andere Farbe.
  b) *Tragen Sie die markierten Äußerungen in eine Tabelle nach folgendem Muster ein,*
     um einen Vergleich der unterschiedlichen Positionen zu erarbeiten.

Faber	Hanna	Frisch
„Ich glaube nicht an Fügung und Schicksal, als Techniker bin ich gewohnt mit den Formeln der Wahrscheinlichkeit zu rechnen. Wieso Fügung?" (Z. 1–4) …	„Betreffend Statistik: Hanna wollte nichts davon wissen, weil sie an Schicksal glaubt …" (Z. 40 f.) …	„Der Zufall ganz allgemein: Was uns zufällt ohne unsere Voraussicht, ohne unseren bewußten Willen." (Z. 1–3) …

  c) *Stellen Sie in einem eigenen Text die Haltungen Fabers, Hannas und Frischs dar.*
     Beachten Sie dabei, dass Hannas Äußerungen durch Fabers Perspektive gefiltert sind.
     Sie lassen daher gleichzeitig Rückschlüsse auf Faber zu.
  d) *Vergleichen Sie die Positionen miteinander.*

❸ Planung einer eigenen Erörterung
Sie haben durch Ihre Untersuchung der Textausschnitte verschiedene Positionen
zu dem Themenkomplex „Schicksal", „Fügung" und „Zufall" kennen gelernt.
Im Folgenden sollen Sie das Thema eigenständig erörtern:
Ist Ihrer Meinung nach das menschliche Leben im Wesentlichen durch Schicksal und Fügung oder
durch Zufall bestimmt?
Legen Sie eine Tabelle an, in der Sie aus Ihrer Sicht die wesentlichen Argumente den Kategorien
„pro" und „kontra" zuordnen.

pro	kontra
…	…

ⓘ
Pro und kontra

In einer dialektischen Problemerörterung wägen Sie zu einem Thema verschiedene Positionen ab, um schließlich zu einer begründeten eigenen Stellungnahme zu gelangen. Um das zu erreichen, versetzen Sie sich in die unterschiedlichen Positionen zweier Kontrahenten (vgl. S. 91). Der eine vertritt die eine Seite (pro), der andere die Gegenseite (kontra), um schließlich nach der Abwägung aller Argumente und Gegenargumente eine begründet wertende eigene Position (Synthese) zu vertreten.

ⓘ
Aufbau einer Pro-und-Kontra-Erörterung

Für den Aufbau einer Pro-und-Kontra-Erörterung (dialektischen Erörterung) gibt es verschiedene Möglichkeiten (vgl. S. 93). Eine Möglichkeit besteht darin, die Pro- bzw. Kontraargumente jeweils im Block anzuordnen. Man beginnt dann nach einer kurzen Einleitung, die zielstrebig zum Thema führt, im Hauptteil mit der Gegenthese (kontra). Man unterstützt sie, indem man entsprechende Gegenargumente anführt und diese erläutert (vgl. Info-Box auf S. 93). Sie werden dahingehend geordnet, dass man das stärkste Argument zuerst nennt, um dann jeweils das nächstschwächere anzuschließen, bis man diese Position angemessen dargestellt hat.
Es folgt der Drehpunkt, ein Überleitungssatz, der zu der entgegengesetzten These (pro) führt (vgl. S. 95).
Nachdem diese vorgetragen worden ist, geht man methodisch umgekehrt vor, nämlich nach dem steigernden Prinzip. Man entwickelt seine Argumente „pro" vom schwächsten zum stärksten. Im Anschluss daran wägt man beide Seiten ab und lässt die Erörterung mit einer reflektierten und begründeten Entscheidung enden.

❹ *Ordnen der Argumente*
Ordnen Sie die Argumente nach ihrer Bedeutung.
Orientieren Sie sich dabei an dem Schema in Aufgabe 2 b auf S. 90.

❺ *Verfassen des Erörterungsaufsatzes*
Schreiben Sie ausgehend von den Textauszügen und Ihren eigenen Argumenten eine Erörterung zu dem folgenden Thema:
Ist Ihrer Meinung nach das menschliche Leben im Wesentlichen durch Schicksal und Fügung oder durch Zufall bestimmt?

Ludovike Simanowiz, Friedrich Schiller

ⓘ **Biografisches**

Friedrich Schiller (1759–1805) schließt sich mit seinen Dramen „Die Räuber" (1781) und „Die Verschwörung des Fiesko zu Genua" (1783) an die Bewegung des „Sturm und Drang" an. Später wird Schiller neben Goethe zum herausragenden Vertreter der Weimarer Klassik. Schiller schrieb nicht nur Dramen („Maria Stuart", 1801) und Balladen („Der Ring des Polykrats", 1797), sondern auch philosophische Gedichte („Das Ideal und das Leben", 1795) und Abhandlungen („Über die ästhetische Erziehung des Menschen", 1795).

ⓘ **„Kabale und Liebe":**
zum Inhalt des Dramas

Die Bürgerstochter Luise Miller verliebt sich in den adligen Ferdinand, Sohn eines Präsidenten am absolutistischen Fürstenhof. Ferdinand soll nach dem Willen des Präsidenten die englische Exilantin Lady Milford heiraten, die durch ihre Armut zum Schicksal einer Mätresse am Fürstenhof verdammt ist, aber dadurch auch über enormen politischen Einfluss bei Hof verfügt. Diesen Einfluss nützt sie mehrfach, um ganz nach dem philanthropischen Ideal der Aufklärung unterdrückten Landeskindern Schutz und Hilfe vor der Willkür des Fürsten zukommen zu lassen . Ihr Einfluss ist so groß, dass eine Hochzeit mit Ferdinand die Stellung von dessen Vater bei Hofe absichern könnte. Tatsächlich ist Lady Milford auch in den Präsidentensohn verliebt. Aber Ferdinand wendet sich ganz Luise Miller zu. In der auf S. 101ff. wiedergegebenen Szene widersetzt er sich dem Heiratsbefehl seines Vaters. Er gesteht der Milford, die ihn um seine Hand bittet, seine Liebe zu Luise Miller. Lady Milford droht, mit allen Mitteln um Ferdinand zu kämpfen, nicht nur aus Liebe zu ihm, sondern auch weil der Plan zu der Liaison länger bekannt ist und sie nun fürchtet, bei einer Ablehnung zum Gespött des Hofes zu werden.

ⓘ **Empfindsamkeit 1740–1780**

Das bürgerliche Trauerspiel „Kabale und Liebe" (Uraufführung 1784) gilt als programmatisches Drama der Empfindsamkeit (vgl. S. 126). Diese literarische Bewegung verstand sich zugleich als Weiterführung und Gegenströmung zur einseitigen Verstandesorientierung der Aufklärung.
Das Lehnwort „empfindsam" ist eine Übersetzung des englischen „sentimental" aus Laurence Sternes Reiseroman-Fragment „A sentimental Journey through France and Italy". Das Gefühl wurde nicht als Gegensatz zur Ratio angesehen, sondern als dessen notwendige Ergänzung. Das angeborene Gefühl für das, was moralisch ist, wurde als intuitive Fähigkeit gesehen, das tugendhafte Subjekt am unwiderstehlichen Reiz seines Handelns und Auftretens zu erkennen.

❶ *Lady Milford*

*Lesen Sie den Ausschnitt aus der Szene 3 des II. Aktes und unterstreichen Sie Textstellen,
die Lady Milford charkterisieren.*

Friedrich Schiller

Kabale und Liebe (1784)

FERDINAND *(auf seinen Degen gestützt).* Ich bin begierig.

LADY. Hören Sie also, was ich, außer Ihnen, noch niemand vertraute, noch jemals einem
5　Menschen vertrauen will. Ich bin nicht die Abenteuerin, Walter, für die Sie mich halten.
Ich könnte großtun und sagen: Ich bin fürstlichen Geblüts – aus des unglücklichen Thomas Norfolks[1] Geschlechte, der für die schot-
10　tische Maria[2] ein Opfer war – Mein Vater, des Königs oberster Kämmerer, wurde bezüchtigt, in verräterischem Vernehmen mit Frankreich zu stehen, durch einen Spruch der Parlamente verdammt und enthauptet. – Al-
15　le unsre Güter fielen der Krone zu. Wir selbst wurden des Landes verwiesen. Meine Mutter starb am Tage der Hinrichtung. Ich – vierzehenjähriges Mädchen – flohe nach Teutschland mit meiner Wärterin – einem Kästchen
20　Juwelen – und diesem Familienkreuz, das meine sterbende Mutter mit ihrem letzten Segen mir in den Busen steckte.

FERDINAND *(wird nachdenkend und heftet wärmere Blicke auf die Lady).*

25　LADY *(fährt fort mit immer zunehmender Rührung).* Krank – ohne Namen – ohne Schutz und Vermögen – eine ausländische Waise, kam ich nach Hamburg. Ich hatte nichts gelernt als ein bisschen Französisch – ein wenig
30　Filet und den Flügel – desto besser verstand ich auf Gold und Silber zu speisen, unter damastenen Decken zu schlafen, mit einem Wink zehen Bediente fliegen zu machen und die Schmeicheleien der Großen Ihres Ge-
35　schlechts aufzunehmen. – Sechs Jahre waren schon hingeweint. – Die letzte Schmucknadel flog dahin – Meine Wärterin starb und jetzt führte mein Schicksal Ihren Herzog

nach Hamburg[3]. Ich spazierte damals an den Ufern der Elbe, sah in den Strom und fing 40 eben an zu fantasieren, ob dieses Wasser oder mein Leiden das Tiefste wäre – Der Herzog sah mich, verfolgte mich, fand meinen Aufenthalt – lag zu meinen Füßen und schwur, dass er mich liebe. *(Sie hält in großer Bewegung* 45 *inne, dann fährt sie fort mit weinender Stimme.)* Alle Bilder meiner glücklichen Kindheit wachen jetzt wieder mit verführendem Schimmer auf – Schwarz wie das Grab graute mich eine trostlose Zukunft an – Mein Herz brann- 50 te nach einem Herzen – Ich sank in das seinige. *(Von ihm wegstürzend.)* Jetzt verdammen Sie mich.

FERDINAND *(sehr bewegt, eilt ihr nach und hält sie zurück).* Lady! O Himmel! Was hör ich? Was 55 tat ich? – – Schrecklich enthüllt sich mein Frevel mir. Sie können mir nicht mehr vergeben.

LADY *(kommt zurück und hat sich zu sammeln gesucht).* Hören Sie weiter. Der Fürst über- 60 raschte zwar meine wehrlose Jugend – aber das Blut der Norfolk empörte sich in mir: Du, eine geborene Fürstin, Emilie, rief es, und jetzt eines Fürsten Konkubine[4]? – Stolz und Schicksal kämpften in meiner Brust, als der 65 Fürst mich hierher brachte und auf einmal die schaudernste Szene vor meinen Augen stand. – Die Wollust der Großen dieser Welt ist die nimmersatte Hyäne, die sich mit Heißhunger Opfer sucht. – Fürchterlich hatte 70 sie schon in diesem Lande gewütet – hatte Braut und Bräutigam zertrennt – hatte selbst der Ehen göttliches Band zerrissen – – hier das stille Glück einer Familie geschleift[5] – dort ein junges unerfahrenes Herz der verheeren- 75 den Pest aufgeschlossen, und sterbende

Schülerinnen[6] schäumten den Namen ihres Lehrers unter Flüchen und Zuckungen aus – Ich stellte mich zwischen das Lamm und den
80 Tiger; nahm einen fürstlichen Eid von ihm in einer Stunde der Leidenschaft, und diese abscheuliche Opferung musste aufhören.

FERDINAND *(rennt in der heftigsten Unruhe durch den Saal)*. Nichts mehr, Mylady! Nicht weiter!
85 LADY. Diese traurige Periode hatte einer noch traurigern Platz gemacht. Hof und Serail[7] wimmelten jetzt von Italiens Auswurf. Flatterhafte Pariserinnen tändelten mit dem furchtbaren Zepter, und das Volk blutete un-
90 ter ihren Launen – Sie alle erlebten ihren Tag. Ich sah sie neben mir in den Staub sinken, denn ich war mehr Kokette[8] als sie alle. Ich nahm dem Tyrannen den Zügel ab, der wollüstig in meiner Umarmung erschlappte
95 – dein Vaterland, Walter, fühlte zum ersten Mal eine Menschenhand, und sank vertrauend an meinen Busen. *(Pause, worin sie ihn schmelzend ansieht.)* O dass der Mann, von dem ich allein nicht verkannt sein möchte,
100 mich jetzt zwingen muss, groß zu prahlen, und meine stille Tugend am Licht der Bewunderung zu versengen! – Walter, ich habe Kerker gesprengt – habe Todesurteile zerrissen, und manche entsetzliche Ewigkeit auf
105 Galeeren verkürzt. In unheilbare Wunden hab ich doch wenigstens stillenden Balsam gegossen – mächtige Frevler in Staub gelegt, und die verlorne Sache der Unschuld oft noch mit einer buhlerischen Träne gerettet –
110 Ha Jüngling! wie süß war mir das! Wie stolz konnte mein Herz jede Anklage meiner fürstlichen Geburt widerlegen! – Und jetzt kommt der Mann, der allein mir das alles belohnen sollte – der Mann, den mein erschöpftes
115 Schicksal vielleicht zum Ersatz meiner vorigen Leiden schuf – der Mann, den ich mit brennender Sehnsucht im Traum schon umfasse –

FERDINAND *(fällt ihr ins Wort, durch und durch*
120 *erschüttert)*. Zu viel! Zu viel! Das ist wider die Abrede, Lady. Sie sollten sich von Anklagen reinigen, und machen mich zu einem Ver-

brecher. Schonen Sie – ich beschwöre Sie – schonen Sie meines Herzens, das Beschämung und wütende Reue zerreißen – 125
LADY *(hält seine Hand fest)*. Jetzt oder nimmermehr. Lange genug hielt die Heldin stand – Das Gewicht dieser Tränen musst du noch fühlen. *(Im zärtlichsten Ton.)* Höre, Walter – wenn eine Unglückliche – unwiderstehlich 130 allmächtig an dich gezogen sich an dich presst mit meinem Busen voll glühender unerschöpflicher Liebe – Walter – und du jetzt noch das kalte Wort Ehre sprichst – Wenn diese Unglückliche – niedergedrückt vom 135 Gefühl ihrer Schande – des Lasters überdrüssig – heldenmäßig emporgehoben vom Rufe der Tugend – sich so – in deine Arme wirft *(sie umfasst ihn, beschwörend und feierlich)* – durch dich gerettet – durch dich dem Him- 140 mel wieder geschenkt sein will, oder *(das Gesicht von ihm abgewandt, mit hohler bebender Stimme)* deinem Bild zu entfliehen, dem fürchterlichen Ruf der Verzweiflung gehorsam, in noch abscheulichere Tiefen des Las- 145 ters wieder hinuntertaumelt –
FERDINAND *(von ihr losreißend, in der schrecklichen Bedrängnis)*. Nein, beim großen Gott! Ich kann das nicht aushalten – Lady, ich muss – Himmel und Erde liegen auf mir – ich muss 150 Ihnen ein Geständnis tun, Lady.
LADY *(von ihm wegfliehend)*. Jetzt nicht! Jetzt nicht, bei allem, was heilig ist – In diesem entsetzlichen Augenblick nicht, wo mein zerrissenes Herz an tausend Dolchstichen blutet – 155 Sei's Tod oder Leben – ich darf es nicht – ich will es nicht hören.
FERDINAND. Doch, doch, beste Lady. Sie müssen es. Was ich Ihnen jetzt sagen werde, wird meine Strafbarkeit mindern, und eine warme 160 Abbitte des Vergangenen sein – Ich habe mich in Ihnen betrogen, Mylady. Ich erwartete – ich wünschte, Sie meiner Verachtung würdig zu finden. Fest entschlossen, Sie zu beleidigen, und Ihren Hass zu verdienen, 165 kam ich her – Glücklich wir beide, wenn mein Vorsatz gelungen wäre! *(Er schweigt eine Weile, darauf leiser und schüchterner.)* Ich *liebe,*

Mylady – liebe ein *bürgerliches* Mädchen –
170 Luisen Millerin – eines Musikers Tochter. […]
Sie wollten mir etwas sagen, Mylady?
LADY *(im Ausdruck des heftigsten Leidens)*.
Nichts, Herr von Walter! Nichts, als dass Sie
sich und mich und noch eine Dritte zu
175 Grund' richten.

1 *Thomas Norfolk:* Thomas Howard, 4. Herzog von Norfolk, wegen des (gescheiterten) Versuchs, Maria Stuart
   zu befreien, 1572 enthauptet
2 *die schottische Maria:* Maria Stuart

3 *Ihren Herzog nach Hamburg:* 1781 war Karl Eugen in
   Hamburg; u. a. hatte er auch englische Mätressen.
4 *Konkubine:* Frau, die im Konkubinat lebt, d. h. in einer
   eheähnlichen Gemeinschaft ohne formelle Eheschlie-
   ßung
5 *geschleift:* von: schleifen: eine Festung schleifen, d. h.
   dem Erdboden gleichmachen; hier: zerstört
6 *ein junges unerfahrnes Herz … Schülerinnen:* wohl
   Anspielung auf die erotischen Ausschweifungen des
   Herzogs
7 *Serail:* Palast (des Sultans), fürstliches Schloss; vgl. frz.
   sérail: Harem
8 *Kokette:* zu frz. coquet: gefallsüchtig, eitel; Kokette (ab
   Ende 19. Jh. Kokotte): Dirne, Halbweltdame

❷ *Lady Milford: mächtig oder ohnmächtig?*
*Versuchen Sie nun, Lady Milford zwischen
den Polen „mächtig" und „völlig ohnmächtig"
einzuordnen.*
*Bringen Sie an der unten stehenden Skala
dort einen Längsstrich an, wo Sie Ihre eigene
Sicht der Figur vorerst einordnen würden
(siehe Beispiel), und begründen Sie kurz:*

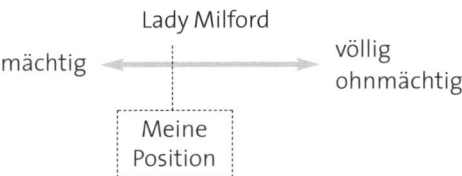

❸ *Argumente*
*Sammeln Sie mithilfe einer genauen Textlektüre
stichwortartig Argumente für beide Positionen.*

❹ *Erörterungsaufsatz*
*Blättern Sie nun zurück zu den Seiten, die sich
mit der literarischen Erörterung zu Frischs
„Homo faber" befassen. Nutzen Sie die Tipps
zur dialektischen Erörterung auf S. 93–95,
um aus Ihren tabellarisch gesammelten
Argumenten einen Erörterungstext
zu folgendem Thema zu erstellen:„Inwieweit
ist Lady Milford am absolutistischen Fürstenhof
in der Lage, gegen die Willkür des Fürsten und
seiner Höflinge zu wirken?"*

ⓘ

**Das bürgerliche Trauerspiel – kein Ort
für Schwarzweißmalerei**

Meist wird im bürgerlichen Trauerspiel die
Tugend von Bürgern und nicht von Adeligen
repräsentiert. Die Tugend ist nicht zu trennen von anderen Idealen wie Maß, Anmut
und Ausgewogenheit von Gefühl und Verstand. Aber die herausragendsten dieser
Theaterstücke vermeiden den einfachen Gegensatz Bürgertum – Adel. So auch „Kabale
und Liebe": Luise Millers Mutter, obwohl
bürgerlich, verspricht sich einiges von einer
Hochzeit ihrer Tochter mit dem zum Hof
gehörigen Sekretär des Präsidenten. Der Präsidentensohn ist seinerseits ohne Standes-
vorurteile, kritisiert sogar die Willkür des absolutistischen Hofes und liebt Luise mit
aufrechter „bürgerlicher" Empfindsamkeit.
Lady Milford steht dem Bürgertum in ihrem
Hass gegen die Despotie sehr nahe. Sie leitet
ihre Zivilcourage allerdings aus der Würde ihrer adligen Herkunft ab. Und Luises Vater
würde, ginge es nach ihm, seiner Tochter den
Umgang mit dem adligen Präsidentensohn
untersagen, dadurch aber ihr Leben zerstören
bzw. seiner eigenen Tugendbesessenheit opfern. Nicht aus dem einfachen Gegensatz,
sondern aus einem vielschichtigen Mit- und
Gegeneinander der beiden sozialen Schich-
ten leitet also das bürgerliche Trauerspiel seine künstlerische Qualität ab.

5 Schreibtraining

5.1 Richtiger und angemessener Ausdruck

Richtiger und falscher Ausdruck können nicht wie richtige und falsche Rechtschreibung oder Grammatik zweifelsfrei bestimmt werden. Der Sprachgebrauch gilt als Richtschnur für „richtig" und „falsch", aber dieser unterliegt einem ständigen Wandel. In Schillers „Wilhelm Tell" nennt Hedwig, Tells Frau, ihr Heim (nach glücklichem Verlauf der Handlung) ein „Freudenhaus"; Schüler von heute lachen über die Formulierung.

Noch viel problematischer als die Bestimmung von „richtig" und „falsch" ist die von „angemessen" und „nicht angemessen". Diese hängt sowohl von der Sprechsituation als auch von den individuellen Geschmackskriterien der Gesprächspartner ab. Ein Klassenkamerad wird den Satz „Auf den bin ich voll abgefahren!" kaum beanstanden, vor Gericht hingegen würde er befremden.

Trotz der beschriebenen Schwierigkeiten soll versucht werden, einige Regeln aufzustellen.

Richtigkeitsnormen

Wort und Bedeutung müssen übereinstimmen!

Die meisten Fehler entstehen auf dem Weg der Analogie, d.h., man vertauscht Begriffe, die im Hinblick auf Bedeutung oder Klang ähnlich sind, z.B. *lustig – lächerlich, implizieren – evozieren, rational – rationell; psychisch – psychologisch* usw.

Sehr häufig findet man auch Kontaminationen, d.h. Verschmelzungen von zwei Wörtern oder Wendungen, die inhaltlich oder formal verwandt sind, z.B. *antelefonieren* aus: *anrufen* und *telefonieren*.

Bildbrüche vermeiden!

Bildbruch (auch Katachrese), d.h. Verquickung nicht zusammenpassender bildlicher Ausdrücke, z.B. *Estrella liebt Thomas aus ganzen Stücken* – Verquickung von „aus freien Stücken" und „von ganzem Herzen".

Doppeldeutigkeit vermeiden!

Im Beispiel *Jenny Treibel wird sentimental dargestellt* (s. S. 105) ist „sentimental" von der Satzstellung her eine adverbiale Bestimmung. Das aber würde heißen, dass die Darstellungsweise sentimental ist und nicht Jenny.

Formal- und Inhaltsebene nicht vermischen!

Formalebene: Art der Darstellung, z.B. Textgattung (Roman, Drama …), Erzählweise, äußerer Aufbau (z.B. Kapitel, Akt …), Druck (z.B. Seiten-, Zeilenangabe)

Inhaltsebene: die dargestellte Wirklichkeit im Text (Handlung, Beschreibung, Stimmung)

Angemessenheitsnormen

Nicht unterschiedliche Stilebenen vermischen!

Man unterscheidet

1. Schrift- oder Standardsprache

Diese reicht von der gehobenen oder dichterischen (z.B. *wandeln, wundersam*) über die Bildungs- (z.B. *sublim, nuanciert*) bis zur Amts- oder Behördensprache (*bezüglich, Instandsetzung*). Eine Mitte zwischen poetisch und bürokratisch zu wählen, wäre ratsam.

2. Umgangssprache

Diese reicht von einem familiären (z.B. *motzen, Mist bauen*) über einen salopen (z.B. *den Job schmeißen, in die Pfanne hauen*) bis zu einem vulgären Ton (z.B. *bescheißen*).

Innerhalb der Umgangssprache besonders beliebt ist der Jargon (z.B. *anbaggern, super, echt geil* usw.).

Der Autor macht sich über die
Bildzeitung <u>lustelich</u>.

A = W
richtig: lustig

Der <u>Text berichtet</u> von einem Ingenieur
<u>und handelt</u> im Präteritum.

A = unangemessen
Personifizierung von „Text"

Mephisto versucht das
<u>ganze Drama über Faust
zu verführen</u>.

A Vermischung
von Form
u. Inhalt
A = doppeldeutig

Jenny Treibel wird <u>sentimental</u> <u>dargestellt</u>.

A = nicht ein-
deutig!
┌ als sentimental-

Leopold ist ganz <u>scharf auf</u> Corinna,
aber er traut sich nicht, sie <u>anzumachen</u>.

A = umg.

A = umg.

Um acht Uhr <u>musste er nach Hause</u>.

┌ gehen
müssen = Hilfs-
verb

❶ *Versuchen Sie die folgenden Fehlerbeispiele zu verbessern. Klassifizieren Sie nach „falsch" und*
„unangemessen". Welchen Normen widersprechen sie (vgl. S. 104)?

1. Im dritten Abschnitt des Kapitels reitet Leopold nach Treptow, und in Zeile 27 begrüßt er
   den Kellner freundlich.
2. Bei Treibels will man auf jede Art und Weise seinen Reichtum preisgeben.
3. Die Sprache Professor Schmidts ist hochgestochen und geschwollen.
4. Der Erzähler stellt Jenny Treibel als eine Frau dar, die für Geld alle Gefühle vergießt und dass
   sie gar nicht so sentimental ist, wie sie sich nach außen hin gibt.
5. Corinna flirtet stark mit Mr Nelson.
6. Leopold hat nicht den Mut, seinen Entschluss, sich mit Corinna zu verloben, durchzuzie-
   hen, er wirkt sehr einschüchternd.
7. Faber sucht mit Sabeth im nächtlichen Griechenland einen Feigenbaum zum Übernachten.
8. Zum Anfang seiner Rede wirft Richard von Weizsäcker eine Akkumulation von Fragen in
   den Raum.
9. Als man Werther zu verstehen gibt, dass sein Erscheinen in diesem Kreis von Adligen un-
   passend sei, flippt er aus.

5.2 Differenzierter Wortgebrauch

Differenziert heißt: genau, präzise, angemessen. Ist der Wortgebrauch undifferenziert, entstehen Verständigungsprobleme, der Adressat vermag in einem solchen Fall die Botschaft der an ihn gerichteten Worte nicht klar zu entschlüsseln.

Im Übrigen kommt es immer auf den Zusammenhang an, in dem die Formulierungen erscheinen; der Zusammenhang entscheidet über Klarheit und Unklarheit.

Unpräzise Formulierungen vermeiden

Besonderer Beliebtheit erfreuen sich die Begriffe *Punkt, Ding, Sache, positiv/negativ*; wenn einem nichts Besseres einfällt, so passen diese Begriffe „irgendwie" immer.

Punkt: Das Kleid hat weiße Punkte, die Tagesordnung hat x Punkte, eine Linie ist die kürzeste Verbindung zwischen zwei Punkten – das alles ist korrekt. *Der Film gefiel mir als Film in allen Punkten*: Die ersten vier Wörter dieses Satzes haben Aussagewert, der Rest ist dunkel. Ist es die Leistung der Regie, der Choreografie, der Bildschnitte, der Schauspieler, der Landschaftsfotografie usw.?

Ding und *Sache: Der Herr ist Schöpfer aller Dinge.* Dieser Satz macht deutlich, wie umfassend der Begriff *Ding* zu verwenden ist, die globale Bedeutung der Begriffe *Ding* und *Sache* macht sie zugleich ungeeignet für viele Details. Ein Satz wie: *Sie macht viele Sachen (Dinge), die ich gut finde* sagt wegen der nicht näheren Bestimmtheit der Dinge fast nichts aus.

Je nach sprachlichem Zusammenhang sollten Wörter wie *Punkt, Sache, Ding* besser durch folgende Wörter ersetzt werden:
Punkt → *Streit- und Gesichtspunkt, Perspektive, Aspekt, Thema, Gegenstand, Argument;*
Sache → *Handlungsweise, Verhaltensweise, Gebiet, Geschehen, Gegenstand, Tatsache, Angelegenheit;*
Ding → *Gegenstand, Angelegenheit, Vorstellung, Vorgang, Ereignis, Unternehmung …*
Je nach sprachlichem Zusammenhang sollten *positiv, negativ* besser durch folgende Begriffe ersetzt werden:
positiv → *zustimmend, bejahend, verdienstvoll, erfolgreich, vorteilhaft, gut, wertvoll, angenehm, erfreulich, nützlich, brauchbar, wirksam, wirklich …*
negativ → *verneinend, ablehnend, abschlägig, ablehnungswürdig, schlecht, wertlos, nachteilig, unangenehm, ungünstig, unerfreulich, schädlich, unbrauchbar, unwirksam, nicht wirklich …*
Häufig unpräzis verwendete Begriffe sind auch: *normal (ein normaler Mensch), richtig (ein richtiger Junge), ganz (ganz großartig)* usw.

Füllsel weglassen

In dem Satz *Das hätte ich dir sowieso gesagt* bedeutet *sowieso*: „auch ohne Aufforderung", hat also einen Aussagewert; in dem Satz *Der Film hat mir sowieso (eh) gefallen* sind *sowieso* und *eh* bedeutungslos und überflüssig.

Füllsel sind z. B. oft:
eben, eh, sowieso, freilich, halt, natürlich, praktisch, echt, toll, regional: *gell[e]*
Beispiele:
Das ist *eben (eh, sowieso)* so.
Er war *natürlich (praktisch, echt)* am Ende.

ⓘ **Nichts sagende Formulierungen vermeiden**

Wenn Gretchen in Goethes „Faust" in ihr Zimmer kommt, nachdem zuvor Faust und Mephisto es heimlich betreten haben, und u. a. sagt: „Es wird mir so, ich weiß nicht wie", möchte man fragen: Wie wird dir denn? Diese Vagheit des Ausdrucks zur Kennzeichnung einer intuitiv erfassten Situation, die eine unerklärliche Angst hervorruft, mag zur Charakterisierung der Gefühlswelt eines vierzehnjährigen Mädchens nicht nur legitim, sondern sogar realistisch sein. Schreibe ich hingegen in einem Aufsatz: „Aus bestimmten Gründen hat Gretchen Angst", habe ich keine Ahnung von den Gründen für Gretchens Angst, will aber vortäuschen, ich hätte sie.

Folgende Formulierungen sind oft nichts sagend: *irgendwie; in gewisser Weise; gewissermaßen; aus bestimmtem Gründen; die ganze Art und Weise, wie …; in jeder Hinsicht; etwas ganz anderes; alles; verschieden, verschiedenst*

Beispiele:

Es muss alles *ganz anders* werden.

Es gab da die *verschiedensten* Menschen.

❶ *Der folgende Text besteht im Wesentlichen aus authentischen Schülerformulierungen, allerdings aus mehreren Arbeiten zu dem Thema: „Der Club der toten Dichter". Die Schüler sollten u. a. argumentativ herausarbeiten, welche menschlichen und pädagogischen Eigenschaften der Hauptfigur des Films, des Lehrers Mr Keating, sie bejahen und welche sie für fragwürdig halten.*
Unterstreichen Sie die Formulierungen, die Sie für nichts sagend, überflüssig oder unpräzis halten.

Dieser Film erfüllt alle Punkte, die einen guten Film ausmachen; er berührt einen persönlich sehr. Der ganze Film ist ganz toll gemacht. Man kann sich in die Rolle der
5 Schüler versetzen, da es in diesem Film bei den Schülern die verschiedensten Charaktere gibt. Mir gefällt an dem Lehrer Keating seine ganze Art, wie er den Schülern begegnet, er ist irgendwie lustiger und offener. Dieser
10 Keating ist anders als die anderen Lehrer, er versucht den Unterrricht anders zu gestalten als die anderen Lehrer. Für die anderen sind die Schüler eh nur Minderjährige, die nicht frei denken sollen. Für mich ist ein solcher
15 Lehrer einfach nur positiv, weil er mich in jeder Hinsicht anspricht. Das Positive an Mr Keating ist, dass er die Schüler zu motivieren weiß. Bei ihm ist der Unterricht locker, während die anderen Lehrer den normalen
20 Unterricht machen. Er macht Dinge, die andere Lehrer nie machen würden. Er bringt eine ganz andere Richtung mit in diese Schule. Er will erreichen, dass die Schüler versuchen, Sachen aus vielen verschiedenen Perspektiven zu sehen. Er versucht den Schülern zu 25 helfen. Mr Keating sieht nichts Negatives und denkt auch nur positiv. Man kann positiv und negativ nicht in zwei Teile unterteilen, da jede Münze ihre zwei Seiten hat. Freilich könnte man sagen, dass Mr. Keating 30 nicht ganz unschuldig am Selbstmord des Schülers Neil ist. Hätte er diesem nicht gesagt, er solle an der Theateraufführung der Schüler teilnehmen, wenn er seine Berufung darin sehe, Schauspieler zu werden, wäre es 35 zum Konflikt mit dem Vater nicht gekommen. Bei diesem Selbstmord treffen viele Sachen aufeinander, und es war nicht Keatings Ratschlag, sondern etwas ganz anderes, was ihn belastet hat. Neil konnte mit seinem Va- 40 ter nicht wie mit einem normalen Menschen reden, und das ist es, was ihn schließlich in den Tod getrieben hat. Schüler wünschen sich einen solch perfekten Lehrer wie diesen Mr Keating. Man kann die- 45 sen Film oft sehen, und er wird nie langweilig, weil man ihn aus verschiedenen Positionen sehen kann.

5.3 Klarer Satzbau

Die kürzesten Sätze im Deutschen sind Einwortsätze (Beispiel: „Komm!"). Bei schriftlichen Arbeiten überwiegen die langen Sätze – manchmal viel zu lange. Denn durch Nebensätze, Attribute, adverbiale Bestimmungen lassen sich Hauptsätze beliebig erweitern. Weil dies so ist, kann sich der erweiterte Hauptsatz (Satzgefüge; Gliedsatzkonstruktion) zu einem gewaltigen Ungetüm aufblähen. Aber wer möchte einen solchen Satz lesen?

Nach 50 oder 70 Wörtern steigt beim normalen Leser der Gedanke auf, hier handele es sich um eine besondere Art der Folter. Und natürlich kommen solche Mammutsätze in der gesprochenen Rede gar nicht vor. Nur Papier erträgt sie geduldig.

Ein geschriebener Satz ist auf jeden Fall dann zu lang, wenn der Schreiber zum Satzanfang zurückgehen muss, um den „Faden wiederzufinden", weil er selbst den Gedankengang und die Satzkonstruktion nicht mehr überblickt.

Folgende Hauptfehler sollten Sie **vermeiden**:

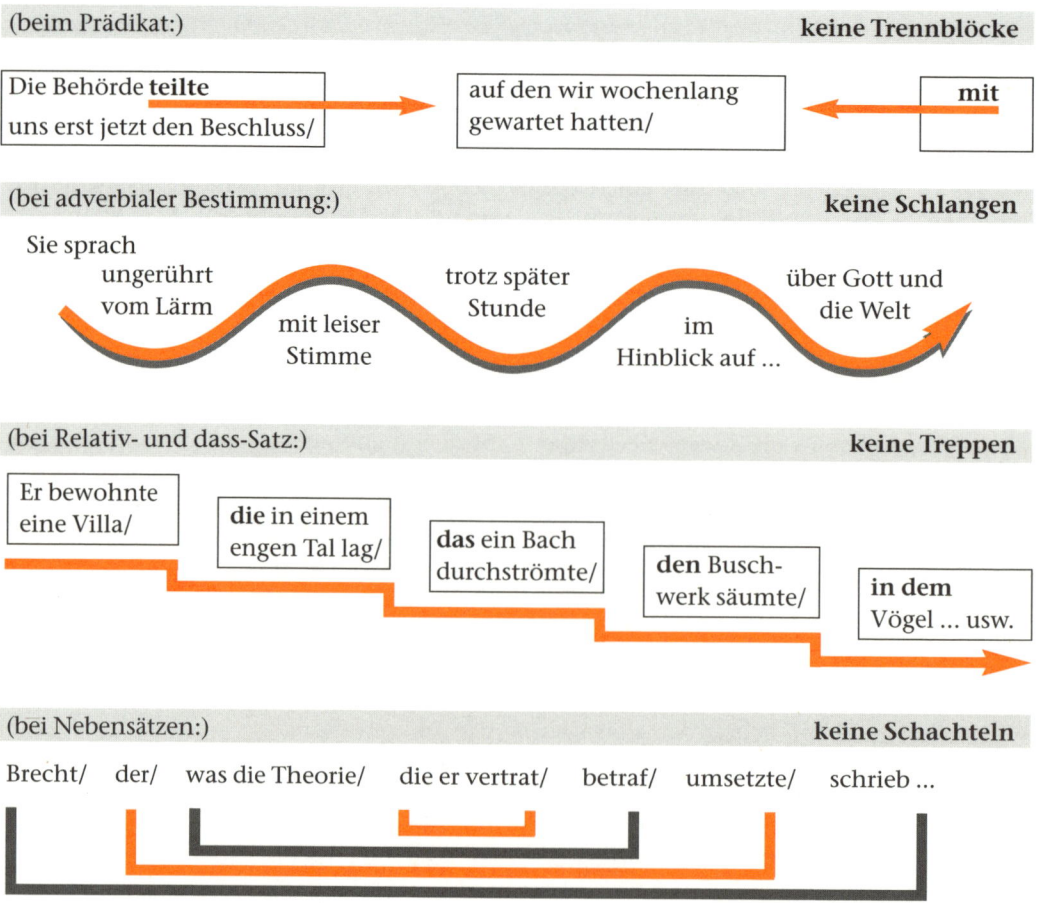

❶ *Verbessern Sie folgende Sätze:*
1. *Die Mischung, die den Frühstücksquark, der jetzt neu im Angebot ist, so würzig macht, basiert auf Thymian.*
2. *Der Weg führte ins Tal, das in der Sonne lag, hinab.*
3. *Die Tatsache, dass die Regierung behauptet, dass sie von Waffenverkäufen nichts gewusst habe, gibt zu denken.*

Oft gelten lange Sätze als Beweis stilistischen Könnens oder besonderer Intelligenz. Wir halten aber die Meinung für falsch, dass sich komplizierte Sachverhalte nur in komplizierten Satzkonstruktionen darstellen ließen. Denn zu oft stören sie die Übersicht und den Sinn. Zählen Sie einmal die Sätze einer Ihrer Klausuren durch: Vielleicht überwiegen auch hier die (zu) langen Sätze. Achten Sie verstärkt auf kurze Einheiten. Dies gilt auch für einzelne Nebensätze.

ⓘ

Für Haupt- und Nebensätze gilt in der Regel Folgendes:

1. Hauptmitteilungen gehören in Hauptsätze.
2. Nebensächlicheres gehört in die Nebensätze.
3. Die Hauptsachen gehören an den Satzanfang; deshalb kommen Nebensätze meist nach den Hauptsätzen.
4. Zu lange oder mehrgliedrige Nebensätze vermeiden.
5. Nicht zu häufig mit verkappten Nebensätzen arbeiten (Partizipial- und Nominalkonstruktionen, Parenthesen oder Angaben in Klammern).
6. Die Teile jedes Satzes (ob Haupt- oder Nebensatz) stets zusammenhalten.

---

❷ *Bearbeiten Sie die folgende monströse Satzperiode.*
Formulieren Sie die „Hauptsachen" in vier oder fünf Hauptsätzen. Lassen Sie nur das in Nebensätzen, was auch „Nebensachen" sind. Halten Sie die einzelnen Sachverhalte/Gedanken als Sinneinheiten zusammen.
Vor allem: Kürzen Sie!

Die Chemieklausur des Grundkurses der Jahrgangsstufe 11, die diesmal ungewöhnlich früh, gemessen an den sonst üblichen Terminierungen im 2. Kursabschnitt, ange-
5 setzt worden war und wie gewöhnlich im Großraum des Oberstufengebäudes, der im obersten Stockwerk, also direkt unter dem Flachdach, liegt, stattfinden sollte, musste aufgrund des Einbruchs der unerwartet
10 großen Mengen des in der Nacht zuvor niedergegangenen Regenwassers, was vorher zwar schon einmal, allerdings nicht mit annähernd so katastrophalen Folgen geschehen war, wegen der völligen Unbenutzbarkeit des Raumes und auch, weil kein Aus- 15 weichraum verfügbar war, auf einen späteren Zeitpunkt – vorletzte bzw. letzte Juniwoche – verschoben werden, was glücklicherweise, weil der ursprüngliche Klausurtermin so früh lag, dass es leicht war, dass er verlegt werden 20 konnte, nicht dazu führte, dass es für die Kursteilnehmer zu Schwierigkeiten kam.

5.4 Textüberarbeitung

Überarbeiten ist …

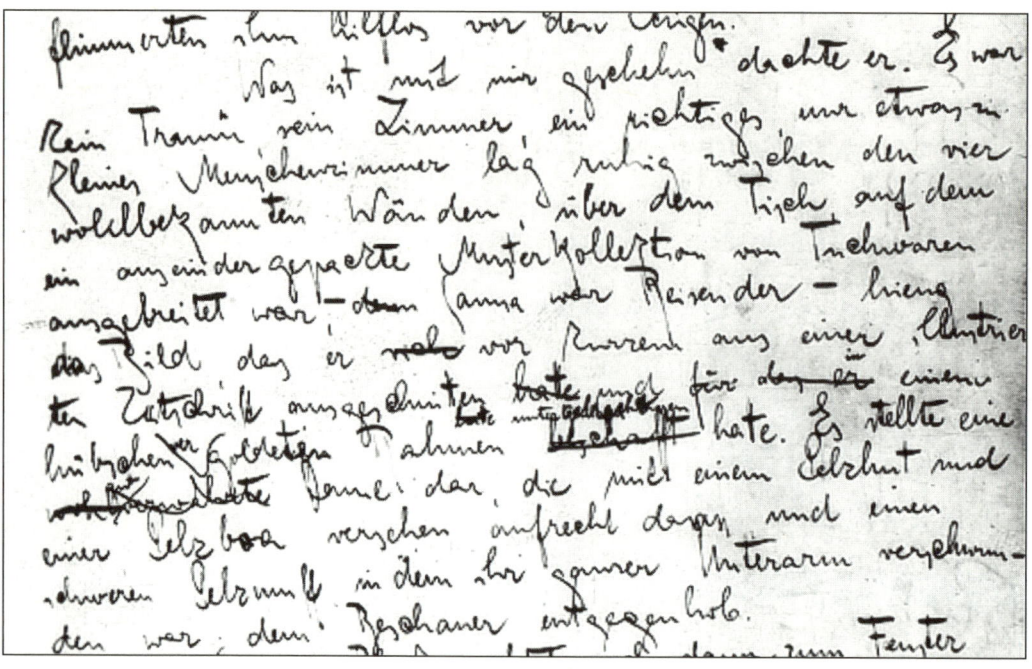

Modellieren an Texten.

> „Was ist mit mir geschehen?", dachte er. Es war kein Traum. Sein Zimmer, ein richtiges, nur etwas zu kleines Menschenzimmer, lag ruhig zwischen den vier wohl bekannten Wänden. Über dem Tisch, auf dem eine auseinander gepackte Musterkollektion von Tuchwaren ausgebreitet war – Samsa war Reisender –, hing das Bild, das er vor kurzem aus einer illustrierten Zeitschrift ausgeschnitten und in einem hübschen vergoldeten Rahmen untergebracht hatte. Es stellte eine Dame dar, die, mit einem Pelzhut und einer Pelzboa versehen, aufrecht dasaß und einen schweren Pelzmuff, in dem ihr ganzer Unterarm verschwunden war, dem Beschauer entgegenhob.

Franz Kafka: Die Verwandlung. Handschriftliche, von Kafka überarbeitete Manuskriptseite und Druckseite.

Vermutlich haben auch Sie schon in der letzten halben Stunde vor der Abgabe einer Klausur von Ihrem Lehrer den Tipp erhalten, den Text noch einmal in Ruhe durchzulesen und zu korrigieren. Erfahrungsgemäß ist dieser Vorgang manchmal wenig fruchtbar; das Überarbeiten sollte nicht erst nach der Niederschrift der gesamten Klausur einsetzen, sondern auch schon während des Schreibens selbst betrieben wird.

ⓘ
Berichtigen und Überarbeiten

Die Überarbeitung von Texten sollte sich zunächst an **Normen der Richtigkeit** orientieren:
Bei Verstößen gegen die Regeln der Rechtschreibung und Grammatik geht es eindeutig um die Kriterien „falsch" oder „richtig".
Dann sollte die Berichtigung zunehmend **Aspekte der Angemessenheit** in den Blick nehmen, d. h., bei stilistischen Entscheidungen geht es eher darum, ob die Formulierungen im Hinblick auf Textart und Adressat mehr oder weniger angemessen sind.

Aspekte bei der Überarbeitung
– Rechtschreibung
– Zeichensetzung
– Grammatik
– Satzbau
– Stil
– Textsorten-Normen
  (z. B. Bewerbungsschreiben, journalistische Texte, Interpretationsaufsatz, Erzählungen usw.)
– Kommunikationsnormen
  (Absicht – Wirkung, Adressatenbezug, sachlich/subjektiv usw.)

❶ *Überarbeiten während des Schreibens*
Testen Sie das Verfahren der Textüberarbeitung während des Schreibens.
a) Erstellen Sie aus folgender Telegrammstil-Meldung einen vollständigen Nachrichtentext.
   Lassen Sie alle Überarbeitungen, Durchgestrichenes etc. stehen. Radieren Sie nichts weg.

10. 04. + Berlin + Studentenproteste + Demo, Streik + Freie Universität, Humboldt-Universität, TU, Fachhochschulen + Transparente u. Flugblätter gegen Studiengebühren, Abbau von Lehrkräften + für verbesserte Studienbedingungen, mehr BAföG + StudentInnensprecherin Karin W.: „Wer an Hochschulen spart, zerstört die wirtschaftliche und wissenschaftliche Zukunft seines Landes."

b) Prüfen Sie im Anschluss an Teilaufgabe a), was Sie korrigiert haben – Rechtschreibung, Stil,
   Satzbau ... (siehe Info-Box). Kontrollieren Sie die Bereiche, die während des Schreibens
   noch nicht überarbeitet wurden.

Überarbeiten erfordert eine ganz andere Lesehaltung als das Erstellen von Texten: Gefragt sind Prozesse der **Distanzierung** und **Wertung** dem eigenen Text gegenüber. Solch eine Haltung sollte man möglichst häufig üben.

❷ *Kritische Distanz*
Welche Möglichkeiten, Techniken und Tricks können Sie einsetzen, um dem eigenen Text möglichst kritisch gegenüberzutreten?

(i)

Gängige Korrekturzeichen

Rechtschreibung und Zeichensetzung	**Stil und sprachliche Angemessenheit**

Rechtschreibung und Zeichensetzung

R	Rechtschreibfehler		
Z	Zeichensetzungsfehler		

Grammatik und Satzbau

T   Zeit(Tempus)fehler
M   Modusfehler
     (Indikativ falsch verwendet,
     Konjunktiv falsch verwendet)
Bz   falscher Bezug
Sb   Satzbaufehler
St   Wortstellung
Gr   Grammatikfehler (außer T, M, Bz, Sb,
     St; z. B. Kasus = Fall)

Stil und sprachliche Angemessenheit

[–]   Streichung von Überflüssigem
√   Einfügung von Fehlendem
A   Ausdruck
Wdh   Wiederholung
W   Wortwahl

Verstehen und Verständlichkeit

Sa   sachlicher Fehler
D   Denkfehler
⌐   Absatz vergessen

---

❸ *Korrektur*

Übertragen Sie den folgenden Text auf ein Din-A4-Blatt und korrigieren/überarbeiten Sie ihn, indem Sie die Korrekturzeichen aus der Übersicht verwenden. Sie sollten versuchen, über die Korrekturzeichen hinaus Alternativen für die verbesserungswürdigen Textstellen auszuformulieren. Kennzeichnen Sie dabei Berichtigungen und Überarbeitungen verschiedenfarbig. (Sie finden den hier interpretierten Text auf S. 11.)

„Heimkehr" von Franz Kafka ist ein Text mit nachdenklicher Bedeutung. In der ersten Zeile bemerkt der Erzähler, dass er tatsächlich im Hof seines Vaters angekommen ist. Aber die Erlebnisse seiner Kindheit erscheinen ihm seltsam entfremdet: Das Gerät ist unbrauchbar und ungeordnet und ein zerissenes Tuch hängt unmotiviert in der Gegend herum. Diese ersten Gedanken gehen direkt in entfremdete Fragen über: der Verfasser hat keine Ahnung, ob noch einer von seiner Familie lebt.

❹ *Hinweise zum Überarbeiten*

Versuchen Sie nun, dem Verfasser des von Ihnen überarbeiteten Textes einige knapp formulierte Hinweise zu geben, wie er künftig vor, während und nach dem Schreiben vorgehen kann, um seine Schreibstrategie zu verbessern und solche Fehler zu vermeiden. Finden Sie möglichst Formulierungen, die generell hilfreich sind und nicht nur für den obigen Text gelten.

❺ *Neufassung*

Versetzen Sie sich nun in die Lage des fremden Schreibers, den Sie beraten haben. Erstellen Sie auf einem Extrablatt oder am PC eine völlig überarbeitete Neufassung des Interpretationstextes. Nutzen Sie dabei alle von Ihnen gegebenen Ratschläge zum Überarbeiten.

Proben, die beim Überarbeiten helfen

Man kann prüfen, ob ein Satz optimal gestaltet ist, indem man die folgenden Proben einsetzt:

Beispielsatz:
Die lokal sehr bekannte Darstellerin Herr wäre am 4. Mai 70 geworden.

1. Ersatzprobe
Die in Köln sehr bekannte Schauspielerin Herr wäre am 4. Mai 70 geworden.

2. Erweiterungsprobe
Die in Köln sehr bekannte Schauspielerin Trude Herr wäre am 4. Mai 70 Jahre alt geworden.

3. Weglassprobe
Die Schauspielerin Trude Herr wäre am 4. Mai 70 Jahre alt geworden.

4. Umstellprobe
Am 4. Mai wäre die Schauspielerin Trude Herr 70 Jahre alt geworden.

6 *Umformulierungen*
Der folgende Text wirkt an einigen Stellen recht unbeholfen.
a) Markieren Sie zunächst die Passagen, in denen Sie den Satzbau umstellen wollen.
b) Versuchen Sie durch Ersatz-, Umstell-, Weglass- und Ergänzungsproben
   zu optimalen Formulierungen zu gelangen.

„Ich bin die Herr, dein Gott"
Die lokal sehr bekannte Darstellerin Herr wäre am 4. Mai 70 geworden. Aufsehen erregte ihre Extravaganz in Loope bei der kleinbürgerlichen Landbevölkerung, wo Trude Herr ab Mitte der 60er Jahre lebte. Ganz schwarz gefärbtes Haar, künstliche Wimpern, grell geschminkt, auffallende Kleider; im Supermarkt oder auf dem Postamt, immer wenn sie auftauchte, hielten alle Distanz zu der kleinen, aber raumgreifenden Person. Schauspielerin, kölsch, ordinär, wurde im Oberbergischen hinter vorgehaltener Hand geflüstert, der Vater gehörte zu den Kommunisten, die fraßen damals kleine Kinder. Diese Ressentiments brachten die gebürtige Kölnerin nicht vom Landleben ab. „Ich hasse Stadtleben, es stört mich beim Arbeiten", sagte diese immer wieder in Interviews. Sie kaufte sich Ende 81 in einem noch kleineren Dorf im Westerwald einen Bauernhof.

Zur routinierten Korrektur eigener Texte

Hausaufgaben bieten ein hervorragendes Übungsfeld zur Korrektur. Sie sollten regelmäßig ein- bis zweimal pro Woche eigene Texte mit Randbemerkungen versehen oder Textbausteine, die Sie überarbeiten wollen, unterstreichen. Auch Zeitungstexte eignen sich besonders gut: Da sie oft in letzter Minute fertig werden müssen, sind sie manchmal nicht optimal „getextet".

Einleitung

Themen, Texte, Aufgaben

Die folgenden sieben Übungsklausuren decken mit ihren Aufgabenstellungen und Themen die wichtigsten Bereiche des Deutsch-Abiturs ab.

Sie finden Aufgaben
– zur Analyse und Interpretation
  literarischer Texte,
– zum Textvergleich,
– zur Analyse von Sachtexten,
– zur Erörterung,
– zum kreativen Schreiben.

Bei den **literarischen Texten** sind die Gattungen Lyrik, Epik und Drama berücksichtigt.
Die Textauswahl orientiert sich überwiegend an häufig im Unterricht behandelten Autoren und Werken, die oft Gegenstand von Abituraufgaben sind. In keinem Fall jedoch wird die Kenntnis eines Werkes für die Bearbeitung der Aufgaben vorausgesetzt. Wo nötig, finden Sie Informationen zum Inhalt oder zur Vorgeschichte oder Sie werden auf entsprechende Abschnitte im Vorkurs verwiesen.

Bei den **Sachtexten** finden Sie einen Essay und einen populärwissenschaftlichen Aufsatz, beide aktuelleren Datums.

Bei den **Aufgaben** wird nicht zwischen Leistungskurs- und Grundkursniveau unterschieden, denn Leistungs- und Grundkursklausuren unterscheiden sich in der Regel weniger in der Schwierigkeit der Aufgaben als in den Erwartungen an die entsprechende Leistung – schon wegen der unterschiedlichen Bearbeitungszeit, die Ihnen jeweils zur Verfügung steht.

Aufbau der Übungsklausuren

Alle sieben Übungsklausuren sind nach einer ähnlichen **Folge von Arbeitsschritten** aufgebaut.

Der **erste Arbeitsschritt** befasst sich stets mit dem **Verstehen der Aufgabenstellung**. Dass hier ein Problem liegen könnte, wird Schülern erfahrungsgemäß selten klar. Dabei hängt die erfolgreiche Bearbeitung einer Aufgabe zuallererst davon ab, dass Sie sich im Klaren darüber sind, was Sie tun sollen! Dieselbe Aufgabe kann von verschiedenen Lehrern ganz unterschiedlich formuliert werden. Grundlegend ist die Unterscheidung zwischen Aufgaben, die die **Analyse eines Sachtextes** fordern, solchen, die Ihnen die **Analyse bzw. Interpretation eines literarischen Textes** abverlangen, und Aufgaben, die eine **Erörterung** vorsehen.

Auch der **zweite Arbeitsschritt** ist bei allen Übungsklausuren derselbe: **Text lesen, erste Eindrücke festhalten**. Auch und gerade in einer Prüfungssituation sollten Sie die Gedanken und Assoziationen, die der vorgelegte Text bei Ihnen auslöst, notieren. Das beugt der geistigen Verkrampfung vor und kann Ihnen später, bei der systematischen Bearbeitung, zu neuen Ideen verhelfen.
Natürlich ist es nicht mit dem einmaligen Lesen des Textes getan. Lesen Sie den Text in diesem Arbeitsschritt und im Zuge der nächsten Arbeitsschritte mehrfach, gliedern Sie ihn, heben Sie Wichtiges hervor, machen Sie Bezüge kenntlich …

Im **dritten Arbeitsschritt** stellen Sie bei der Behandlung literarischer Texte **Interpretationshypothesen** auf; bei Sachtexten arbeiten Sie die **zentralen Thesen** heraus.

Der **vierte Arbeitsschritt** besteht in einer **genauen Textanalyse**: Überprüfung der Interpretationshypothesen bei literarischen Texten, Untersuchung der Argumentation bei Sachtexten.

Weitere Arbeitsschritte können je nach der zu bearbeitenden Aufgabe variieren.

Wichtig ist, dass die ersten vier Schritte der **Textplanung** dienen. Den größten Teil der Bearbeitungszeit einer Abiturklausur müssen Sie für die Planung verwenden, wenn Sie ein gutes Ergebnis erzielen wollen.

So befasst sich erst der **letzte Arbeitsschritt** mit der **Gliederung** und der **Ausformulierung** des Aufsatzes. Ganz am Schluss folgt eine letzte **Überarbeitung**.

Zum Üben mit den folgenden Klausuren

Wie bei Abituraufgaben üblich, erhalten Sie den zu behandelnden Text, eventuell einige Erläuterungen zum Text und die Aufgabenstellung.

Innerhalb der einzelnen Arbeitsschritte gibt es **Hinweise zur Bearbeitung, Aufgaben für Sie** und schließlich **Lösungsvorschläge**.

Die Lösungsvorschläge sind jeweils mit einem „L" gekennzeichnet und farblich abgesetzt. Sie sollten sie abdecken, bis Sie selbst eine Lösung erarbeitet haben! Halten Sie Ihre Lösung grundsätzlich schriftlich fest, bevor Sie den Lösungsvorschlag im Buch lesen!

Beachten Sie, dass es sich meist um Vorschläge handelt, für die es Alternativen gibt! Vergleichen Sie Ihre Variante und den Vorschlag im Buch aufmerksam, stellen Sie fest, worin Übereinstimmung besteht und wo Unterschiede liegen.

Führen Sie zur Probe auch einmal einen Arbeitsschritt ohne Anleitung durch die Hilfsfragen und Lösungen aus (z. B. „Interpretationshypothesen bilden").

Die Lösungsvorschläge sind teils stichwortartig, teils ausformuliert wiedergegeben. Bis zum letzten Aufgabenschritt, der Ausformulierung Ihres Aufsatzes, handelt es sich ja um Planungen, Vorarbeiten. Hier hat jeder seine eigene Technik, etwas festzuhalten. Fühlen Sie sich also nicht eingeengt, wenn der Lösungsvorschlag etwas ausformuliert, was ebenso gut in Stichworten oder in einer grafischen Skizze wiedergegeben werden kann.

Beim letzten Arbeitsschritt, dem Verfassen des Aufsatzes, werden bei den Hilfsaufgaben und Beispiellösungen jeweils Schwerpunkte gesetzt. Sie können noch weiter üben, indem Sie auch die Teile des Aufsatzes schreiben, für die keine Lösungsvorschläge gegeben werden.

Die Übungsklausuren sind so konzipiert, dass Sie auch einzelne Klausuren zum Üben herausgreifen können.

Zeiteinteilung

Jeder hat seinen eigenen Arbeitsrhythmus; deswegen ist es schwierig, hier allgemeine Tipps zu geben. Wichtig ist die Selbstbeobachtung: Finden Sie heraus, bei welchem Arbeitsschritt Sie am meisten Zeit brauchen, und versuchen Sie diesen Schritt verstärkt zu üben.

Im Abitur haben Sie vor der eigentlichen Arbeitszeit eine halbe Stunde, um sich für eines der angebotenen Themen zu entscheiden. Überschreiten Sie diese Zeit keinesfalls!

Teilen Sie die Arbeitszeit grob in zwei Hälften: eine Hälfte für die Planung, die andere für die Niederschrift und die Überarbeitung. Wenn Sie zügig formulieren können und sicher in der Rechtschreibung sind, können Sie auch mehr Zeit für die Planung verwenden.

Nutzen Sie die Arbeit an den Übungsklausuren auch für Ihre Zeitplanung, indem Sie kontrollieren, wie viel Zeit Sie für die einzelnen Arbeitsschritte benötigen.

1 Literaturinterpretation

1.1 Klausur Kurzprosa

Ror Wolf (*1932)
Gar nichts (1991)

Nach den mündlichen Mitteilungen eines Beobachters stieg ein Mann aus Metz in den Reisebus, um eine kleine Spazierfahrt zu unternehmen. Er wollte durchaus den Süden sehen und dort eine Gegend, die man ihm als die sehenswerteste Stelle des europäischen Kontinents beschrieben hatte. Anfangs vertrieb er sich die Zeit mit Hinausschauen; er sah den Dampf aus den Schlachthofhallen, die schweren Kuppeln der Hutfabrik und die Zipfel der Kathedrale; er sah dickes Obst und gedüngtes Gemüse, ein Fluss floss gekrümmt und geräuschlos vorüber. Was für ein wunderbares kurvenreiches Dahinrollen, sagte er in der Abendstille. Danach begann die Nacht. Der Mann hatte keine Furcht, denn im Schein des elektrischen Lichts sah er den Wasserturm vor dem mondlosen Himmel, das Stadttheater, brüllend und vom Vergnügen geschüttelt, die Nähmaschinenfabrik, ganz still. Er glitt durch den Glanz der Welt immer weiter nach Süden; es war ein schönes gepolstertes Fahren, bei dem er die Grobheiten und Enttäuschungen des gewöhnlichen Lebens vergaß. Das Leuchten gefiel ihm, das Strahlen der rasch vorbeigleitenden Ereignisse, das unablässige Funkeln zwischen Boppard und Bacharach, die schwach verschwimmenden Lichter, während der Morgen anbrach und der Tag verging und in aller Ruhe der Abend kam, ganz lautlos und nahezu windlos und wolkenlos; nur ein Gesang war zu hören, ein wirklich sehr ferner Gesang am Anfang des Herbstes, ein kurzes verdunkeltes Gurgeln, vielleicht auch ein unbedeutendes Plätschern, kein wirkliches Plätschern, eher vielleicht ein kleines verstopftes Röcheln oder nicht einmal das, ein bodenloses Versickern, sonst nichts. Die Leichen, die man aus dem mit Wasser gefüllten Autobus zog, wurden im Festsaal der Wirtschaft Zur Goldenen Gerste nebeneinander nass auf die Tische gelegt. Das Wasser floss kalt aus den Kleidern. Der schwarze geschwollene Bauch des Busses war noch zwei Tage zu sehen, bis er verschwand. Aber wir streichen jetzt dieses Bild. Wir löschen es aus. Wir vergessen es. Der Bus, der eine Zeit lang ausgestreckt in der Luft lag, langsam und lautlos in einem unbegreiflichen Bogen schwingend, hatte sich sanft gedreht und mit dem Dach das Wasser berührt, die biegsame Oberfläche des Wassers; sie hatte sich leicht geöffnet und ihn mit einem einzigen Schluck verschlungen. Oder es war ein jahrelanges Versinken gewesen: ein jahrelanges Hineindringen in die Tiefe, ein atemloses riesenhaftes Hinuntertauchen, bei dem die Menschen schweigsam, wie angefroren, staunend auf ihren Sitzen saßen, sprachlos, lautlos, ahnungslos, natürlich auch hoffnungslos, bis sie langsam den Grund berührten. Nichts war zu hören, kein Knirschen, kein Knacken, kein scharfes Zerplatzen: Es war vielmehr ein leichtes Zergehen, ein butterartiges Schmelzen, ein schmerzloses folgenloses Verschwinden, in einem beinahe unbeachteten Augenblick zwischen Lins und Enns, in der Abendruhe.

❶ *Interpretieren Sie den Text.*

❷ *Diese Erzählung erschien in einer Sammlung mit dem Titel „Nachrichten aus der bewohnten Welt" (1991). Stellen Sie eine Beziehung her zwischen dem literarischen Text und der Textsorte „Nachricht".*

Biografisches

Ror Wolf, geboren 1932 in Saalfeld/Thüringen, verließ 1953 die DDR und lebt heute in Mainz. Studium der Literaturwissenschaft in Hamburg, seitdem Veröffentlichung von Prosa, Gedichten und Hörspielen. Werke u. a.: „Fortsetzung des Berichts" (Roman, 1964), „Mein Famili" (Moritaten, 1968), „Punkt ist Punkt" (Fußballdichtung, 1971),

„Oh Ton" (Radiocollagen, 1978), „Raoul Tranchirers vielseitiger großer Ratschläger für alle Fälle der Welt" (Wörterbuch, 1983), „Leben und Tod des Kornettisten Bix Beiderbecke aus Nordamerika" (Hörspiel, 1986). Ror Wolf wurde 1992 der Bremer Literaturpreis verliehen.

1 Aufgabenstellung verstehen

Die erste Aufgabe ist sehr offen formuliert. Einen literarischen Text kann man ja auf unterschiedliche Weise und unter den verschiedensten Gesichtspunkten interpretieren. Sehen Sie sich zur Hilfe die zweite Aufgabe an: Hier sollen Sie den Text mit der journalistischen Textsorte „Nachricht" in Beziehung setzen. Sinnvoll ist es also, schon beim Bearbeiten der ersten Aufgabe auf das spezifisch „Literarische" und das möglicherweise „Journalistische" der Erzählung zu achten, um die Ergebnisse des ersten Teils dann für die Bearbeitung des zweiten nutzen zu können.

2 Text lesen, erste Eindrücke festhalten

Bevor Sie den Text lesen, sollten Sie Ihren Gedanken über seinen Titel freien Lauf lassen: Was erwarten Sie von einem Text unter der Überschrift „Gar nichts"? Welche Assoziationen haben Sie? Mit dem Stichwort „Nachricht" im Kopf gehen Ihre Gedanken vielleicht in diese Richtung: Die Ereignisse, von denen in den Nachrichten die Rede ist, entpuppen sich nach einiger Zeit oft genug als gar nicht so wichtig, als nichtig – als „gar nichts"?
Lesen Sie jetzt den Text genau! Und „genau" heißt: mit (mindestens) einem Stift in der Hand! Lesen Sie ihn mehrmals; der geringe Umfang erlaubt Ihnen dies, auch in einer Abiturklausur. Lesen Sie den Text innerlich „laut", spüren Sie seinem Klang, seinem Tempo, dem Rhythmus der Sätze nach. Literarische Texte bestehen nicht bloß aus Informationen!
Wenn Sie sich dem Text so genähert haben, sollten Sie einiges markiert oder notiert haben, um die ersten Eindrücke festzuhalten.
Es gibt kein Patentrezept für das Markieren, An- und Unterstreichen beim Lesen; jeder Leser hat da sein eigenes System, jeder Text ist anders, und schließlich hängt es auch von der Aufgabe ab, worauf besonders zu achten ist. Dennoch ist es nie falsch, eine ganz grobe Gliederung vorzunehmen, alles Auffällige am Inhalt und an der Sprache zu markieren und unbekannte oder unverständliche Wörter und Wendungen hervorzuheben.
Vielleicht erschien Ihnen dieser Text beim ersten Lesen sehr ungewöhnlich und rätselhaft. Achten Sie darauf, was genau im Text die Irritationen bewirkt. Oft bietet gerade das zunächst Unverständliche, Merkwürdige Ansatzpunkte für die Interpretation.

● *Was ist an diesem Text hervorhebenswert?*

Ⓛ······ Unbekannte Wörter: allenfalls Boppard, Bacharach, Lins, Enns (offenbar geografische Namen –
sind sie wichtig?)

Grobe Gliederung: drei Teile. Scharfer Schnitt in Z. 39 („Die Leichen ...“),
ab Z. 46: Erzählerkommentar („Aber wir streichen jetzt dieses Bild ...“)

Sprache: Anfang (1. Zeile) klingt wie ein Bericht oder eine Nachricht
klangliche Besonderheiten (z. B. Alliteration im ersten Satz: mündlichen Mitteilungen ... Mann
aus Metz);
viele Adjektive: schweren Kuppeln, dickes Obst, gedüngtes Gemüse, wunderbares kurvenreiches
Dahinrollen ...
besonders auffällig: Häufung von Adjektiven mit dem Suffix „-los“ (14-mal!)
ungewöhnliche sprachliche Bilder: das Stadttheater, brüllend und vom Vergnügen geschüttelt,
die Nähmaschinenfabrik, ganz still ... Der schwarze geschwollene Bauch des Busses ... mit einem
einzigen Schluck verschlungen ... ein jahrelanges Versinken ...

Rätselhaftes: das wiederholte, variierte Erzählen des Busunfalls, besonders: „Oder es war ein jahrelanges Versinken gewesen“ (Z. 54 f.)
Dagegen wird nichts über die Unfallursache gesagt!

Beim wiederholten Lesen und Markieren haben Sie so nicht nur die Handlung, das erzählte
Geschehen, erfasst, sondern auch die Besonderheiten dieses Textes. Wenn Sie sich nun fragen,
was das alles zu bedeuten hat, machen Sie sich schon an die Interpretation des Textes.

③ Interpretationshypothesen bilden

Wenn Sie einen literarischen Text interpretieren wollen, versuchen Sie Antworten auf Fragen
nach dem Textsinn zu finden. Hypothesen sind vorläufige Antworten auf Fragen an den Text.
Einige Fragen kommen Ihnen beim genaueren Lesen von selbst (dazu haben Sie sich die Notizen und Markierungen gemacht), andere ergeben sich aus dem weiteren Nachdenken über
den Text.
Bevor Sie versuchen, den Text als ganzen zu deuten, ist es ratsam, schrittweise vorzugehen. Beginnen Sie mit einer knappen Inhaltsangabe. Diese können Sie später in der Einleitung Ihres
Aufsatzes verwenden.

● *Führen Sie den folgenden Satz fort: „Der Prosatext ‚Gar nichts‘ erzählt von ...“*

Ⓛ······ ... einem Reisebusunglück mit tödlichem Ausgang. Zunächst wird die Reise eines Mannes erzählt,
dann das, was nach dem Versinken des Busses in einem Gewässer mit den Toten geschieht.
Schließlich wird der Sturz des Busses in zwei Varianten nochmals erzählt.

Sie haben damit die Story (oder Fabel) des Textes zusammengefasst.

● *Woher kennen Sie Texte mit einem solchen oder ähnlichen Inhalt? Welcher Textsorte gehören sie an?*

Ⓛ Üblicherweise liest man von Busunfällen in der Zeitung oder erfährt von ihnen in den Radio- oder Fernsehnachrichten. Die Texte sind dann zumeist kurze Meldungen oder Berichte, manchmal Reportagen.

Die Besonderheiten der Erzählweise haben Sie mit der Inhaltsangabe noch kaum berührt. Nur die erzählerische Wiederholung des eigentlichen Ereignisses (wie der Bus ins Wasser stürzt) könnte man als Teil der Story verstehen.
Sehen Sie sich jetzt noch einmal Ihre Notizen und Markierungen im Text an.
Der Text handelt von einem Busunfall. – Warum verwendet der Autor dann aber eine so kunstvolle Sprache?

● *Formulieren Sie weitere Fragen an den Text.*

Ⓛ Warum schildert der Erzähler die Reiseeindrücke des Mannes aus Metz zuerst so ausführlich? Warum wird nicht geradlinig und genau erzählt, wie es dazu kommt, dass der Bus ins Wasser stürzt?
Was bedeutet der Titel „Gar nichts"?
Und schließlich: Welche Intention mag der Autor mit seinem Text haben?

Nutzen Sie als Ansatzpunkt für Ihre Hypothesen den Vergleich mit der Textsorte Nachricht. Ihre Überlegungen dazu können Sie für die zweite Aufgabe verwenden.

● *Listen Sie auf, worin der Text „Gar nichts" einer Nachrichtenmeldung ähnlich ist.*

Ⓛ Thema: Busunglück
Einleitende Wendung: „Nach den mündlichen Mitteilungen eines Beobachters"
Ortsangaben: „zwischen Boppard und Bacharach"; „zwischen Lins und Enns"
Bericht (unpersönlich, im Passiv): „Die Leichen, die man aus dem mit Wasser gefüllten Autobus zog, wurden im Festsaal der Wirtschaft Zur Goldenen Gerste nebeneinander nass auf die Tische gelegt."

● *An welcher Stelle wird deutlich, dass es sich hier nicht um eine Zeitungsmeldung handelt?*

Ⓛ Die „kleine Spazierfahrt" klingt zu altertümlich und gemütlich, um in einer journalistischen Nachricht Verwendung zu finden. Auch der zweite Satz ist nicht in Nachrichtensprache abgefasst.

Wichtig ist, dass der Text zwar beginnt wie eine Meldung, dann aber den Ton wechselt.

● *Was bewirkt der Autor mit diesem Wechsel im Erzählstil?*

Ⓛ Man wird zuerst auf eine Pressemeldung eingestimmt. Durch den Wechsel im Erzählstil wird ein Kontrast zu Nachrichtenmeldungen erzeugt, sodass man über die Unterschiede zwischen den beiden Textsorten nachdenkt.

Lesen Sie weiter bis Z. 32 („wolkenlos") und achten Sie auf die Atmosphäre, die hier erzeugt wird.

● *Beschreiben Sie die Wirkung dieser Passage.*

Ⓛ Die Reiseschilderung wirkt ruhig und gelassen („keine Furcht", „Glanz", „Leuchten", „Funkeln", „in aller Ruhe", „wolkenlos" ...).

Der auffälligste Unterschied zu einer Pressemeldung über einen Busunfall ist sicher der, dass das eigentliche Ereignis, nämlich wie der Bus von der Fahrbahn abkommt und ins Wasser stürzt, gar nicht beschrieben wird. Dennoch wirkt das Unglück schockierend.

● *Notieren Sie, wodurch diese Wirkung erzielt wird.*

Ⓛ Schockartige Wirkung durch den abrupten Perspektivenwechsel (Z. 39): „Die Leichen, die man aus dem mit Wasser gefüllten Autobus zog ..." Mit dem vorausgehenden langen Satz ab Z. 25 („Das Leuchten gefiel ihm ...") wird der Leser allmählich aus der ruhigen Atmosphäre der Busreise und einem „sehr ferne(n) Gesang" zu einem „Gurgeln", dann „Plätschern" und „Röcheln", schließlich zum „Versickern" hingeleitet.

Der dritte Abschnitt des Textes ist wahrscheinlich am schwierigsten zu verstehen.

● *Versuchen Sie zu beschreiben, was in dem Satz in Zeile 46 f. geschieht und wie dies wirkt.*

Ⓛ Der Erzähler spricht (in der 1. Person Plural) über das Erzählen.
Er will das zuvor hervorgerufene „Bild" von dem „schwarze(n) geschwollene(n) Bauch des Busses" im Wasser rückgängig machen.
Die Wirkung ist paradox: Das (sprachliche) Bild wird noch einmal erwähnt und damit besonders betont.

● *Lesen Sie auch den folgenden Satz (Z. 47–54) und notieren Sie seine Wirkung.*

Ⓛ Der Satz wirkt durch die Zeitdehnung wie eine Zeitlupenaufnahme des stürzenden Busses.

Vollends von einem Nachrichtentext unterschieden ist der Rest des Textes: „jahrelanges Versinken" (Z. 55) kann nicht mehr als extreme Zeitlupe verstanden werden – eher als ein sprachliches Bild. Vergegenwärtigen Sie sich, was Sie über Bildebene und Bedeutungsebene wissen (vgl. S. 9 f.)! Worauf könnte das Bild eines jahrelangen Versinkens verweisen?

● *Versuchen Sie eine Interpretation dieses Bildes.*

Ⓛ Langes Sterben, Leben als Sterben, Lebensreise ...: Symbolisch kann „jahrelanges Versinken" als eine Fahrt (bis) in den Tod, eine zu Ende gehende Lebensfahrt verstanden werden.

Mit diesen Assoziationen haben Sie einen Schlüssel zum Verständnis des Textes.

● *Formulieren Sie aus den bisherigen Ergebnissen und Überlegungen einen Interpretationsansatz in Hypothesen.*

Ⓛ····
1) In Ror Wolfs Text „Gar nichts" wird vordergründig von einem Busunfall mit tödlichem Ausgang erzählt.
2) Der Text soll den Leser zunächst an eine Zeitungsnachricht erinnern.
3) Erzählweise und Aufbau des Textes unterscheiden sich aber grundlegend vom Stil einer Pressemeldung.
4) Es geht in diesem Text gerade nicht um das außergewöhnliche Ereignis eines tödlichen Verkehrsunfalls, sondern um das Leben, das immer mit dem Tod endet, um die „Lebensreise", die irgendwann zu Ende geht.

Bleibt die Frage nach der Intention: Warum verwendet der Autor ein typisches Nachrichtenthema und einige sprachliche Elemente aus dem journalistischen Bereich, um von etwas ganz anderem als von einem singulären Unglücksfall zu erzählen?

---

④ Überprüfung der Hypothesen durch aspektorientierte Textuntersuchung

Zu Interpretationshypothesen gelangt man meist nicht allein durch systematisches Vorgehen, oft spielt die Intuition eine wichtige Rolle. Für die Klausur ist es aber wichtig, dass Sie Ihre Interpretation argumentativ vertreten können. Ihr Leser muss Ihre Deutung des Textes nachvollziehen können! Deshalb ist es nötig, dass Sie in der Klausur Ihren Interpretationsansatz durch die Ergebnisse einer genauen Textanalyse stützen. In diesem Arbeitsschritt analysieren Sie den Text so, dass Sie Ihre Hypothesen am Text belegen oder, wenn nötig, verwerfen können.
Beginnen Sie mit der Erzählsituation (Hypothese 3).
Wie Sie wissen, unterscheidet man zwischen Ich- und Er-Erzähler, zwischen perspektivischem und aperspektivischem Erzählen, ferner, im Bezug auf die Figuren, zwischen Innensicht und Außensicht. Des Weiteren lässt sich untersuchen, ob der Erzähler nur das Geschehen vermittelt oder ob er es auch kommentiert. Aus den möglichen Kombinationen ergeben sich verschiedene Erzählsituationen (vgl. S. 30).

● *Analysieren Sie die Erzählsituation von „Gar nichts".*

Ⓛ····
Obwohl der Erzähler sich an einer Stelle (Z. 46 f.) in der ersten Person äußert, ist er kein Ich-Erzähler, weil er nicht als Figur Teil des erzählten Geschehens ist!
Er hat Innensicht in die einzige herausgehobene Figur des Textes, den Mann aus Metz (vgl. Z. 16: „Der Mann hatte keine Furcht").
Im ersten Teil: Übernahme der Figurenperspektive, dann Perspektivenwechsel (Z. 39: „Die Leichen ...")
Z. 46 f. („Aber wir streichen jetzt dieses Bild. Wir löschen es aus. Wir vergessen es.") und Z. 54 ff. („Oder es war ..."): Erzählerkommentar, das Erzählen selbst wird zum Thema, indem andere Möglichkeiten durchgespielt werden.
Insgesamt kann man von einer <u>auktorialen Erzählsituation</u> sprechen.

Vergleichen Sie diesen Befund nun mit der Art der Vermittlung von Geschehen in einer Pressemeldung. Der Autor einer solchen Nachricht wird zwar nicht „Erzähler" genannt, aber auch hier lässt sich zwischen Innen- und Außensicht unterscheiden und die Perspektivität der Darstellung untersuchen.

● *Halten Sie die Unterschiede fest.*

Ⓛ Der Autor einer journalistischen Nachricht ist kein auktorialer (oder „allwissender") Erzähler, sondern ein Er-Erzähler ohne Innensicht in die „Figuren" seiner „Erzählung". Er versucht (wirkliches) Geschehen, gestützt auf Zeugenaussagen und Agenturmeldungen, nur wiederzugeben. Dennoch schreibt auch der Journalist aus einer Perspektive. Er kann also gar nicht völlig neutral gegenüber seinem Thema sein.

Welche Funktion haben nun die Innensicht und die Figurenperspektive für unseren Text? Vollziehen Sie noch einmal die Figurenperspektive nach: Wie nimmt der Mann die Welt außerhalb des Reisebusses wahr?

● *Versuchen Sie, ausgehend von der Interpretationshypothese der zu Ende gehenden Lebensreise, eine Deutung.*

Ⓛ Der Mann sieht die Welt (Gebäude und Landschaft) draußen in der Distanz an sich vorbeigleiten. Dies erinnert an das Motiv der Bilder eines Lebens, die ja nach weit verbreiteter Auffassung noch einmal vor dem Auge eines Sterbenden vorbeiziehen sollen.
Die Haltung des Mannes ist sehr gelassen: „Was für ein wunderbares kurvenreiches Dahinrollen, sagte er in der Abendstille" (Z. 13 ff.).
Er scheint mit der Welt versöhnt: „... es war ein schönes gepolstertes Fahren, bei dem er die Grobheiten und Enttäuschungen des gewöhnlichen Lebens vergaß" (Z. 22 ff.).

Es ist schon deutlich geworden, dass auch die Sprache des Textes „Gar nichts" sich von der einer Nachricht unterscheidet.

● *Analysieren Sie die Sprache des Textes, zunächst im ersten Teil (bis Z. 39), indem Sie sie mit der Nachrichtensprache vergleichen.*

Ⓛ Längere Sätze, kompliziertere Satzkonstruktionen, ungewöhnliche Adjektive und sprachliche Bilder (z. B. „die schweren Kuppeln der Hutfabrik und die Zipfel der Kathedrale", „das Stadttheater, brüllend und vom Vergnügen geschüttelt")
Keine exakten Angaben: „ein Mann aus Metz", „den Süden sehen", „dort eine Gegend", „sehenswerteste Stelle des europäischen Kontinents", „Schlachthofhallen", „Hutfabrik", „Kathedrale", „ein Fluss" usw. – Noch vager: „Glanz der Welt", „Grobheiten und Enttäuschungen des gewöhnlichen Lebens", „die Menschen".

● *Beziehen Sie diese „ungenauen Angaben" in die Deutung ein.*

Ⓛ Es geht ja gerade nicht um einen bestimmten Todesfall eines bestimmten Mannes, sondern um eine allgemeine Interpretation des Todes als „letzte Reise".

Schon beim ersten Lesen fallen die vielen Adjektive mit der Endung „-los" auf.
Beachten Sie, wo im Text diese Wörter gehäuft vorkommen. Was bedeutet „-los" eigentlich?

● *Sehen Sie eine Verbindung zum Titel der Geschichte?*

Ⓛ Mit dem Suffix „-los" wird etwas Fehlendes gekennzeichnet.
In Zeile 60 f. finden sich vier solcher Adjektive („sprachlos, lautlos, ahnungslos, natürlich auch hoffnungslos") in der Beschreibung der Menschen, die gerade in den Tod fahren.
Die vorherigen „-los-Adjektive" bereiten diesen Zustand des Fehlens langsam vor.
Bezug zum Titel: „Gar nichts" als absolute Kennzeichnung des Fehlens. – Gemeint ist der Tod.

Über das Ende der Busreise erfährt der Leser wieder im „Nachrichtenton" (vgl. Z. 39 ff.). Statt einer Schilderung des Unfallhergangs aber verwendet der Autor ein anderes Mittel, um den Tod darzustellen.

● *Betrachten Sie den langen Satz in Zeile 25–39 unter dem Aspekt der Perspektive und vergleichen Sie mit der journalistischen Schilderung eines Busunfalls.*

Ⓛ In diesem Satz wird die Perspektive allmählich geändert: Zuerst die Wahrnehmung des Mannes in Innensicht („Das Leuchten gefiel ihm"), dann unbestimmt („ein Gesang war zu hören"), danach die Wahrnehmung des Erzählers („ein kleines verstopftes Röcheln").
Der Erzähler scheint sich aber jeweils nicht sicher zu sein über die Natur des Geräusches. Er setzt immer wieder neu an: „vielleicht auch", „eher vielleicht".
Für den Leser vollzieht sich ein gleitender Übergang vom Schönen (Gesang) zum Schrecklichen (Röcheln).
Erst mit dem nächsten Satz, der das Resultat des Unfalls („die Leichen") benennt, wird einem bewusst, dass man gerade die Darstellung des Sterbens gelesen hat.
Eine Nachrichtenmeldung über einen Busunfall hätte den Unfallhergang von außen geschildert und z. B. Ursachen dafür benannt, warum der Bus von der Fahrbahn geriet.

⑤ Gliederung erstellen, Aufsatz schreiben, Text überarbeiten

Die bisherigen Arbeitsschritte und Notizen dienten der Vorbereitung auf das Schreiben der Klausur.
Bevor Sie sich nun an die Niederschrift machen können, müssen Sie eine Gliederung erstellen.
Schauen Sie sich noch einmal die Aufgabenstellung an: Sie sollen den Text „Gar nichts" interpretieren und dann im zweiten Teil mit der Textsorte „Nachricht" in Beziehung setzen.
Da Sie als Ansatzpunkt Ihrer Interpretation den Vergleich des Textes mit einer Nachricht gewählt haben, kommt es also in der Gliederung darauf an, nicht zu viel zu diesem Thema schon im ersten Teil unterzubringen!
Jeder Aufsatz braucht eine **Einleitung**. Sie dient dazu, den Leser über den interpretierten Text knapp zu informieren und ihn an die gewählte Deutung heranzuführen.

Den **Hauptteil** der Klausur gestalten Sie, orientiert an der Aufgabenstellung, zweiteilig. Der Übersichtlichkeit halber untergliedern Sie diese Teile noch weiter nach Analyseschritten.

Im **Schlussteil** können Sie die Ergebnisse aus der Bearbeitung des ersten und zweiten Aufgabenteils zusammenführen und auch allgemeinere Überlegungen zur Textintention anstellen.

● *Entwerfen Sie nach diesen Vorschlägen eine Gliederung für die Klausur.*

Ⓛ
Einleitung: Titel, Gattung, Erscheinungsdatum und Autor des Textes nennen
Kurze Inhaltsangabe oder Charakterisierung des Textes
Vorgehensweise (vgl. Aufgabenstellung!) skizzieren
Eventuell: These zur Interpretation
1. Teil: Interpretation
1) Analyse der Sprache im Text „Gar nichts"
2) Analyse der Erzählsituation in „Gar nichts"
3) Deutung: Die Lebensfahrt als tödlich endende Busreise
2. Teil: Vergleich mit der Textsorte „Nachricht"
4) Analyse der Funktion von Nachrichtensprache im Text
5) Vergleich mit der poetischen Sprache des Textes
6) Vergleich der Wirklichkeitswahrnehmung:
literarischer Autor und Journalist
Schluss: Zusammenfassung der Ergebnisse von 1. und 2.:
Zur Intention des Textes „Gar nichts"

Mit dieser Gliederung als Leitfaden und den Notizen aus der Kladde können Sie nun die Formulierung Ihres Aufsatzes in Angriff nehmen.

Achten Sie darauf, dass Sie sich nicht in einem Abschnitt „festschreiben", sondern einen nachvollziehbaren Übergang zum nächsten formulieren.

Zur Übung nehmen wir uns nun den Anfang und den Schluss der Klausur vor.

Wir beginnen mit der **Einleitung**. Das Minimum für diesen Teil ist in der Gliederung angegeben. Versuchen Sie darüber hinaus, den Leser mit einer Vorbemerkung für Ihre Arbeit einzunehmen. Hierzu können Sie an Aktuelles anknüpfen oder an allgemein Bekanntes („Immer wieder liest man in der Zeitung von Busunfällen …"), um dann zum Gegenstand Ihrer Klausur hinzuleiten.

● *Wählen Sie einen solchen Anküpfungspunkt und formulieren Sie die Einleitung.*

Ⓛ
Immer wieder wird in den Medien über Busunglücke berichtet. Je mehr Tote dabei zu beklagen sind, desto ausführlicher ist die Berichterstattung. Die Darstellung des Todes ist dabei nicht selten von Sensationsgier und Voyeurismus motiviert.

Auch Ror Wolfs kurzer Prosatext „Gar nichts", erschienen 1991, knüpft an die journalistische Vermittlungsform von Busunfällen an. Und auch in diesem Text geht es um den Tod. Aber der Autor behandelt dieses Thema in ganz anderer Weise als die Fernsehnachrichten oder die Tagespresse.

Im Folgenden werde ich den Text analysieren und interpretieren. Danach werde ich den Text „Gar nichts" mit der journalistischen Form der Nachricht vergleichen. Aus diesem Vergleich werde ich Schlüsse ziehen auf die Intention des Textes.

Da wir über die mögliche Intention des Textes „Gar nichts" noch nichts gesagt haben, werden wir am Gliederungspunkt 6 einsetzen. Anschließend schreiben Sie dann den Schluss der Arbeit.

● *Formulieren Sie Punkt 6 der Gliederung aus. Fassen Sie dazu die relevanten Einzelergebnisse aus den Arbeitsschritten 3 und 4 zusammen.*

Ⓛ Der auktoriale Erzähler eines literarischen Textes verfolgt andere Ziele als der Autor einer journalistischen Nachricht. Die auktoriale Erzählsituation ist ein Kennzeichen für einen anderen Blick auf die Welt als der, den die Massenmedien in ihren Nachrichten vermitteln. Geht es in den journalistischen Nachrichten um die Darstellung einzelner, aktueller Ereignisse in der Welt, so geht es in literarischen Texten meist um Allgemeines, um eine Interpretation der Welt. Dennoch interpretieren auch die Pressetexte und Fernsehnachrichten die Welt, denn eine bloße Darstellung ohne (implizite) Deutung gibt es nicht.

Leiten Sie von hier aus zum **Schluss** über. Sie müssen jetzt natürlich eine Idee zur Intention Ror Wolfs haben, seinen Text an eine Nachrichtenmeldung anklingen zu lassen. Vergegenwärtigen Sie sich, dass der Band, aus dem die Erzählung stammt, „Nachrichten aus der bewohnten Welt" betitelt ist. Es handelt sich also bei den Texten vermutlich um „Nachrichten" in einem anderen Verständnis als dem gewöhnlichen. – Warum schreibt einer seine eigenen Nachrichten? Womöglich ist er mit dem Bild von der Wirklichkeit, das ihm die Pressenachrichten bieten, nicht einverstanden?

● *Formulieren Sie aus diesen und Ihren eigenen Überlegungen einen Schluss für Ihre Arbeit.*

Ⓛ Ror Wolf spielt in seinem Text auf die bekannten Nachrichten der Massenmedien an, verkehrt aber im Verlauf seiner Erzählung die nachrichtentypischen Elemente fast in ihr Gegenteil. Der Leser bemerkt die Differenz zwischen Tagespresse und Literatur und kann darüber nachdenken, welche Vermittlungsform mehr und Relevanteres über die Welt, das Leben und den Tod sagen kann. Die literarische Aufnahme eines typischen Nachrichtenthemas lädt zur Reflexion über die Weltsicht der Massenmedien ein. Vielleicht sind Ror Wolfs „Nachrichten" auch als Kritik an dieser Weltsicht zu verstehen. In „Gar nichts" wird dem Tod, der als Resultat eines Busunfalls automatisch schrecklich erscheint, sein Schrecken genommen, indem er aus einer anderen, distanzierteren Sicht dargestellt und versuchsweise erklärt wird.

Zur **Überarbeitung** der Klausur sollten Sie eine Checkliste im Kopf haben (vgl. auch die Hinweise auf S. 135 und S. 155):
– Gehen Sie genau auf die Aufgabenstellung ein?
– Lösen Sie ein, was Sie in der Einleitung versprechen?
– Folgen die Teile der Arbeit logisch aufeinander?
– Vermeiden Sie die Wiederholung von Gedanken?
– Weiß man immer, was mit den verwendeten Pronomen bezeichnet wird?
– Sind die Sätze logisch korrekt und abwechslungsreich miteinander verknüpft?
– … und natürlich: Rechtschreibung und Zeichensetzung, Name, Datum, Rand?

1.2 Klausur Romanausschnitt

Johann Wolfgang Goethe (1749–1832)
Die Leiden des jungen Werther
(Fassung von 1787)[1]

Brief vom 10. Mai (aus dem Ersten Buch)

Am 10. Mai.

Eine wunderbare Heiterkeit hat meine ganze Seele eingenommen, gleich den süßen Frühlingsmorgen, die ich mit ganzem Herzen ge-
5 nieße. Ich bin allein und freue mich meines Lebens in dieser Gegend, die für solche Seelen geschaffen ist wie die meine. Ich bin so glücklich, mein Bester, so ganz in dem Gefühle von ruhigem Dasein versunken, dass
10 meine Kunst darunter leidet. Ich könnte jetzt nicht zeichnen, nicht einen Strich, und ich bin nie ein größerer Maler gewesen als in diesen Augenblicken. Wenn das liebe Tal um mich dampft, und die hohe Sonne an der
15 Oberfläche der undurchdringlichen Finsternis meines Waldes ruht, und nur einzelne Strahlen sich in das innere Heiligtum stehlen, ich dann im hohen Grase am fallenden Bache liege, und näher an der Erde tausend
20 mannigfaltige Gräschen mir merkwürdig werden; wenn ich das Wimmeln der kleinen Welt zwischen Halmen, die unzähligen, unergründlichen Gestalten der Würmchen, der Mückchen näher an meinem Herzen fühle, und fühle die Gegenwart des Allmächtigen, 25 der uns nach seinem Bilde schuf, das Wehen des Allliebenden, der uns in ewiger Wonne schwebend trägt und erhält; mein Freund! wenn's dann um meine Augen dämmert, und die Welt um mich her und der Himmel ganz 30 in meiner Seele ruhn wie die Gestalt einer Geliebten – dann sehne ich mich oft und denke: Ach könntest du das wieder ausdrücken, könntest du dem Papiere das einhauchen, was so voll, so warm in dir lebt, dass es würde 35 der Spiegel deiner Seele, wie deine Seele ist der Spiegel des unendlichen Gottes! – Mein Freund – Aber ich gehe darüber zugrunde, ich erliege unter der Gewalt der Herrlichkeit dieser Erscheinungen. 40

1 Erste Fassung 1774

❶ *Analysieren Sie Werthers Brief vom 10. Mai.*

❷ *Erläutern Sie das in diesem Brief zum Ausdruck gebrachte Naturverständnis vor dem Hintergrund der Epoche und kontrastieren Sie es mit einer heutigen Auffassung von der Natur.*

Aus dem vorangegangenen Unterricht verfügen Sie über folgende Informationen:

ⓘ

Empfindsamkeit

Stilrichtung der Literatur in der zweiten Hälfte des 18. Jahrhunderts (vgl. S. 100). Betonung des Gefühls gegen die Rationalität der Aufklärung. Darstellung seelischer Regungen, subjektiver Stimmungen, bis hin zur Rührseligkeit. Verweltlichung christlich geprägter Begriffe, wie „Seele" und „Schöpfung". Das Göttliche wurde oft in der Natur „erlebt" (Pantheismus). Besonders die englische, französische und deutsche Literatur haben Werke der Empfindsamkeit hervorgebracht. Es gab empfindsame Romane, Dramen und Gedichte. Goethes „Werther" wird oft als krönender Abschluss der Epoche gewertet.

Sturm und Drang

Literarische Strömung in der zweiten Hälfte des 18. Jahrhunderts (vgl S. 59). Benannt nach einem Drama von Friedrich Maximilian Klinger. Wie die Empfindsamkeit Gegenbewegung zur Aufklärung, aber radikaler. Die Individualität wurde zum höchsten Wert. Protest gegen gesellschaftliche Standeszwänge und Konventionen. In künstlerischer Ausprägung: das Genie als origineller Schöpfer eines Werks. Entdeckung der Natur als Gegenbild zur (verdorbenen und verderbenden) Kultur. Themen der Literatur: Selbstverwirklichung, Gesellschaftskritik, Freiheit, Emotionalität gegen rechnende Rationalität. Wichtigste Gattung des Sturm und Drangs war das Drama. Goethes „Werther" wird nicht nur der Empfindsamkeit, sondern auch dem Sturm und Drang zugeordnet.

Johann Wolfgang Goethe: „Die Leiden des jungen Werther"

Monologischer Briefroman in zwei Teilen. Zuerst erschienen 1774, überarbeitet 1787. Der Titelheld, ein junger Mann bürgerlicher Herkunft, verlässt anlässlich einer gescheiterten Liebesbeziehung seine gewohnte Umgebung und flieht in eine ländliche Gegend, wo er sich über sein Leben klar werden will. Über sein Befinden, seine Erfahrungen, Gedanken und Gefühle gibt er zwischen Mai 1771 und Dezember 1772 in mehr als achtzig Briefen an seinen Freund Wilhelm Auskunft. Briefe an Werther finden sich nicht im Roman, sodass der Leser fast ausschließlich auf die subjektive Perspektive der Hauptfigur angewiesen ist. Allerdings werden Werthers Briefe von einer Vorbemerkung und – gegen Schluss – erzählenden Passagen des (fiktiven) Herausgebers dieser Briefe eingerahmt. Der erste Romanteil ist bestimmt von Werthers Reflexionen über seinen Platz in der Welt: in der Natur und in der Gesellschaft. Wichtigstes Erlebnis ist die Bekanntschaft mit Lotte, in die der Held sich verliebt. Mit der Kenntnisnahme von Lottes Verlobung nimmt Werthers persönliche Tragödie ihren Lauf. Er steigert sich immer weiter in die unmögliche Liebe hinein, alle seine Gedanken sind fortan auf die subjektiv ausweglose Situation bezogen.

Eine räumliche Entfernung von der – im wahrsten Sinne des Wortes – Angebeteten, der halbherzige Versuch, sich durch Arbeit eine neue Lebensperspektive zu geben, scheitert. Im zweiten Teil nimmt Werthers Schwärmerei pathologische Züge an. Das schon im ersten Teil angespielte Selbstmord-Motiv tritt immer deutlicher hervor und gerät zum wahnhaft ausgearbeiteten Plan, der kurz vor Weihnachten 1772 in die Tat umgesetzt wird. Goethes Roman gilt als einer der ersten Bestseller in der europäischen Literatur. Das Buch wurde schon nach kurzer Zeit zu einem „Kultbuch" der jüngeren Generation – mit Begleiterscheinungen, die erst in den Zeiten der Popkultur üblich wurden. Es gab eine regelrechte „Werther"-Mode, z. B. ein „Werther"-Parfum. Werthers bunte Kleidung wurde zum gesellschaftskritischen Signal. Neben zahlreichen Parodien erschien eine Reihe von Selbsttötungen in „Werther"-Manier als besonders drastische Art der Literaturrezeption.

① Aufgabenstellung verstehen

Beachten Sie, dass in den zwei Aufgaben eigentlich drei stecken! Sie sollen zunächst den Text analysieren.

● *Notieren Sie, welche Aspekte hierbei zu berücksichtigen sind! (Blättern Sie gegebenenfalls zurück zum Vorkurs, Abschnitt 1.1 „Basistraining Interpretation", S. 8 ff.)*

Ⓛ
- Textart und Gattung bestimmen
- Inhalt und Themen klären
- Erzählperspektive feststellen
- Figurenbeziehungen untersuchen

- Aufbau beschreiben
- Bildlichkeit erfassen
- sprachliche Gestaltung analysieren
- Kontext beachten

Die zweite Teilaufgabe gibt Ihnen einen Hinweis, auf welche Untersuchungsaspekte Sie sich in dieser Klausur besonders konzentrieren sollten, damit Ihnen ein zusammenhängender Text gelingt.

Diese zweite Aufgabe fordert von Ihnen eine Deutung der im Text zur Sprache kommenden Naturauffassung hinsichtlich bestimmter Epochenmerkmale. Wenn Sie von der Textanalyse zu der geforderten Interpretation gelangen wollen, müssen Sie also vom Text abstrahieren, d. h.: Sie müssen die konkreten Äußerungen des Erzählers mit Allgemeinem, mit Charakteristika der Epoche in Beziehung setzen.

● *Welche der oben genannten Analyseaspekte müssen Sie mit Blick auf die Epochenmerkmale dabei besonders berücksichtigen?*

Ⓛ
- Textart und Gattung
- Inhalt und Thema

- Bildlichkeit
- sprachliche Gestaltung

Für den dritten Aufgabenschritt, die Gegenüberstellung einer heutigen Naturauffassung mit der des vorliegenden Textes, müssen Sie schon Ergebnisse aus den ersten beiden Teilaufgaben vorliegen haben. Bereits beim ersten Lesen des Briefes vom 10. Mai ist Ihnen aber wohl klar geworden, dass man heute *so* nicht mehr über Natur spricht.

● *Was fällt Ihnen spontan zum Stichwort „Natur" ein? Notieren Sie!*

Ⓛ Umweltzerstörung, Grünflächen, Natur wird ausgebeutet,
Natur wird verfälscht: genetische Veränderungen, Klonen,
Naturreservate, Naturkatastrophen, Erholung in der Natur, Sommerwiese ...

② Text lesen, erste Eindrücke festhalten

Ihre allerersten Eindrücke von dem vorliegenden Text werden bestimmt sein durch die (von heute aus gesehen) befremdliche Ausdrucksweise des Erzählers, besonders, wo er von seinen Empfindungen spricht.

⬤ *Halten Sie diese auffälligen Stellen fest! Wie wirken sie auf Sie?*

Ⓛ ⋯⋯ meine ganze Seele / mit ganzem Herzen / ganz in dem Gefühle ... versunken /
fühle die Gegenwart des Allmächtigen / gehe darüber zugrunde ...
Viel Gefühl, sehr pathetisch – authentisch? kitschig?

Befremdlich ist sicher auch dies: Aus der Aufgabenstellung wissen Sie, dass es sich bei diesem Text um einen Brief handelt.

⬤ *Welche Erwartungen haben Sie an einen Brief? Kann man überhaupt am Text erkennen, dass hier ein Brief vorliegt? Notieren Sie Hinweise auf die Textsorte.*

Ⓛ ⋯⋯ Brief: Kommunikationsmittel
Hinweise auf die Textsorte Brief:
– Datum: „Am 10. Mai" (könnte allerdings auch einen Tagebucheintrag überschreiben!)
– Anreden: „mein Bester" (Z. 8), „mein Freund!" (Z. 28), „Mein Freund" (Z. 37 f.). Sonst keine weitere
   Bezugnahme auf den Empfänger!

Zugleich wissen Sie, dass dieser Brief kein realer Brief ist, sondern Teil eines Briefromans. Der Schreiber, Werther, ist eine fiktive Figur, die in der ersten Person spricht, ein Ich-Erzähler. (Es gibt im Roman übrigens noch eine weitere Erzählerstimme: den – ebenfalls fiktiven – „Herausgeber" von Werthers Briefen, einen Er-Erzähler.)

⬤ *Inwiefern ist es von Bedeutung für das Textverständnis, dass Sie es mit einem Ich-Erzähler zu tun haben?*

Ⓛ ⋯⋯ Ich-Erzählsituation: Subjektivität des Sprechers
Aussagen, Deutungen, Wertungen werden nur aus seiner Perspektive getroffen. Der Leser muss
sich auf diesen Blickwinkel einlassen. Vorteil dieser Erzählsituation: unmittelbarer Zugang zu den
Gedanken und Gefühlen der Figur. Nachteil: erschwerter Zugang zur (fiktionalen) Realität.

Die zweite Aufgabe lenkt Sie auf die Aussagen des Erzählers über die Natur hin.

⬤ *Welchen Anteil am Text haben die Äußerungen über die Natur?*

Ⓛ ⋯⋯ Schon beim ersten Lesen wird klar, dass Werther mindestens genauso viel von sich selbst spricht
wie über die Natur. Dabei sind seine Aussagen über seine Empfindungen stets mit denen über
die Natur verknüpft.

Sicherlich sind Sie auch über den langen Satz gestolpert, der den Großteil des Textes ausmacht. Vielleicht fragen Sie sich, was es damit auf sich hat:

⬤ *Lesen Sie diesen Satz als Vorbereitung auf den nächsten Arbeitsschritt noch einmal ganz genau (und im Stillen „laut")!*

③ Interpretationshypothesen bilden

Nehmen wir an, Ihnen sind beim ersten Lesen die im zweiten Arbeitsschritt angesprochenen Punkte auch aufgefallen. Sie müssen nun versuchen, von Ihren Fragen und Überlegungen zu Hypothesen zu gelangen. Das bedeutet, Sie formulieren Behauptungen über den Text, und zwar hinsichtlich der Frage, welches Naturverständnis in dem vorliegenden Brief zum Ausdruck kommt (Aufgabe 2).

Setzen Sie an bei der befremdlichen Sprache, die den Zugang zum Inhalt des Textes verstellt.

● *Klären Sie deshalb zunächst die äußeren Umstände, die „äußere Handlung" und fassen Sie Ihr Ergebnis in einer Hypothese zusammen:*

Ⓛ **1. Hypothese:** Der vorliegende Text, ein Brief des Goethe'schen Romanhelden Werther an einen Freund, hat den Hintergrund, dass der Schreiber alleine einige sonnige Frühlingsmorgen in einer natürlichen Landschaft, einem waldumstandenen Tal mit hohem Gras und einem Bach, verbringt und den Sonnenstand, aber auch das Leben der Insekten am Boden wahrnimmt.

Schon bei der ersten Lektüre haben Sie natürlich bemerkt, dass es in dem Brief gar nicht um diese äußeren Umstände geht!

● *Worum geht es eigentlich in diesem Brief?*

Ⓛ **2. Hypothese:** In dem Brief geht es dem Schreiber um den Ausdruck seiner Empfindungen angesichts der Naturerlebnisse. (Auch um die Schwierigkeiten des Ausdrückens!)

● *Deuten Sie den Umstand, dass der Brief kaum als solcher zu erkennen ist.*

Ⓛ Gäbe es die drei Anreden nicht, würde nichts darauf hindeuten, dass der Text ein Brief ist. Der Adressat kommt kaum vor. Er scheint für den Absender nicht so wichtig zu sein.

3. Hypothese: Der Stil dieses Briefs weist auf eine extreme Ich-Bezogenheit des Schreibers hin.

Zu dieser Ich-Bezogenheit passt, dass Werther die Natur nicht aus der Distanz des Beobachters beschreibt, sondern seine sehr subjektiven Empfindungen ausdrückt.

● *Beziehen Sie diese Ich-Bezogenheit auf Werthers Verhältnis zur Natur.*

Ⓛ **4. Hypothese:** Werther sieht sich nicht der Natur gegenüber, sondern er nimmt sie auf sich und seine Stimmung bezogen wahr.

Schauen Sie sich noch einmal genauer an, wie Werther sich ausdrückt, um seine Empfindungen darzustellen.

● *Welchen Wortschatz verwendet er? Welchen Bereich will er erfassen?*

Ⓛ Die Welt im großen Maßstab und die „kleine Welt" der Insekten. Auffallend viele Wörter stammen aus dem religiösen Bereich. Werther fühlt das Göttliche in sich.

5. Hypothese: Für Werther gehören das Göttliche, die Natur und seine eigene Person eng zusammen, indem die Naturerfahrung zugleich eine besondere religiöse Erfahrung für ihn bedeutet.

Nehmen Sie nun die sprachliche Form des Briefes noch einmal auf. Auffällig ist der beherrschende fünfte Satz des Briefes.

● *Analysieren Sie seine Struktur und notieren Sie eine Hypothese zum Sinn dieser Satzkonstruktion.*

Ⓛ „Wenn – dann"-Fügung: Konditionalsatz oder Temporalsatz? Der Satz scheint aber logisch nicht ganz klar zu sein.

6. Hypothese: Im Bau des langen Satzes spiegelt sich das Ringen um eine adäquate Wiedergabe der Empfindungen Werthers wider. Mögliche Erklärung für die kommunikative Vernachlässigung des Adressaten: Werther kann ihm kaum mitteilen, was er mitteilen möchte.

Hypothesen zu Epochenmerkmalen bzw. zum heutigen Naturverständnis sollten Sie erst aufstellen, wenn Sie Ihre bisherigen Interpretationshypothesen geprüft haben. Fahren Sie also fort mit dem nächsten Arbeitsschritt.

④ Überprüfung der Hypothesen durch aspektorientierte Textuntersuchung

Sie lassen sich hier am besten von der Fragestellung lenken: Welches Naturverständnis kommt in Werthers Brief zu Ausdruck? Die Textanalyse, die in der ersten Aufgabe gefordert wird, soll in diesem Arbeitsschritt Ihre Interpretation stützen, im Aufsatz dann aber vorbereiten. Notieren Sie Stichworte und kurze Sätze, die Sie im Aufsatz dann ausformulieren können.

Ⓛ Zur 1. Hypothese:
Kein einmaliges Naturerlebnis („gleich den süßen Frühlingsmorgen, die ich ... genieße", Z. 3 ff.; „in dieser Gegend", Z. 6; „in diesen Augenblicken", Z. 12 f.; „Wenn ... dann sehne ich mich oft", Z. 13–32). Der Schreiber fasst zusammen, sitzt vielleicht am Schreibtisch und verarbeitet seine Eindrücke.

Zur 2. Hypothese:
Keine exakten Angaben über das, <u>was</u> er wahrnimmt. Stattdessen geht es um die eigene Befindlichkeit: „wunderbare Heiterkeit"; „mit ganzem Herzen genieße"; „bin so glücklich"; „in dem Gefühle von ruhigem Dasein versunken"; „an meinem Herzen fühle"; „sehne ich mich"; „so voll, so warm in dir lebt"; „ich gehe darüber zugrunde"
Wichtig: erste Äußerung: „wunderbare Heiterkeit", letzte Äußerung: „Ich gehe ... zugrunde". – Widerspruch oder Entwicklung der Stimmung?

Zur 3. Hypothese:
Es könnte sich auch um einen Tagebucheintrag handeln. (Will der Schreiber sich klar werden über sich selbst?)

Grußformel fehlt, am Anfang des Briefes wie auch am Schluss. Schreiber geht nicht auf Adressaten ein, fragt nichts, bezieht ihn kaum ein (Monolog!). Wo er ihn anspricht, klingt es eher wie ein Ausruf oder Seufzer (vgl. Z. 28, 37 f.).
Text wirkt sehr egozentrisch. (Vgl.: 25 Personal- und Possessivpronomen der 1. Person Singular! Dazu 5 Personal- und Possessivpronomen der 2. Person Singular, aber in der Bedeutung der 1. Person gebraucht (Z. 33–36)!)

Zur 4. Hypothese:
Schlüsselwörter zu den Bereichen „Ich" und „Natur":

Ich	Natur
wunderbare Heiterkeit	süßen Frühlingsmorgen
meine ganze Seele	das liebe Tal
mit ganzem Herzen	hohe Sonne
glücklich	undurchdringlichen Finsternis
Gefühle von ruhigem Dasein	meines Waldes
…	…
…	…
…	…

Die Verknüpfung beider Bereiche zeigt die Ich-Bezogenheit der Naturerscheinungen: „Gegend, die für solche Seelen geschaffen ist wie die meine" (Z. 6 f.); „das liebe Tal um mich" (Z. 13 f.); „meines Waldes" (Z. 16);" „das Wimmeln … an meinem Herzen fühle" (Z. 21 ff.); „die Welt um mich her und der Himmel ganz in meiner Seele" (Z. 30 f.); „ich erliege unter der Gewalt …" (Z. 39 f.). Ich-Bezogenheit ist Kennzeichen des Sturm und Drang.

Zur 5. Hypothese:
Viele Wörter, die kosmische Größe benennen (Allmächtiger, Welt und Himmel, unendlicher Gott, Gewalt der Herrlichkeit), und Wörter, die den Mikrokosmos beschreiben (Gräschen, Wimmeln der kleinen Welt, Würmchen, Mückchen). Wörter und Wendungen aus dem religiösen Wortschatz (Seele, Heiligtum, Gegenwart des Allmächtigen, nach seinem Bilde schuf, Allliebenden, Himmel, unendlichen Gottes)
Schlüsselwörter der Empfindsamkeit!

Zur 6. Hypothese:
„Wenn – dann"-Periode: logische Struktur ist gar nicht entscheidend, sondern die Füllung der mit „wenn" eingeleiteten Nebensätze: Aufzählung von Natureindrücken. Der „dann-Teil" wirkt wie ein hilfloser Versuch, den Satz zu Ende zu bringen – ein irrealer Wunsch („Ach könntest du") – 2. Person! Wer wird angesprochen?
Zu Werthers Ausdrucksschwierigkeiten vgl. Z. 10 ff.

Was jetzt noch fehlt, sind Überlegungen zu einer möglichen Verallgemeinerung des im vorliegenden „Werther"-Brief zur Sprache kommenden Naturverständnisses. Hier kommt es auf Ihr Wissen über die Literatur- und Geistesgeschichte an. Anstöße finden Sie in den Info-Kästen am Beginn des Kapitels.

Die Aufgabe, ein heutiges Naturverständnis zu formulieren und mit dem analysierten zu vergleichen, kann nur individuell gelöst werden.

● *Notieren Sie Stichworte zur letzten Teilaufgabe.*

Zu den beiden letzten Teilaufgaben folgen im nächsten Abschnitt noch einige Hinweise.

⑤ Gliederung erstellen, Aufsatz schreiben, Text überarbeiten

Jetzt geht es darum, eine sinnvolle Gliederung für den Aufsatz zu erstellen.
Da die erste Aufgabe eine Analyse des Textes verlangt, müssen Sie auch damit beginnen. Ihre Analyse soll aber auf die Interpretation, nämlich auf die Erläuterung des im Text zum Ausdruck kommenden Naturverständnisses zielen. Die dritte Teilaufgabe fordert dann wieder neue Überlegungen.
Sie beginnen mit der **Einleitung**. Dazu gehört die Nennung von Text, Autor und Thema.

● *Überlegen Sie aber auch, wie Sie dem Leser plausibel machen können, dass Ihre Analyse zu einer Interpretation des Briefes führt.*

Ⓛ In Johann Wolfgang Goethes Briefroman „Die Leiden des jungen Werther" (Fassung von 1787) äußert sich der Protagonist in seinem Brief vom 10. Mai über seine Stimmung, nachdem er des Öfteren einige Stunden in der lieblichen Landschaft, die seinen Aufenthaltsort umgibt, zugebracht hat. Im Folgenden werde ich untersuchen, welches Verständnis von Natur aus Werthers Brief spricht. Dazu werde ich ...

● *Fahren Sie hier fort! Skizzieren Sie Ihre Vorgehensweise.*

Ⓛ ... den Brief zunächst als subjektiven Stimmungsbericht analysieren. Ich werde ihn als Brief und als Ich-Erzählung betrachten und besonders die Sprachverwendung in den Blick nehmen. Dann soll geprüft werden, ob dieser Brief, als Romanausschnitt, typisch ist für eine Haltung gegenüber der Natur in einer bestimmten historischen Epoche.
Schließlich werde ich das heute vorherrschende Naturverständnis mit meinen Ergebnissen vergleichen.

Wie in der Einleitung angekündigt, folgt im **Hauptteil** die Textanalyse.

● *Welche Gliederung erscheint Ihnen hier sinnvoll?*

Ⓛ 1) Der Text als Brief: Welche Kommunikationsabsicht?
2) Der Text als Ich-Erzählung: Welche Perspektive?
3) Werther in der Natur: Welche Sprache verwendet er?
4) Zwischen dem „Allmächtigen" und den „Würmchen": Wo sieht sich Werther?
5) „Ich gehe darüber zugrunde": Die Schwierigkeiten des Ausdrucks

In der zweiten Aufgabe sollen Sie das im Brief formulierte Naturverständnis erläutern, indem Sie auf die zugrunde liegenden geistigen Strömungen der Epoche eingehen.

● *Formulieren Sie die Gliederungspunkte für die zweite und dritte Teilaufgabe.*

Ⓛ 6) Die Hintergründe von Werthers Naturverständnis
    7) „Natur" im „Werther" und heute

Im **Schlussteil** könnten Sie beispielsweise noch einmal die Zeitgebundenheit einer jeden Auffassung von Natur betonen.

Jetzt formulieren Sie mithilfe der Stichworte aus dem 4. Arbeitsschritt die einzelnen Teile der Klausur. Beachten Sie dabei, dass Sie Ihre Thesen belegen (korrekt zitieren!) und dass Sie die Teile plausibel miteinander verknüpfen.

● *Formulieren Sie die Abschnitte 4 und 5 aus der Gliederung aus.*

Ⓛ Obwohl der Brieftext sehr egozentrisch klingt (es kommen über 30 Pronomen vor, die sich auf den Schreiber beziehen), erscheint Werther doch nie als aktiv Handelnder oder Beobachtender. Er sieht sich zwar im Mittelpunkt der Natur („das liebe Tal um mich", Z. 13 f.), gar als ihr Besitzer („meines Waldes", Z. 16), aber stets nur passiv, als Aufnehmender. Was er an Eindrücken aufnimmt, umschließt den Makrokosmos („die hohe Sonne", Z. 14) und den Mikrokosmos „der kleinen Welt zwischen Halmen" (Z. 21 f.). Sein Verhältnis zur Natur ist geprägt von Sympathie auch für die „unergründlichen Gestalten der Würmchen, der Mückchen" (Z. 22 ff.), und er macht keinen Unterschied zwischen der Welt der Insekten und der „Gegend" im Menschenmaßstab. „Im hohen Grase" liegend fühlt er „die Gegenwart des Allmächtigen", des „Alliebenden", denn der schuf „uns nach seinem Bilde" (Z. 26) – Menschen wie Würmer. Die – unberührte – Natur ist für Werther ein „Heiligtum" (Z. 17), und er sieht sich mittendrin.

Probleme hat Werther, wenn er seine Empfindungen ausdrücken will. Symptomatisch ist der Satz „Ich könnte jetzt nicht zeichnen ... und bin nie ein größerer Maler gewesen als in diesen Augenblicken" (Z. 10 ff.). Auch das Schreiben fällt ihm schwer. Der längste Satz des Briefes (Z. 13–37) ist angefüllt mit adjektivreichen Beschreibungen der Natureindrücke, mit Wiederholungen und Steigerungen, aber seine logische Struktur („Wenn – dann") macht keinen rechten Sinn. Am Schluss wird das Scheitern der Darstellung eingeräumt: Der Hauptsatz gipfelt in einem unerfüllbar scheinenden Wunsch: „Ach könntest du das wieder ausdrücken ..." (Z. 33). Der Schreiber wechselt hier in die zweite Person und meint doch sich selbst. Da in einem Brief normalerweise die zweite Person für die Anrede des Partners steht, könnte man dies so verstehen, dass sich der Verfasser an dieser Stelle vergegenwärtigt, in welcher Kommunikationssituation er sich befindet.

Um Werthers Naturauffassung vor dem Hintergrund der Epoche zu erläutern, müssen Sie sich ein wenig in der Literaturgeschichte auskennen.

● *Informieren Sie sich gegebenenfalls näher über die Zeit der „Empfindsamkeit" und des „Sturm und Drang" und formulieren Sie auch den 6. Teil der Gliederung.*

Ⓛ Werthers Brief vom 10. Mai dient also nicht in erster Linie der Information des Adressaten, sondern ist vielmehr als Selbstvergewisserung Werthers und als subjektiver Ausdruck seiner Naturerfahrung zu verstehen. Daher sein monologischer Charakter. Diese Ich-Zentriertheit der Figur Werther ist aber kein purer Egoismus, sondern lässt sich als Ausdruck eines ästhetischen Programms verstehen. Der Stil des „Sturm und Drang" zeigt sich in der Hervorhebung des Einzelnen, der gegen gesellschaftliche Normen aufbegehrt und seine Empfindungen, unter Berufung auf seine Unmittelbarkeit zu Gott, gegen alle Konventionen stellt und ausdrückt.

Die Unmittelbarkeit der Naturerfahrung, die Werther durch die vielen Verweise auf seine „Seele" und sein „Herz" und das Gefühl ausdrücken will, ist freilich eine Fiktion. Denn das Vokabular, das er verwendet, erscheint besonders dem heutigen Leser als stark zeitgebunden: So sprach man in der Epoche der Empfindsamkeit, und dementsprechend fühlte man auch so. Die Vorstellung von einer Unio mystica, einer göttlichen Einheit alles Geschaffenen, setzt eine bestimmte Gottesvorstellung voraus ...

Dem solcherart erläuterten Naturverständnis der Romanfigur Werther können Sie nun eine heute herrschende Auffassung von der Natur gegenüberstellen.

● *Versetzen Sie sich dazu in Werthers Lage, soweit sie Ihnen aus dem Brief deutlich geworden ist. Welche Erfahrungen würden Sie in der Situation machen? Welche Gedanken hätten Sie? Wie würden Sie darüber schreiben?*

Ⓛ Obwohl auch Ihr Zugang zur „Natur" kein unmittelbarer sein wird, sondern wiederum zeittypische Merkmale aufweist, wird Ihre Antwort doch so individuell sein, dass wir hier auf einen Lösungsvorschlag verzichten.

Für die **Überarbeitung** Ihres Aufsatzes sollten Sie genügend Zeit eingeplant haben. Einen Teil dieser Tätigkeit haben Sie vermutlich schon während der Ausformulierung geleistet.
Jetzt folgt eine letzte Überarbeitungsphase. In diesem Arbeitsschritt ist es von Vorteil, wenn Sie bei der Vorbereitung auf die schriftliche Abiturprüfung einmal eine Fehleranalyse anhand der letzten Deutschklausuren vorgenommen haben (vgl. S. 7). Sie können den Text dann gezielt auf Ihre speziellen „Lieblingsfehler" hin durchsehen.
Versuchen Sie Ihre Arbeit „mit fremdem Blick" kritisch zu lesen (nutzen Sie zur Vorbereitung auch die Übungen auf S. 110ff.).
Prüfen Sie den Text anhand folgender Fragen:
– Habe ich alle Aspekte der Aufgabenstellung berücksichtigt?
– Halte ich, was ich in der Einleitung verspreche?
– Habe ich die einzelnen Abschnitte nachvollziehbar miteinander verknüpft?
– Belege ich meine Behauptungen?
– Vermeide ich Wiederholungen?
– Und zuletzt: Ist formal alles korrekt (Name, Datum, Überschrift, Rand, Seitenzahlen, Ziffern für Fußnoten ...)?

1.3 Klausur Dramenszene

Vorbemerkung

Bei dem vorliegenden Auszug handelt es sich um das zweite Bild aus Bertolt Brechts Drama „Leben des Galilei" in der Fassung von 1955/56 (erste, so genannte Dänische Fassung 1938/39).

Das Stück beginnt im Jahre 1609 in Padua, wo Galilei als Mathematiker an der Universität lehrt. Galileo Galilei lebt mit seiner Haushälterin Frau Sarti und ihrem Sohn Andrea in bescheidenen Verhältnissen. Er ist bestrebt, die Theorie des Kopernikus zu beweisen. Ein reicher junger Mann, Ludovico, fragt nach Privatunterricht und informiert Galilei über die Erfindung eines Fernrohrs in Holland. Galilei nimmt den Schüler aus Geldnot an und benutzt dessen Beschreibung zur Konstruktionsweise des Fernrohrs für die eigene Fertigung eines Teleskops.

Bertolt Brecht (1898–1956)

Leben des Galilei (Auszug aus der Fassung von 1955/56)

2
GALILEI ÜBERREICHT DER REPUBLIK
VENEDIG EINE NEUE ERFINDUNG.

Groß ist nicht alles, was ein großer Mann tut
Und Galilei aß gern gut.
5 Nun hört, und seid nicht grimm darob
Die Wahrheit übers Teleskop.

Das Große Arsenal[1] von Venedig am Hafen

Ratsherren, an ihrer Spitze der Doge[2]. Seitwärts Galileis Freund Sagredo und die fünfzehnjährige
10 *Virginia. Galilei mit einem Samtkissen, auf dem ein etwa 60 Zentimeter langes Fernrohr in karmesinrotem Lederfutteral liegt. Auf einem Podest Galilei. Hinter sich das Gestell für das Fernrohr, betreut von dem Linsenschleifer Federzoni.*
15 GALILEI Eure Exzellenz, Hohe Signoria[3]! Als Lehrer der Mathematik an Ihrer Universität in Padua und Direktor Ihres Großen Arsenals hier in Venedig habe ich es stets als meine Aufgabe betrachtet, nicht nur meinem hohen
20 hen Lehrauftrag zu genügen, sondern auch durch nützliche Erfindungen der Republik Venedig außergewöhnliche Vorteile zu schaffen. Mit tiefer Freude und aller schuldigen Demut kann ich Ihnen heute ein vollkom-
25 men neues Instrument vorführen und über-
reichen, mein Fernrohr oder Teleskop, angefertigt in Ihrem weltberühmten Großen Arsenal nach den höchsten wissenschaftlichen und christlichen Grundsätzen, Frucht siebenzehnjähriger geduldiger Forschung Ihres 30
ergebenen Dieners.
Galilei verläßt das Podest und stellt sich neben Sagredo. Händeklatschen. Galilei verbeugt sich.
GALILEI *leise zu Sagredo:* Zeitverlust!
SAGREDO *leise:* Du wirst deinen Fleischer bezahlen können, Alter. 35
GALILEI Ja, es wird ihnen Geld einbringen. *Er verbeugt sich wieder.*
DER KURATOR[4] *betritt das Podest:* Exzellenz, Hohe Signoria! Wieder einmal bedeckt sich 40
ein Ruhmesblatt im großen Buch der Künste mit venezianischen Schriftzeichen. *Höflicher Beifall.* Ein Gelehrter von Weltruf übergibt Ihnen, und Ihnen allein, hier ein höchst verkaufbares Rohr, es herzustellen und auf den 45
Markt zu werfen, wie immer Sie belieben. *Stärkerer Beifall.* Und ist es Ihnen beigefallen, daß wir vermittels dieses Instruments im Kriege die Schiffe des Feinds nach Zahl und Art volle zwei Stunden früher erkennen wer- 50
den als er die unsern, so daß wir, seine Stärke wissend, uns zur Verfolgung, zum Kampf oder zur Flucht zu entscheiden vermögen?

Sehr starker Beifall. Und nun, Exzellenz, Hohe
55 Signoria, bittet Herr Galilei Sie, dieses Instrument seiner Erfindung, dieses Zeugnis seiner
Intuition, aus der Hand seiner reizenden
Tochter entgegenzunehmen.
Musik. Virginia tritt vor, verbeugt sich, übergibt
60 *das Fernrohr dem Kurator, der es Federzoni über-*
gibt. Federzoni legt es auf das Gestell und stellt es
ein. Doge und Ratsherren besteigen das Podium
und schauen durch das Rohr.
GALILEI *leise:* Ich kann dir nicht versprechen,
65 daß ich den Karneval hier durchstehen werde. Die meinen hier, sie kriegen einen ein-
träglichen Schnickschnack, aber es ist viel
mehr. Ich habe das Rohr gestern nacht auf
den Mond gerichtet.
70 SAGREDO Was hast du gesehen?
GALILEI Er leuchtet nicht selbst.
SAGREDO Was?
RATSHERREN Ich kann die Befestigung von
Santa Rosita sehen, Herr Galilei. – Auf dem
75 Boot dort essen sie zu Mittag. Bratfisch. Ich
habe Appetit.
GALILEI Ich sage dir, die Astronomie ist seit
tausend Jahren stehengeblieben, weil sie kein
Fernrohr hatten.
80 RATSHERR Herr Galilei!
SAGREDO Man wendet sich an dich.
RATSHERR Mit dem Ding sieht man zu gut. Ich
werde meinen Frauenzimmern sagen müs-
sen, daß das Baden auf dem Dach nicht mehr
85 geht.
GALILEI Weißt du, aus was die Milchstraße
besteht?
SAGREDO Nein.
GALILEI Ich weiß es.
90 RATSHERR Für so ein Ding kann man seine 10
Skudi verlangen, Herr Galilei. *Galilei verbeugt*
sich.
VIRGINIA *bringt Ludovico zu ihrem Vater:* Ludovico will dir gratulieren, Vater.
95 LUDOVICO *verlegen:* Ich gratuliere, Herr.
GALILEI Ich habe es verbessert.
LUDOVICO Jawohl, Herr. Ich sah, Sie machten
das Futteral rot. In Holland war es grün.
GALILEI *wendet sich zu Sagredo:* Ich frage mich

sogar, ob ich mit dem Ding nicht eine gewis- 100
se Lehre[5] nachweisen kann.
SAGREDO Nimm dich zusammen.
DER KURATOR Ihre 500 Skudi sind unter Dach,
Galilei.
GALILEI *ohne ihn zu beachten:* Ich bin natür- 105
lich sehr mißtrauisch gegen jede vorschnelle
Folgerung.
Der Doge, ein dicker bescheidener Mann, hat sich
Galilei genähert und versucht mit unbeholfener
Würde ihn anzureden. 110
DER KURATOR Herr Galilei, seine Exzellenz,
der Doge.
Der Doge schüttelt Galilei die Hand.
GALILEI Richtig, die 500! Sind Sie zufrieden,
Exzellenz? 115
DOGE Unglücklicherweise brauchen wir in
der Republik immer einen Vorwand für unse-
re Stadtväter, um unseren Gelehrten etwas
zukommen lassen zu können.
DER KURATOR Andrerseits, wo bliebe sonst der 120
Ansporn, Herr Galilei?
DOGE *lächelnd:* Wir brauchen den Vorwand.
Der Doge und der Kurator führen Galilei zu den
Ratsherren, die ihn umringen. Virginia und Lu-
dovico gehen langsam weg. 125
VIRGINIA Habe ich es richtig gemacht?
LUDOVICO Ich fand es richtig.
VIRGINIA Was hast du denn?
LUDOVICO Oh, nichts. Ein grünes Futteral wä-
re vielleicht ebensogut gewesen. 130
VIRGINIA Ich glaube, alle sind sehr zufrieden
mit Vater.
LUDOVICO Und ich glaube, ich fange an, et-
was von Wissenschaft zu verstehen.   Ⓡ

1 Das Große Arsenal: Zeughaus in Venedig, galt seit
dem Mittelalter als führende technische Produktions-
stätte in Europa
2 Doge: Staatsoberhaupt der Republik Venedig
3 Signoria: Regierung
4 Kurator: Vermögensverwalter und höchster Beamter
der Republik Venedig
5 eine gewisse Lehre: die von Nikolaus Kopernikus
(1473–1543) begründete Theorie, nach der die Sonne
der Mittelpunkt der Planetenbahnen ist (heliozentri-
sches Weltbild). Diese Lehre wurde von der Kirche unterdrückt, ihre Anhänger wurden von der Inquisition
verfolgt.

> ⓘ
> **Galileo Galilei**
>
> Galileo Galilei (1564–1642), italienischer Naturforscher, Erfinder und Mathematiker, entdeckte 1610 mit einem selbst konstruierten Fernrohr u. a. die Phasen der Venus, die Sonnenflecken und die Jupitermonde. Später stellte er fest, dass die Planeten keine selbst leuchtenden Himmelskörper sind. Damit konnte Galilei die kopernikanische Theorie beweisen, nach der nicht die Erde, sondern die Sonne der Mittelpunkt unseres Planetensystems ist. Galilei geriet mit seiner Forschung in Gegensatz zur herrschenden kirchlichen Lehre, wurde 1616 in einem Inquisitionsprozess zum Schweigen und 1633, nach der Publikation seines „Dialogs", zum Widerruf und zu lebenslanger Haft verurteilt.

❶ *Interpretieren Sie die Szene im Hinblick auf die Interessen und das Verhalten der Figur Galilei.*

❷ *Konzipieren Sie für die Szene einen weiteren „V-Effekt". Begründen Sie Ihre Konzeption.*

❶ Aufgabenstellung verstehen

Die beiden Aufgaben verlangen ganz Unterschiedliches von Ihnen: Zuerst eine Untersuchung und Deutung des vorliegenden Textes mit Blick auf die Hauptfigur, dann eigene Gedanken zur Ergänzung der Szene.

Die Aufgabenstellung setzt nicht die Kenntnis des gesamten Dramas voraus; insofern ist es nicht erforderlich, die Szene im Kontext des gesamten Stückes zu interpretieren.

Bei der Analyse einer Dramenszene müssen Sie noch auf andere Aspekte achten als bei epischen oder lyrischen Texten. Sie müssen dazu anders lesen (dazu mehr im ersten Arbeitsschritt).

Für die Bearbeitung der zweiten Aufgabe sollen Sie Ihre Fantasie einsetzen, um eine mögliche Ergänzung zur zweiten Szene des Stücks zu formulieren, und Sie müssen einiges über Brechts Theaterkonzeption wissen, zumindest müssen Sie wissen, was der von Brecht so genannte „V-Effekt" ist und welche Funktion er in Brechts Stücken hat. (Blättern Sie falls nötig zurück zum Vorkurs, S. 54!)

Beachten Sie, dass es in dieser zweiten Aufgabe nicht nur um das Hinzufügen eines neuen Textelements geht, also um eine „kreative" Tätigkeit, sondern auch darum, mithilfe Ihrer Kenntnisse für Ihre Idee zu argumentieren!

❷ Text lesen, erste Eindrücke festhalten

Einen Dramentext liest man anders als z. B. eine Erzählung oder ein Gedicht. Machen Sie sich klar, dass Sie es innerhalb eines Dramas mit zwei verschiedenen Arten von Text zu tun haben.

● *Notieren Sie, welche zwei Arten von Text man in einem Drama unterscheiden kann.*

In einem Drama gibt es den Haupttext und den Nebentext. Der Haupttext ist im Wesentlichen das, was gesprochen wird, vorwiegend also Dialoge und Monologe. Der Nebentext wird dem Zuschauer im Theater nicht zur Kenntnis gebracht, es handelt sich hier hauptsächlich um Regieanweisungen und Beschreibungen des Bühnenbilds.
Der Nebentext wird in der Regel anders gesetzt als der Haupttext, meist kursiv.

Überlesen Sie den Nebentext nicht flüchtig! Er hilft Ihrer Vorstellung auf die Sprünge und enthält oft wesentliche Informationen. Wenn z. B. eine Figur „leise" zu einer anderen spricht, während um sie herum von etwas anderem geredet wird, lässt dies wichtige Rückschlüsse auf die Figurenkonstellation zu!
Der Haupttext muss während des Lesens von Ihnen erst mit Leben gefüllt werden. Lesen Sie also so, dass Sie sich Ihre eigene Inszenierung im Kopf machen. Versuchen Sie sich bildlich vorzustellen, wie die Personen aussehen und wo sie sich auf der Bühne befinden.

● *Lesen Sie den vorliegenden Text – wie immer mit einem Stift in der Hand, um ihn zu gliedern und Auffälliges zu markieren.*

Vielleicht ist Ihnen der Szenentitel aufgefallen: „Galilei überreicht der Republik Venedig eine neue Erfindung." Der Titel gibt in sehr knapper Form den Inhalt des Bildes wieder. Derartige Szenentitel werden in Brechts epischem Theater z. B. als Spruchband über der Szene aufgehängt oder auf die Bühne projiziert. Sie können auch von einem Schauspieler vorgetragen werden.
Auffällig ist zudem der erste Abschnitt des Textes, das kleine Gedicht, das noch vor dem Auftritt der Figuren steht.

● *Handelt es sich bei dem einleitenden Epigramm (Sinnspruch, Sinngedicht) um Haupttext oder um Nebentext?*

Das Epigramm ist nicht kursiv gedruckt, sondern steht in demselben Schriftstil wie die wörtliche Rede in der Szene. Also: Haupttext.

● *An wen richtet sich das Epigramm? Was könnte seine Funktion sein?*

Die Beschreibung der Situation auf der Szene folgt erst anschließend im Nebentext; der Vorhang ist also noch geschlossen: Das Publikum wird direkt angesprochen.
Epigramm als Vorschau: Die Zuschauer sollen vorbereitet werden auf das, was sie gleich auf der Bühne zu sehen bekommen.

Erst nach dem einleitenden Epigramm – im Stück ist nicht festgelegt, wer es vorträgt – folgt die Nennung des Ortes und der auftretenden Personen.

Da es in der ersten Aufgabe um die Figur Galileo Galilei geht, sollten Sie vor der genaueren Lektüre schon Ihren ersten Eindruck von dieser Figur festhalten.

● *Schreiben Sie in Stichworten auf, wie Galilei auf Sie wirkt.*

Ergab Ihre erste Lektüre ein widersprüchliches Bild der Figur Galilei?
Anfangs erscheint Galilei als stolzer Wissenschaftler, dann macht er sich lustig über die feierliche Zeremonie und scheint nur an einer Erhöhung seines Einkommens (sowie an der Fortsetzung seiner astronomischen Forschung) interessiert zu sein. Er gibt vor, in siebzehnjähriger Arbeit ein Fernrohr erfunden zu haben, später wird deutlich gesagt, dass Galilei das Fernrohr lediglich nachgebaut (höchstens verbessert) hat. – Ist Galilei also ein Betrüger?

❸ Interpretationshypothesen bilden

In diesem Arbeitsschritt versuchen Sie Ihren Eindruck von der Figur Galilei zu präzisieren und zu differenzieren. Mit Blick auf die Aufgabenstellung bilden Sie Interpretationshypothesen, die Sie dann im nächsten Schritt einzeln überprüfen. Erst danach, wenn die Ergebnisse Ihrer Analyse feststehen, können Sie sich an das Verfassen der Aufsatzes machen.
Gefragt ist nach dem Verhalten der Figur Galilei und nach seinen Interessen.
Beginnen wir mit dem Verhalten Galileis. Das Verhalten einer Figur zeigt sich einerseits im Sprechen (Was sagt sie? Wie sagt sie es?), andererseits in den Handlungen (oft im Nebentext beschrieben).
Interessant sind oft besonders die Stellen, an denen Brüche im Verhalten einer Figur offenkundig werden, z.B. dadurch, dass es einen Widerspruch zwischen Sprechen und Handeln gibt.
Lesen Sie die Szene noch einmal bis zu der Stelle, an der sich ein erster Bruch im Verhalten Galileis zeigt. Sicher finden Sie die Stelle sofort.

🔸 *Nennen Sie die Textstelle.*

Ⓛ Nach dem ersten Redeteil, Galileis Ansprache an die Signoria, wendet er sich an seinen Freund Sagredo und kommentiert das Geschehen („Zeitverlust!", Z. 34).

Dies wirft ein anderes Licht auf Galileis vorangegangene Rede. Er bewertet die feierliche Übergabe privat ganz anders als offiziell.
Lesen Sie den Text daraufhin bis Z. 92 aufmerksam weiter (auch den Nebentext!).

🔸 *Was fällt Ihnen an Galileis Verhalten weiter auf?*

Ⓛ Während die Ratsherren das Teleskop auf ihre nähere Umgebung richten, spricht Galilei mit seinem Freund Sagredo über astronomische Entdeckungen, die er mit dem Fernrohr gemacht hat. Diesen Entdeckungen und der Bedeutung des neuen optischen Instruments für den Beweis der kopernikanischen Lehre gilt Galileis eigentliches Interesse. Zugleich wahrt er den Schein und verbeugt sich gegenüber den Würdenträgern der Stadt (Z. 37 f., 91 f.).

Im Weiteren geht es nicht nur um Forschung. – Lesen Sie die Szene zu Ende.

🔸 *Deuten Sie Galileis Verhalten und schließen Sie auf sein Interesse.*

Ⓛ Als der Doge Galilei beglückwünscht, fallen Galilei zuerst die 500 Skudi ein, die ihm zusätzlich bewilligt wurden. Ihm scheint also das Geld sehr wichtig zu sein. Der Doge und der Kurator nehmen das Thema auf.

● *Halten Sie die bisherigen Ergebnisse in Form von Hypothesen fest.*

Ⓛ 1) Galilei verhält sich offiziell anders als inoffiziell.
2) Galilei hat ein anderes Interesse an dem Fernrohr als die Stadt Venedig: Ihn interessiert das Teleskop als Instrument der astronomischen Forschung.
3) Galilei gibt sich als Erfinder aus, um mehr Geld von der Stadt zu erhalten.

④ **Überprüfung der Hypothesen durch aspektorientierte Textanalyse**

Die Interpretationshypothesen sind vorläufige Aussagen zum Verhalten und zu den Interessen der Hauptfigur. Sie müssen nun genauer überprüft werden.

Zu Hypothese 1): Der Widerspruch in Galileis Verhalten

Galilei stellt sich offiziell anders dar als gegenüber seinem Vertrauten. Dies zeigt sich vor allem in der Art und Weise, wie er spricht.

● *Benennen Sie die Unterschiede zwischen der „offiziellen" und der privaten Sprache Galileis. Achten Sie dabei auf formale wie inhaltliche Aspekte.*

Ⓛ Offiziell: gehobener Stil (Z. 15–31)
– formal korrekt (Anrede der Ratsherren und des Dogen, Nennung der Titel)
– feierlich (lange Sätze, viele Adjektive: „hohen Lehrauftrag", „nützliche Erfindungen", „außergewöhnliche Vorteile", „tiefer Freude", „weltberühmten Großen Arsenal", „höchsten wissenschaftlichen und christlichen Grundsätzen", „siebenzehnjähriger geduldiger Forschung")

– demütig, unterwürfig („schuldigen Demut", „ergebenen Dieners")

Privat: umgangssprachlich
Wortwahl: salopp: Charakterisierung der Zeremonie als „Karneval" (Z. 65); „Schnickschnack" (Z. 67); „das Rohr" (Z. 68); „mit dem Ding" (Z. 100)
Satzbau: kurze oder unvollständige Sätze („Zeitverlust!", Z. 34): signalisiert Vertrautheit

Es ist nun nicht ungewöhnlich, dass man sich in öffentlicher Rede anders äußert als im privaten Rahmen. In dieser Szene zeigt sich in Galileis Verhalten aber ein deutlicher Widerspruch.

● *Zeigen Sie, wodurch dieser Widerspruch erzeugt wird.*

Ⓛ Zuspitzung durch Kontrastierung: Zwischen den feierlichen Ansprachen kommentiert Galilei die Zeremonie abfällig. (Widerspruch zur zuvor geäußerten „tiefe[n] Feude und [...] schuldigen Demut")
Zugleich verbeugt er sich zum Applaus der Anwesenden (Widerspruch zwischen Sprechen und Handeln).

Zu Hypothese 2): Galileis wahres Interesse am Fernrohr

🟠 *Stellen Sie zusammen, was der „offizielle" Nutzen des Fernrohrs ist, und was Galilei sich von dem Gerät verspricht.*

Ⓛ Nutzen für die Stadt
ökonomisch: „außergewöhnliche Vorteile"
(Z. 22, Galilei), „höchst verkaufbares Rohr",
„auf den Markt zu werfen", (Z. 44 ff., Kurator),
„kann man seine 10 Skudi verlangen" (Z. 90 f.,
Ratsherr)
militärisch: „die Schiffe des Feinds [...] früher
erkennen" (Z. 49 f., Kurator)
als Spielerei, zur Unterhaltung: „Auf dem
Boot dort essen sie zu Mittag. Bratfisch"
(Z. 74 f., Ratsherr), „Ich werde meinen Frauen-

zimmern sagen müssen, daß das Baden auf
dem Dach nicht mehr geht" (Z. 82 ff., Ratsherr)

Galileis Interesse
astronomische Forschung: „das Rohr [...] auf
den Mond gerichtet" (Z. 68 f.), „Die Astronomie ist seit tausend jahren stehengeblieben,
weil sie kein Fernrohr hatten" (Z. 77 ff.), „... aus
was die Milchstraße besteht" (Z. 86 f.), „... eine
gewisse Lehre nachweisen" (Z. 100 f.)

Wenn man die unterschiedlichen Interessen vergleicht, könnte man zu dem Schluss kommen, Galilei erfülle seine Pflichten als loyaler Bürger Venedigs und verfolge daneben noch seine eigenen Interesse als Forscher, der eine Lehre beweisen will.
Sie wissen, dass diese „gewisse Lehre" zu Galileis Zeit als gefährlich galt und unterdrückt wur-de. Galilei beweist als Forscher Mut, indem er seine Studien offenbar weiter betreiben will.
Hier bahnt sich eine Auseinandersetzung an, die die Handlung in den folgenden Szenen be-stimmen wird. Aber der Konflikt um die konkurrierenden Weltbilder bleibt in der zweiten Szene noch im Hintergrund. Das Problem in dieser Szene besteht darin, dass Galilei eine frem-de Erfindung als seine eigene ausgibt. – Warum tut er dies?

Zu Hypothese 3): Galileis Motiv, als Erfinder aufzutreten

Einen Hinweis dazu haben Sie im vorigen Arbeitsschritt schon gefunden: Galilei spricht den Dogen auf die vom Kurator zugesicherte Gehaltserhöhung an. Es gibt noch eine weitere Stel-le in der Szene, die den ökonomischen Vorteil für Galilei ins Spiel bringt.

🟠 *Schreiben Sie die Stelle heraus.*

Ⓛ Z. 35 f.: Sagredo zu Galilei: „Du wirst deinen Fleischer bezahlen können, Alter."

Hier trifft sich Galileis Interesse mit dem der Stadt: Er verschafft der Republik Venedig ein „höchst verkaufbares Rohr" und bekommt ebenfalls mehr Geld.
Wie wird nun dieses Verhalten in der Szene bewertet? Ludovico weiß von dem Betrug.

🟠 *Wie bewertet Ludovico Galileis Verhalten?*

Ⓛ Er äußert sich nur indirekt dazu: gratuliert Galilei (obwohl der weiß, dass Ludovico weiß ...) und macht eine ironische Anspielung („Ich sah, Sie machten das Futteral rot. In Holland war es grün", Z. 97 f.). Am Schluss der Szene spricht er wieder nur in Andeutungen („Und ich glaube, ich fange an, etwas von Wissenschaft zu verstehen", Z. 133 f.).

Auch der Doge könnte ahnen, dass es hier nicht mit rechten Dingen zugeht. Seine wiederholte Äußerung „Wir brauchen den Vorwand" (Z. 116 f. bzw. 122) könnte man so verstehen, dass er Galilei die „siebenzehnjährige Forschung" nicht abnimmt. – Aber man ist sich einig und jede Seite hat ihren Vorteil.
Wie soll nun der Zuschauer den Betrug, den er ja durchschaut, bewerten?
Bei der ersten Lektüre ist Ihnen das einleitende Epigramm aufgefallen, das noch vor dem Spiel der Figuren ans Publikum gerichtet wird und das Geschehen kommentiert.

🔸 *Welche Bewertung der Hauptfigur wird dem Zuschauer im Epigramm nahe gelegt?*

Ⓛ Galilei als „großer Mann", der aber nicht nur Großes tut: Relativierung des Helden
„aß gern gut": wirkt sympathischer als z. B. „war geldgierig"
„seid nicht grimm darob": Man soll Galileis Verhalten mit Nachsicht betrachten.

Einerseits wird also auf die (moralische) Schwäche der Figur Galilei hingewiesen, andererseits wird um Sympathie für ihn geworben. Der Zuschauer (oder Leser) soll sich ein eigenes Urteil über das Verhalten der Figur bilden. Dies können Sie im Schlussteil zur ersten Aufgabe tun. Die Aufgabe selbst fordert keine ausgearbeitete Erörterung von Galileis Verhalten.
Stattdessen sollen Sie in der zweiten Aufgabe kreativ tätig werden. Sie können natürlich beide Aufgabenteile dadurch verbinden, dass Sie bei der Konzeption Ihres „V-Effekts" an Ihre Analyseergebnisse anschließen.

⑤ Gliederung erstellen, Aufsatz schreiben

Weil beide Aufgaben nicht unmittelbar miteinander zusammenhängen, können Sie jetzt den ersten Teil Ihres Aufsatzes (zu Aufgabe 1) ausformulieren und anschließend die zweite Aufgabe in Angriff nehmen. (Wenn Sie lieber erst einmal alles in der Kladde haben wollen, fahren Sie mit dem 6. Arbeitsschritt fort und kehren Sie dann zu diesem Teil zurück.)
Klar ist, dass Ihr Aufsatz eine Einleitung braucht. Wie aber könnte man den Hauptteil aufbauen?

🔸 *Formulieren Sie ein Gliederung, die an den Arbeitsschritten 3 und 4 orientiert ist.*

Ⓛ Einleitung

Hauptteil
    1) Galileis Verhalten
    2) Galileis Interessen
    3) Beurteilung Galileis

Schluss der Textanalyse

Ihre Lösung zur zweiten Aufgabe könnten Sie einfach anfügen. Hier ist die Gliederung schon vorgegeben: 4) Vorschlag eines V-Effekts, 5) Begründung des Vorschlags.

Eine **Einleitung** zu schreiben gehört zu den Umgangsformen in der schriftlichen Kommunikation. Es ist vergleichbar mit dem Anklopfen, bevor man ein fremdes Zimmer betritt. Der nützliche Aspekt einer Einleitung ist die Orientierung des Lesers. Er soll wissen, um was es in dem folgenden Text geht. Da im Falle einer Klausur Ihre Leser die Aufgabenstellung aber kennen, vielleicht selbst formuliert haben, sollten Sie sie nicht einfach wiederholen. Versuchen Sie schon etwas zu Ihrem Vorgehen bei der Untersuchung zu schreiben, vielleicht schon Ihr Ergebnis anzudeuten. Dies zeigt dem Leser auch, dass Sie Ihren Text geplant haben und nicht einfach drauflosfabulieren. Nicht nur bei Erörterungen ist es möglich, an aktuelle Ereignisse oder allgemeine Auffassungen anzuknüpfen, um dann zum eigentlichen Gegenstand des Aufsatzes hinzuleiten, dies können Sie auch bei Literaturanalysen machen. Eine andere Möglichkeit wäre, bei einem allgemeineren Thema (etwa dem Kursthema) anzusetzen und dann zur speziellen Problematik in der bearbeiteten Aufgabe hinzuführen.

● *Versuchen Sie für beide Möglichkeiten solche ersten Sätze zu formulieren.*

Ⓛ Immer wieder ist von Fällen zu lesen, in denen Wissenschaftler Untersuchungsergebnisse fälschen. In der zweiten Szene von Bertolt Brechts Stück „Leben des Galilei" wird ein ähnliches Verhalten dargestellt.

Die Probleme, die zum Thema „Verantwortung des Wissenschaftlers" in vielen literarischen Texten behandelt werden, sind meist von großer Tragweite.
In Bertolt Brechts Drama „Leben des Galilei" geht es um das Handeln des Wissenschaftlers im Konflikt mit der herrschenden Meinung. In der zweiten Szene aber steht ein anderes Problem im Vordergrund.

Jetzt nennen Sie das Thema der Textuntersuchung und skizzieren Ihr Vorgehen.

Im **Hauptteil** entfalten Sie Ihre Analyse. Wenn Sie in der Kladde so gut vorgearbeitet haben wie hier im vierten Arbeitsschritt, müssen Sie die Punkte nur noch ausformulieren und miteinander verbinden.
Erproben Sie dies jetzt am Punkt 2 und 3 der Gliederung.

● *Formulieren Sie die beiden Gliederungspunkte nach den Vorarbeiten im vierten Arbeitsschritt aus.*

Ⓛ Welches ist nun Galileis Interesse an der neuen Erfindung? Er selbst übergibt das Teleskop offiziell der Regierung der Republik Venedig und betont seinen Nutzen, die „außergewöhnliche[n] Vorteile" (Z. 22) für die Stadt. Der venezianische Kurator führt aus, dass sich das Fernrohr gut verkaufen lasse und dass es militärische Vorteile bringe. Galilei hält solche praktischen Anwendungen für „Schnickschnack" (Z. 67). Sein Interesse richtet sich auf die Möglichkeiten, die das neue Instrument für die astronomische Forschung bietet. Er sieht sich vor großen Entdeckungen, die zuvor nicht möglich waren, weil die Hilfsmittel fehlten (vgl. Z. 77 ff.). Die welterschütternde Bedeutung des Teleskops klingt im Gespräch mit Sagredo an: „Ich frage mich sogar, ob ich mit dem Ding nicht eine gewisse Lehre nachweisen kann" (Z. 99 ff.). – Dagegen müssen die ökonomischen und militärischen Interessen der Stadt engstirnig wirken. Galilei macht sich darüber lustig, aber auch Brecht karikiert dieses Denken: Die Ratsherren lässt er als nicht besonders weitblickend erscheinen. Ihr Horizont endet beim Essen und bei den Frauen (vgl. Z. 73 ff. und 82 ff.).

Besteht hier also ein Gegensatz zwischen der borierten Regierung, die nur auf unmittelbaren Nutzen aus ist, und Galilei, der hehre wissenschaftliche Ziele verfolgt?

In einer Hinsicht treffen sich Galileis Interessen und die Interessen der Republik Venedig am Teleskop: beim Geld. Preist der Kurator gegenüber der Regierung das Fernrohr als „höchst verkäuflich" an, „auf den Markt zu werfen, wie immer Sie belieben" (Z. 44 ff.), so kann er Galilei eine Gehaltserhöhung zusichern (vgl. Z. 103 f.). Dass Galilei die Präsentation wegen dieses Geldes erst inszeniert, wird deutlich, wenn herauskommt, dass er das Fernrohr lediglich nachkonstruiert hat. Die „siebenzehnjährige[...] Forschung", die er in seiner Rede hervorhebt, hat nicht stattgefunden; Galilei betrügt hier seine Stadt, um zu Geld zu kommen.

Dieses Verhalten wird in der Szene zurückhaltend bewertet. Galileis Schüler Ludovico, der ihm von der Erfindung berichtet hat, durchschaut natürlich den Schwindel, wagt aber nur eine ironische Anspielung („Ich sah, Sie machten das Futteral rot. In Holland war es grün", Z. 97 f.). Am Schluss der Szene formuliert er die Erkenntnis, dass es so in der Wissenschaft zugehe.

Brecht stellt der Szene ein kleines Epigramm voran, in dem das Geschehen vorweg kommentiert wird. Galilei wird dort einerseits ein „großer Mann" genannt, andererseits wird diese Größe relativiert: „Groß ist nicht alles, was ein großer Mann tut" (Z. 3). Im Hinblick auf den in der zweiten Szene vorgeführten Coup Galileis wirbt der Sprecher des Gedichts aber auch um Sympathie: „Galilei aß gern gut" (Z. 4). Dies klingt anders als z. B. „Gailei war geldgierig"! Man solle auch nicht „grimm" über die Sache mit dem Teleskop sein. Brecht weist hier zum einen auf die moralische Schwäche der Hauptfigur hin, legt dem Zuschauer oder Leser aber auch nahe, dass man Galileis Verhalten mit Nachsicht betrachten soll.

Die Beurteilung der Figur wird letztlich offen gelassen. Der Leser oder Zuschauer muss selbst entscheiden, ob er Galilei für ein „Schlitzohr" hält, dem man eine kleine Schwindelei verzeihen kann, oder ob er Galilei für einen Betrüger hält, der nicht nur unter Ausnutzung seiner Position seine Stadt betrügt, sondern auch geistigen Diebstahl begeht, indem er eine fremde Erfindung als seine eigene ausgibt.

Im **Schlussteil** können Sie Ihre eigene Beurteilung von Galileis Verhalten formulieren. Wenn Sie schon eine Idee zur zweiten Aufgabe haben, können Sie einen überleitenden Satz formulieren.

6 Kreatives Schreiben, Text überarbeiten

Die zweite Aufgabe setzt dreierlei voraus:
– ein Verständnis der Szene (das haben Sie in der Interpretation gewonnen)
– Kenntnisse über Brechts Dramentheorie (die werden vorausgesetzt; informieren Sie sich gegebenenfalls im Vorkurs, S. 54)
– ein wenig Fantasie (Letztere ist, wenn Sie ein Drama *lesen*, ohnehin schon tätig)

Die Aufgabe gehört zwar zu den „kreativen", das sollte Sie aber nicht dazu verleiten, einfach drauflozuschreiben! Auch Schriftsteller planen ihre Werke schließlich.

Was ein „V-Effekt" ist, wissen Sie also.

● *Nennen Sie den auffälligsten V-Effekt der 2. Szene und beschreiben sie dessen Wirkung auf den Zuschauer.*

Ⓛ   Auffälligster V-Effekt: das einleitende Epigramm
Zuschauer wird aus dem Ablauf des Geschehens nach der 1. Szene herausgerissen
Verfremdung durch Bewertung aus historischer Distanz
Gedicht in seiner simplen, kindlichen Machart baut einen Gegensatz auf zur historischen Bedeutung der Hauptfigur und des dargestellten Geschehens
Epigramm holt Galilei wieder „auf die Erde" zurück, Zuschauer baut Distanz auf zu dem „großen Mann" Galilei

Der Zuschauer soll sich also nicht mit dem Helden des Stücks identifizieren, sondern auch seine (moralische) Schwäche im Bewusstsein haben. Dennoch wirbt das Epigramm wie oben schon gesagt um Sympathie für Galilei.
Ludovico, der den Betrug mit der angeblichen Erfindung des Teleskops durchschaut, deutet gegenüber Galilei nur ironisch an, dass er ihn für einen Plagiator (Fälscher) hält; ein moralischer Konflikt bricht nicht offen aus. Allerdings gehört die zweite Szene noch zur Exposition des Stücks, der eigentliche Konflikt des Dramas tritt erst später zutage. – Sie haben aber nur diese zweite Szene vorliegen und müssen darauf keine Rücksicht nehmen.
Nehmen Sie sich vor, das Problem der Fälschung in den Wissenschaften zuzuspitzen.

● *Notieren Sie, welche Mittel Brecht selbst in seinen Stücken verwendete, um Verfremdungseffekte zu erzielen.*

Ⓛ   Songs, Kommentierung des Geschehens durch die Figuren selbst, Spruchbänder, direkte Ansprache des Publikums von der Bühne herab, derselbe Schauspieler erkennbar in zwei antagonistischen Rollen ...

Alles dies dient der Desillusionierung und soll die Einfühlung in die Figuren stören. Zugleich soll es das Publikum aber auch unterhalten.
Vielleicht ist Ihnen unterdessen eine eigene Idee gekommen. – Wenn nicht, knüpfen Sie an Vorhandenes an: Wie wäre es, dem einleitenden Epigramm eine Entsprechung am Schluss folgen zu lassen?

● *Analysieren Sie das Gedicht: Schreiben Sie stichwortartig auf, wie es gebaut ist.*

Ⓛ   Vier Verse; Reimschema: a, a, b, b
erster Vers: 11 Silben, einer Hebung folgen zwei (einmal drei) Senkungen
zweiter bis vierter Vers: 8 Silben, einer Hebung folgt eine Senkung
alle Verse enden stumpf

Wollen Sie sich auf das einleitende Epigramm beziehen, sollten Sie versuchen, sich an diesem Schema zu orientieren. Wichtig ist die einfache Form: zwei Paarreime, einfache Metrik. Schon beim ersten Lesen haben Sie festgestellt, dass das Gedicht an die Zuschauer gerichtet ist und das folgende Geschehen kommentiert.

Halten wir fest:
- Am Ende der Szene soll eine Entsprechung zu dem eröffnenden Epigramm stehen.
- Das Gedicht soll eine ähnliche einfache Form aufweisen.
- Es soll ebenfalls direkt an das Publikum gerichtet sein.
- Kommentiert werden soll die Szene, also das vorausgegangene Geschehen auf der Bühne.
- Thema des Gedichts soll das Problem der Fälschung oder des Betrugs in der Wissenschaft sein.

Wenn die Verse das einleitende Epigramm kontrastieren sollen, ihm vielleicht widersprechen sollen, könnte Ludovico es nach seinem letzten Dialogsatz zum Publikum sprechen.

Probieren Sie verschiedene Möglichkeiten aus, einen solchen Vierzeiler zu verfassen. Sie können bei den verschiedenen Vorgaben zugleich ansetzen:
- beim Inhalt, indem Sie zuerst in Prosa schreiben und dann versuchen, den Text in Verse zu überführen,
- beim Rhythmus, den Sie sich vorsprechen, um ihn dann mit Wörtern aufzufüllen und eventuell abzuwandeln,
- bei Reimwörtern, die sie dann zum Versanfang hin ergänzen. – Legen Sie sich einen Wortvorrat an.

● *Suchen Sie verschiedene Reimwörter für Ihr Gedicht.*

Ⓛ······ Wissenschaft – ekelhaft, tugendhaft, Geisteskraft ...
        Betrug – genug ...
        betrügen – ...
        ...

● *Spielen Sie mit dem Wortmaterial. Irgendwann gelingt Ihnen dann ein Vierzeiler ...*

Ⓛ······ So hat's mich Galilei gelehrt: Oder:
        Als Forscher wirst du hoch geehrt,   So also geht's zu in der Wissenschaft:
        Wenn du ein Instrument nachbaust   Nicht edel, sondern lasterhaft.
        Und die Idee dir dafür klaust.   Galilei täuscht die Räte –
                                                  verschafft sich damit mächtig Knete.

Was Sie zur Begründung Ihrer Konzeption eines „V-Effekts" anführen, hängt natürlich von der gefundenen Lösung ab. Für den Vierzeiler lassen sich die in diesem Arbeitsschritt angestellten Vorüberlegungen verwenden. Gehen Sie auf jeden Fall auf Brechts Dramenkonzeption ein und erläutern Sie, welche Wirkung Sie mit der Verwendung von Verfremdungseffekten erzielen möchten.

Nutzen Sie für die Textüberarbeitung die Hinweise auf S. 135 und S. 155.

1.4 Klausur Lyrik

Heinrich Heine (1797–1856)
Mein Herz, mein Herz …[1] (1823)

1 Mein Herz, mein Herz ist traurig,
  Doch lustig leuchtet der Mai;
  Ich stehe, gelehnt an der Linde,
  Hoch auf der alten Bastei.

5 Da drunten fließt der blaue
  Stadtgraben in stiller Ruh;
  Ein Knabe fährt im Kahne,
  Und angelt und pfeift dazu.

  Jenseits erheben sich freundlich,
10 In winziger, bunter Gestalt,
  Lusthäuser, und Gärten, und Menschen,
  Und Ochsen, und Wiesen, und Wald.

  Die Mägde bleichen Wäsche,
  Und springen im Gras herum:
15 Das Mühlrad stäubt Diamanten,
  Ich höre sein fernes Gesumm.

  Am alten grauen Turme
  Ein Schilderhäuschen steht;
  Ein rot geröckter Bursche
20 Dort auf und nieder geht.

  Er spielt mit seiner Flinte,
  Die funkelt im Sonnenrot,
  Er präsentiert und schultert –
  Ich wollt, er schösse mich tot.

1 Im Original ohne Titel

Joseph von Eichendorff (1788–1857)
Das zerbrochene Ringlein (1813)

1 In einem kühlen Grunde
  Da geht ein Mühlenrad,
  Mein Liebste ist verschwunden,
  Die dort gewohnet hat.

5 Sie hat mir Treu versprochen,
  Gab mir ein'n Ring dabei,
  Sie hat die Treu gebrochen,
  Mein Ringlein sprang entzwei.

  Ich möcht als Spielmann reisen
10 Weit in die Welt hinaus,
  Und singen meine Weisen,
  Und gehn von Haus zu Haus.

  Ich möcht als Reiter fliegen
  Wohl in die blut'ge Schlacht,
15 Um stille Feuer liegen
  Im Feld bei dunkler Nacht.

  Hör ich das Mühlrad gehen:
  Ich weiß nicht, was ich will –
  Ich möcht am liebsten sterben,
20 Da wärs auf einmal still!

❶ *Interpretieren Sie das Gedicht von Heinrich Heine.*

❷ *Vergleichen Sie Heines Gedicht mit dem von Eichendorff unter dem Aspekt der jeweiligen Motivgestaltung. Gehen Sie dabei auch auf literaturgeschichtliche Zusammenhänge ein.*

❶ Aufgabenstellung verstehen

Sie sind hier mit einer zweiteiligen Aufgabenstellung konfrontiert. Das bedeutet für Sie schon eine Vorstrukturierung Ihrer Arbeit und damit eine Erleichterung für die Planung der Klausur. Denn prinzipiell sind die einzelnen Aufgabenteile im Abitur so angeordnet, dass sie aufeinander aufbauen und deshalb nicht sinnvoll vertauscht werden können. – Nehmen Sie diese Einschränkung Ihrer Zugriffsmöglichkeiten also als Hilfestellung an!

Wenn Sie sich die erste Aufgabe ansehen, wird Ihnen sofort klar, dass Sie hier einschränken müssen:

● *Woraufhin sollen Sie das Gedicht interpretieren? Unter welchem Aspekt sollen Sie es verstehen? Die zweite Aufgabe bietet Ihnen hier Orientierung.*

Ⓛ Da ein Gedichtvergleich gefordert ist und der Vergleichsaspekt bereits genannt wird, sollte die Interpretation des Heine-Gedichts schon Material bereitstellen, um die Bearbeitung der zweiten Aufgabe sinnvoll anschließen zu können. Sie sollen sich also auf die Motive konzentrieren, mit denen der Autor arbeitet. Das bedeutet, dass Sie der Bildlichkeit der Sprache in diesem Text besondere Aufmerksamkeit schenken müssen.

Wie Sie aus dem Vorkurs wissen, lassen sich grundsätzlich zwei verschiedene Verfahren des Textvergleichs unterscheiden (s. S. 63).

● *Welches Verfahren ist für die Bearbeitung der vorliegenden Aufgabe sinnvoller?*

Ⓛ Das Verfahren A (Vorkurs, S. 63) ist hier dem Verfahren B vorzuziehen, weil die Aufgabenstellung ja zunächst die Interpretation des einen Gedichts fordert.

Sie kennen aber auch die Gefahr dieses Vorgehens und sollten schon bei der Planung der Arbeit darauf achten, dass Sie unnötige Wiederholungen vermeiden!

❷ Texte lesen, erste Eindrücke festhalten

Obwohl Sie sich zuerst mit dem Gedicht von Heinrich Heine eingehender beschäftigen sollen, lesen Sie natürlich beide Texte durch. Aus der Aufgabenstellung wissen Sie, worauf Sie zu achten haben. Versuchen Sie sich aber in der ersten Lektürephase möglichst frei zu machen von den Fragestellungen und versuchen Sie alle Assoziationen, Fragen und Gedanken zuzulassen. Aussortieren müssen Sie später ohnehin!

Eine besondere Qualität lyrischer Texte ist der Klang oder die Musikalität. Allzu oft wird diese Dimension über dem Analysieren und Deuten vergessen, besonders in Prüfungssituationen. Lesen Sie also die Gedichte im Stillen „laut". Sie werden den Texten so viel näher kommen – und gleichzeitig wird Ihre Aufregung sich legen.

Da Ihre Lektüre hier sehr individuell ist, nur so viel der Anmerkung: Zum Text gehören auch die Angaben zum Autor und Publikations- bzw. Entstehungsdatum! – Beachten Sie also, dass das hier an zweiter Stelle genannte Gedicht früher geschrieben wurde als das Heine-Gedicht! Ausschließen können Sie daher zumindest eine Kenntnis des Heine-Textes bei Eichendorff.

Sie werden beim ersten Lesen der beiden Gedichte sicherlich bemerkt haben, dass es einige Gemeinsamkeiten gibt: In beiden Gedichten äußert sich ein Ich über seine augenblickliche Situation. Und die Sprecher beider Gedichte sind offenbar nicht zufrieden mit ihrer aktuellen Lage; beide Gedichte schließen mit einem Todeswunsch des lyrischen Ichs.

❸ Interpretationshypothesen bilden

Interpretationshypothesen setzen Fragen voraus. Knüpfen Sie an den oben gewonnenen Vergleichsansatz an: Inwiefern lassen sich die Sprechersituationen gleichsetzen? Wo sind Unterschiede? Was fehlt den beiden Ich-Figuren jeweils und wie wird der Mangel sprachlich ausgedrückt? Welche Rolle spielen dabei literarische Motive?

Behalten Sie diese Fragen im Auge (besser: Notieren Sie solche Fragen!) und konzentrieren Sie sich jetzt zuerst auf das Gedicht von Heinrich Heine.
Wahrscheinlich hat der Schluss des Textes Sie ebenso verblüfft wie die meisten Leser. – Gehen Sie diesem Impuls nach:

● *Woher kommt die Wirkung des abrupten Endes?*

Ⓛ········ „Mein Herz, mein Herz ist traurig, / doch lustig leuchtet der Mai" (Z. 1/2): Bei der ersten Lektüre scheint dieser Gegensatz nicht als besonders schwer wiegend. – Warum nicht? Klingt viel zu harmlos, zu glatt, vielleicht klischeehaft? Woran mag das liegen?
    Das „traurige Herz" und der „lustige Mai": bekannte literarische Motive, die, gerade im Kontrast, nicht sehr originell wirken und leicht überlesen werden können.

Lesen Sie also nochmals genau und versuchen Sie nachzuvollziehen, wie das überraschende Ende motiviert ist.

● *Deutet vielleicht doch schon von Anfang an etwas darauf hin, dass der Sprecher so zerfallen ist mit der Welt, dass er sich den Tod wünscht?*

Ⓛ········ Der Gegensatz könnte doch wichtig sein! Es scheint aber keine weiteren Hinweise im Text zu geben, die die Traurigkeit des Sprechers verdeutlichen oder gar erklären. Im Gegenteil, die geschilderte Welt scheint ja gerade sehr schön und friedlich! Auch der Klang des Gedichts verrät keine Disharmonie. Nichts stört den Rhythmus oder das Reimschema.
    Trügerische Idylle? Klischeebilder?
    Was fehlt dem Sprecher zum Glücklichsein?

Aufgrund dieser Überlegungen und Fragen könnten Sie zu den folgenden Interpretations-hypothesen gelangen:

– In Heinrich Heines Gedicht „Mein Herz, mein Herz …" geht es um den überraschenden Todeswunsch einer Ich-Figur.
– Der Sprecher in Heines Gedicht ist unglücklich, obwohl die Welt, die er wahrnimmt, recht harmonisch erscheint.
– Die Harmonie wird mit bekannten literarischen Motiven dargestellt.
– Die Idylle ist trügerisch.
– Etwas stimmt mit den Motiven nicht.

④ Überprüfung der Hypothesen durch aspektorientierte Textuntersuchung

Nach diesen Überlegungen nehmen Sie sich auf der Suche nach dem Grund für den Todes-wunsch des lyrischen Ichs in Heines Gedicht folgende Fragen für genauere Untersuchungen vor:

1) Wie ist das Gedicht aufgebaut? – Wie kommt die Pointe zustande?
2) Welche Perspektive auf die Welt hat der Sprecher?
3) Wie ist der lyrische Vorgang sprachlich gestaltet? Welche Motive werden verwendet?
4) Welche Intention mag der Autor haben, sein Thema so zu präsentieren?

1) Zum Aufbau:
Sechs Strophen zu je vier Versen
Reimschema: a b c b / d e f e usw.
Fast durchgängig alternierende Senkungen
und Hebungen. Nur ein Zeilensprung (Z. 5/6)
Erste Strophe: Das lyrische Ich wird
eingeführt, dessen Wahrnehmung seiner
Umgebung der Leser bis zum Schluss mitver-
folgen kann. Im letzten Vers wieder Zurück-
wendung des Blicks auf den Sprecher.

2) Zur Perspektive:
Der Sprecher steht an einem erhöhten Punkt
über der Stadt und lässt seinen Blick
über die Umgebung schweifen.
Blick zunächst nach unten: Stadtgraben,
angelnder Knabe im Boot; Blick über
die Stadtgrenze hinaus in die Ferne
(vgl. Strophe 3): ländliches Alltagsleben bis
zu einer Wassermühle („fernes Gesumm")
Ab der vorletzten Strophe: Aufmerksamkeit
der Ich-Figur wieder in seine Nähe gerichtet:
patroullierender Wachsoldat

Rahmen des lyrischen Vorgangs: Er beginnt
mit der Angabe eines Gemütszustandes
(„Mein Herz, mein Herz ist traurig", Z. 1) und
endet daran anküpfend mit einem drasti-
schen Wunsch („Ich wollt, er schösse mich
tot", Z. 24).

3) Zur sprachlichen Gestaltung:
Die Umgebung wird als ruhig und heiter
geschildert: „Lustig leuchtet der Mai" (Z. 2),
der „blaue Stadtgraben" fließt „in stiller Ruh"
(Z. 5 f.), ein Knabe „angelt und pfeift dazu"
(Z. 7 f.). Die Umgebung der Stadt erscheint
„freundlich" und bunt, fast schon niedlich.
Aufzählung (fast kindlich): „Lusthäuser,
und Gärten, und Menschen, / Und Ochsen,
und Wiesen, und Wald" (Strophe 3).
Selbst die Arbeit der Mägde erscheint
dem Beobachter leicht und fröhlich, und
der Wirtschaftsbetrieb der Mühle wirkt
aus der Distanz des Sprechers so märchen-
haft, dass er zu folgender Metapher greift:
„stäubt Diamanten" (Strophe 4).

Aus der Entfernung erscheint dem Ich die Welt immer unwirklicher. – Wachmann am Schilderhäuschen „spielt mit seiner Flinte" (Z. 21).

Da aber erkennt der Sprecher die Täuschung und begreift, dass der Soldat mit seinem Gewehr auch töten kann.

Die scheinbar heitere Atmosphäre und die Harmlosigkeit der Welt werden zunächst mit einer Reihe von positiven Adjektiven (lustig, blau, still, freundlich, winzig, bunt) und entsprechenden Verben (leuchten, fließen, angeln, pfeifen, herumspringen) erzeugt, bevor sie mit dem letzten Vers als Täuschung entlarvt werden.

Mühle: einerseits realer Ort, Handwerksbetrieb, andererseits ein Motiv der Romantik: Steht für die Liebe (heimlicher Treffpunkt außerhalb der Stadt oder auch Ort der Entscheidung)

Anderes Motiv: „Linde" (Z. 3). Nicht nur irgendein Baum, sondern auch ein Liebesmotiv (viele Volkslieder und Gedichte der Romantik: Linde als Treffpunkt für Liebende)

Weitere Liebesmotive: das traurige Herz, der lustige Mai (s. o.)

4) Zur Intention:

Mehrere Liebesmotive werden in dem Gedicht verwendet. – Aber der Sprecher steht allein und in Distanz zu seiner Umgebung! Hier könnte die Antwort auf die Frage liegen, warum die Ich-Figur sich am Schluss den Tod wünscht: Ihm fehlt die Geliebte. Fasst man den Blick des Sprechers über seine Umgebung als Blick auf die Welt auf, dann wird deutlich, dass sich die Geliebte weder am Treffpunkt, der Linde, noch überhaupt in der näheren oder weiteren Umgebung des Sprechers findet. – Sie ist nicht (mehr) Bestandteil seiner Welt. So lässt sich die Traurigkeit des lyrischen Ichs begreifen. Und so lässt sich auch die Erfahrung der trügerischen Idylle verstehen: Die Welt erscheint friedlich und fröhlich, aber unter der Voraussetzung der Einsamkeit oder Verlassenheit verstärkt die heitere Atmosphäre nur den eigenen Schmerz.

Heinrich Heine gelingt es, diese Erfahrung darzustellen, ohne sie direkt zu benennen. Weil der Sprecher unter einem Verlust leidet, wird die verlorene Liebe nur indirekt und verschlüsselt durch die literarischen Liebesmotive zum eigentlichen Thema des Gedichts.

Sie haben nun das Material für eine Interpretation des Heine-Gedichts gewonnen. Im Hinblick auf die zweite Aufgabe sind Sie schon auf die Rolle der wichtigsten Motive eingegangen. Lesen Sie nun das Gedicht von Eichendorff unter demselben Aspekt. – Was ist gleich, wo finden Sie Differenzen zu Heines Text? Sie müssen nun die Arbeitsschritte 2 und 3 für das Gedicht von Joseph von Eichendorff, im Vergleich zu dem von Heine, wiederholen.

Listen Sie zuerst die Gemeinsamkeiten auf, danach die Unterschiede.

Gemeinsamkeiten:

Ausgangssituation: Beide Sprecher von ihrer Geliebten verlassen. Beklagen Verlust nicht direkt, sondern literarisch verschlüsselt Schließlich direkter Ausdruck des Wunsches, aus dem Leben zu scheiden Motiv des Mühlrades, am Ende jeweils Anspielung auf militärische Gewalt Beide Gedichte haben einen Rahmen: Heine:

Ausgang und Ende des lyrischen Vorgangs am Standort des Sprechers. Eichendorff: in der ersten und letzten Strophe das Mühlrad als Leitmotiv Regelmäßiger Bau der Gedichte und Nähe zur Form des Volksliedes. Oberflächlich betrachtet wirken beide harmlos, dies täuscht jeweils über die recht drastische Pointe hinweg.

Unterschiede:
Eichendorff: direkte Auskunft des Sprechers über Ursache seines Kummers: „Mein Liebste ist verschwunden" (Z. 3). Heine: zwar Bekenntnis des lyrischen Ichs: „Mein Herz, mein Herz ist traurig", lässt Leser aber im Unklaren über die Ursache
Eichendorff: Sprecher will in die Welt hinaus ziehen (oder fliehen?), als Spielmann/Soldat Abstand gewinnen. Heine: Sprecher steht am höchsten Punkt der Stadt, lässt nur seinen Blick in die Welt hinaus gehen

Eichendorff: Geräusch des Mühlrades auslösend für Erinnerung an Geliebte und den Wunsch, „am liebsten sterben" zu wollen
Heine: Todessehnsucht angesichts des ersten Zeichens von Gewalt in der niedlichen Spielzeugwelt
Heines Gedicht ohne Titel. Eichendorff nennt Text nach bekanntem literarischem Motiv „Das zerbrochene Ringlein", macht so schon im Titel Grund für Trauer namhaft. Heines Gedicht ist insofern pointierter.

Offen geblieben ist jetzt noch der in der Aufgabenstellung geforderte Aspekt der literaturgeschichtlichen Zusammenhänge. Informieren Sie sich über Eichendorffs und Heines Verhältnis zur Romantik. – Können Sie die Hypothese wagen, dass Heinrich Heine mit seinem Gedicht auf „Das zerbrochene Ringlein" reagiert und Eichendorffs Thema in eigener Weise behandelt?

⑤ Gliederung erstellen, Aufsatz schreiben, Text überarbeiten

Ihre Gliederung muss sich einerseits an der Aufgabenstellung, andererseits an Ihren Vorarbeiten orientieren.
Die **Einleitung** dient dazu, dem Leser Ihres Textes eine Vorstellung davon zu vermitteln, wie Sie die gestellte Aufgabe angehen. Die Einleitung soll den Kontext Ihrer Klausur erst schaffen. Dazu müssen Sie zuerst die Texte (mit Autornamen und Entstehungszeit) nennen, das gemeinsame Thema der Gedichte angeben, eventuell auch eine kurze Inhaltsangabe beider Texte schreiben.
Zudem empfiehlt es sich, die eigene Vorgehensweise kurz zu skizzieren und zu begründen. Das können Sie erst tun, wenn Sie die Vorarbeiten abgeschlossen haben, die Klausur „im Kopf" also fertig haben!

Eine gute Möglichkeit, die Einleitung zu beginnen und auf das Klausurthema hinzuleiten, wäre, eine allgemeine Bemerkung zur Funktion von literarischen Motiven zu machen. – Versuchen Sie es!

Die wenigsten Texte sind in ihrer sprachlichen Gestaltung völlig einzigartig. Sehr oft verwenden Autoren sprachliche Bilder, die sie nicht selbst erfunden, sondern aus der literarischen Tradition übernommen haben. So wurde besonders in der Romantik gerne auf Motive aus der mittelalterlichen Welt und aus der Märchen- und Volkslieddichtung zurückgegriffen.
An zwei Gedichten aus der Zeit der Romantik, Heinrich Heines (ursprünglich titelloses) Gedicht „Mein Herz, mein Herz ist traurig" von 1823 und Joseph von Eichendorffs „Das zerbrochene Ringlein" (1813), lassen sich, bei ähnlichem Inhalt, unterschiedliche Funktionen literarischer Motive zeigen.

Der **Hauptteil** dient der eigentlichen Untersuchung der Gedichte. Hier sollten Sie der Übersichtlichkeit halber zwei Teile vorsehen: zuerst die Analyse und Interpretation des Heine-Gedichts, dann der Vergleich mit dem Eichendorff-Gedicht.

Wichtig ist, dass Sie Ihre Frage zu den Texten nennen, um Ihre Analyse und die Richtung Ihrer Interpretation plausibel zu machen.

● *Erstellen Sie eine Gliederung nach den Vorarbeiten in den Arbeitsschritten 2 und 3.*

Ⓛ
I) Analyse und Interpretation:
1) Erster Eindruck vom Heine-Gedicht: Warum will der Sprecher sterben?
2) Untersuchung der Sprecherperspektive: sprachliche Gestaltung der Wahrnehmung
3) Herausarbeiten der literarischen Motive: Liebesmotive ohne reale Entsprechung
II) Vergleich:
4) Eichendorffs „Zerbrochenes Ringlein": Situation des Sprechers im Vergleich zu Heine
5) Eichendorffs Verwendung der literarischen Motive
6) Unterschiede beider Gedichte in der Wirkung
7) Eichendorffs und Heines Verhältnis zur Romantik

Wichtig ist, dass Sie die Gliederungspunkte nicht einzeln „abhaken", sondern auf ihre folgerichtige Verbindung achten!

● *Formulieren Sie die Teile 5 und 6 nach der Gliederung aus.*

Ⓛ
Auch Joseph von Eichendorff verwendet in seinem Gedicht traditionelle literarische Motive.

Bereits der Titel besteht aus der Nennung eines bekannten Motivs. So weiß der Leser schon vor der Lektüre des Gedichts, was sein Thema ist, weil das „zerbrochene Ringlein" sofort als Zeichen des Verlassenwerdens oder der Untreue verstanden wird.

Ein weiteres wichtiges Motiv in dem Gedicht ist das „Mühlenrad", das in der ersten und dann wieder in der letzten Strophe genannt wird. So rahmt dieses Motiv die Rede des lyrischen Ichs ein. Das Mühlenrad deutet den Wohnort der verschwundenen Geliebten an. Obwohl die Frau nicht mehr dort wohnt, geht das Mühlrad immer noch: Das Leben geht weiter. Für den Sprecher ist dies aber kein Trost, sondern nur eine Verstärkung seines Schmerzes. Das weithin hörbare Geräusch des Mühlrades steht für ihn für den erlittenen Verlust und verwirrt ihn. Die möglichen Auswege sieht das Ich nur in der Flucht: als Spielmann „in die Welt hinaus" (Z. 10), als Reiter „in die blut'ge Schlacht" (Z. 14) oder gleich in den Tod (Z. 19).

Man kann die Stimmung des Ichs im Eichendorff-Gedicht auch als heutiger Leser gut nachvollziehen, weil es den Grund für seine Trauer sofort nennt. So sind auch die verwendeten Motive auf Anhieb verständlich. Selbst die Verwirrung des Sprechers am Schluss ist nachvollziehbar, sodass der Todeswunsch im lyrischen Vorgang fast plausibel ist.

Heines Gedicht erhält seine Wirkung durch die Schlusspointe, die den Leser zwingt, den Text noch einmal zu lesen. Die literarischen Motive sind hier nicht so leicht zu erkennen, weil ihre Funktion nicht sofort klar wird – sie müssen erst entschlüsselt werden. Heine vertraut der Erklärungskraft der traditionellen Motive nicht mehr so, wie Eichendorff dies noch tut. Sein Gedicht wirkt daher einerseits authentischer, andererseits ist es, indem es auf Eichendorffs Text anspielt, raffinierter.

Im **Schlussteil** sollten Sie Ihr Ergebnis, mit Bezug auf die Aufgabenstellung und Ihre Einleitung, knapp zusammenfassen – aber wiederholen Sie nicht, was Sie schon im Hauptteil erarbeitet haben!

Hier haben Sie die Gelegenheit, an Ihre allgemeine Bemerkung aus der Einleitung anzuknüpfen und sie für den vorliegenden Fall zu konkretisieren.

● *Setzen Sie den angefangenen Schluss-Satz fort:*

Ⓛ····· Der Vergleich der beiden Gedichte zeigt also, dass dieselben literarischen Motive in thematisch ganz ähnlichen Gedichten einer literarischen Epoche …

Für die **Überarbeitung** Ihres Aufsatzes ist es wichtig, Ihren Text noch einmal mit distanziertem Blick zu lesen. Im Falle dieser Übungsklausur empfiehlt es sich, die Arbeit ein paar Tage wegzulegen und sie dann mit neuem Blick selbstkritisch zu prüfen. Stellen Sie sich Fragen wie diese (vgl. die Hinweise auf S. 135):

– Löse ich ein, was ich in der Einleitung verspreche?
– Habe ich alle Aufgabenteile angemessen berücksichtigt?
– Begründe oder belege ich meine Aussagen am Text, sodass sie auch ein anderer Leser nachvollziehen kann? Sind die Zitate korrekt?
– Vermeide ich Wiederholungen?
– Habe ich alle Pronomen eindeutig verwendet? Sind die Konjunktionen logisch einwandfrei?

In der realen Prüfungssituation werden Sie nicht viel Zeit haben, um den nötigen Abstand zu Ihrem Aufsatz zu bekommen. Beginnen Sie deshalb mit einem Durchgang des Korrekturlesens, der sich auf die Rechtschreibung und die Zeichensetzung konzentriert. Mit dem beruhigenden Gefühl, dass der Text danach formal korrekt ist, können Sie im Notfall noch etwas mit Fußnoten einfügen oder Textteile streichen.

2   Klausur Sachtextanalyse

Martin Walser (*1927)

Des Lesers Selbstverständnis (1993) (Auszug)

Als ich, um meine Mutter nicht zu enttäuschen, eine Dissertation[1] schreiben sollte, blieb nichts anderes übrig, als über den Autor zu schreiben, der mich während meiner Studentenjahre gehindert hatte, andere Autoren wirklich zu lesen: Franz Kafka. Aber als ich über ihn etwas schreiben wollte, stellte sich heraus, dass ich ihn nicht verstanden hatte. Obwohl ich die drei Romane und die Erzählungen zwei-, drei-, viermal gelesen hatte, hätte ich nicht aufschreiben können, was die „Strafkolonie" bedeute. Die „Verwandlung" interpretieren, das hieß für mich damals, aussagen, ja beweisen, was ein Literaturwerk unter allen Umständen bedeutet. Man war erzogen worden zum Glauben, in einem Literaturwerk sei eine Bedeutung sozusagen verborgen. Die müsse man herausbringen. Inzwischen bin ich Adressat von Schülerpost und erfahre so, dass im Deutschunterricht Schülerinnen und Schüler darin geübt werden, die Bedeutung von Büchern zu entdecken, die ich geschrieben habe. Der Lehrer weiß offenbar die Bedeutung, darf sie aber den Schülern nicht sagen. Ich weiß, meinen die Schüler, die Bedeutung. Findige Schülerinnen oder Schüler rufen mich abends an oder schreiben mir und fragen: Wie haben Sie das und das gemeint? Stimmt es wirklich, wie der Lehrer sagt, dass der Name Klaus Buch ein sprechender Name ist, in dem sich die Bedeutung Klau das Buch verbirgt und so weiter. Ich antworte dann, dass es nach meiner Erfahrung im Umgang mit Literatur keine privilegierte[2] Bedeutungsschöpfung gebe, dass vielmehr jede Leserin und jeder Leser ein Naturrecht auf die eigene Empfindung und Leseerfahrung habe. Lehrern gegenüber füge ich hinzu: Noten könne man ja nicht nur danach geben, wie nah der Schüler der vom Lehrer gehüteten Bedeutung komme, sondern auch danach, wie eine Schülerin und ein Schüler ihre eigene Leseerfahrung zu vermitteln imstande seien. Auch dass Schülerinnen und Schüler mit einem Text gar nichts anfangen können, sage ich dann dazu, sei darstellens- und begründenswert und trainiere mindestens so sehr wie das Suchen und Finden und Darstellen der offenbar ostereihaft versteckten Bedeutung.

Ich habe als Student die Erfahrung machen müssen, dass mein gewissermaßen naturwüchsiges Lesen nicht bedeutungsorientiert ist, ja für Bedeutungsfindung oder -schöpfung nichts bringt. Ich habe Kafka nicht anders gelesen als Karl May. Ich kann überhaupt nicht auf zweierlei Art lesen. Die Sätze, die ich lese, leben davon, dass sie in mir beantwortet werden. Beantwortet durch Erfahrungen, die von diesen gelesenen Sätzen geweckt, mobilisiert, bewusst gemacht werden. Alles, was ich je erlebt, gesehen, gedacht, gefühlt, geliebt, gehasst, gefürchtet habe, kann da aufgerufen werden. Vorausgesetzt, ich kann mit dem Buch, das ich lese, etwas anfangen. Jeder Leser beantwortet jeden Satz, der da schwarzweiß und dimensionslos auf Papier steht, mit sich selber. Er inszeniert diesen Satz ganz von selber in seiner Vorstellung. Was da in einem vor sich geht, ist auch mit dem Traum vergleichbar. Lesend reproduziert man ja nicht einfach Gehabtes, Erfahrenes, sondern produziert aus eigenem Bedürfnis mithilfe eines Textes eine Welt, die es tatsächlich nicht gibt. Was uns in der wirklichen Welt fehlt, stattet uns als Leser aus, macht uns als Leser potent. Was uns fehlt, macht uns schöpferisch. Nicht das Zuvielhaben macht schöpferisch, son-

dern das Zuwenighaben, also der Mangel.
80 Novalis[3]: „Der Roman ist aus dem Mangel der Geschichte entstanden." Novalis macht in seiner Passage über den Roman, der aus dem „Mangel der Geschichte" entstanden ist, keinen Unterschied zwischen Lesen und Schrei-
85 ben, er fahrt nämlich fort: „Er (der Roman) setzt für den Dichter und Leser divinatorischen[4], oder historischen Sinn und Lust voraus." Dichter und Leser sind also gleich gesonnen. Wenn der Welt, in der man lebt,
90 nicht ernsthaft etwas fehlte, würde man nicht lesen. Und wenn uns nichts fehlte, würden wir auch nicht schreiben. Man liest also aus den Gründen, aus denen man schreibt.
95 Wir können überlegen, was uns, als wir acht Jahre alt waren, fehlte und uns so zu Karl-May-Lesern werden ließ. Es heißt, man verschlinge Karl May. Das ist ein unvollkommenes Bild. Man produziert die Not, die Gefahr,
100 die Treue, den Verrat, die Gemeinheit, den Edelmut, die Rettung. Man produziert zu den Hufspuren, die schon ein bisschen abbröckeln, also älter als drei Tage sind, Angst und Hoffnung; man erlebt in sich das Anrecht auf
105 Rettung aus der immer währenden Gefahr.

Ein Kind, das sich sicher fühlt, liest nicht Karl May. Nichts ist diesem Lesen so fremd wie die Frage nach der Bedeutung. Bei Kafka und Karl May. Es gibt aber die Frage, ob jemand ein Buch verstanden habe. Das klingt, als sei ein 110 Buch etwas ganz Bestimmtes. Verstehe man es nicht als dieses ganz Bestimmte, habe man es falsch verstanden oder missverstanden. Ich glaube eher, dass es einem Buch gegenüber kein Missverständnis gibt, da jeder Le- 115 ser, wenn er ein Buch liest, mit diesem Buch immer nur sich versteht, nicht das Buch. Das Buch ist, hat Proust[5] gesagt, eine Art optischen Instruments, mit dessen Hilfe der Leser in seinem eigenen Leben lesen könne. Das 120 halte ich für eine sehr zurückhaltende Beschreibung dessen, was beim Lesen passiert. Sogar das deutlich empfundene und erlebte Nichtverstehen eines Buches muss überhaupt nicht die Lese-Intensität mindern. 125

1 *Dissertation:* Doktorarbeit
2 *privilegiert:* bevorrechtet
3 *Novalis:* dt. Dichter und Theoretiker der Romantik (1772–1801)
4 *divinatorisch:* vorahnend
5 *Proust:* Marcel Proust, frz. Schriftsteller (1871–1922)

ⓘ

Erläuterungen zu Autor und Text

Martin Walser (geb. 1927) ist einer der bekanntesten deutschen Gegenwartsautoren. Er schreibt hauptsächlich Theaterstücke, Essays und Romane.

Der vorliegende Ausschnitt ist der Anfang eines 35-seitigen Textes, der 1993 in einem Essay-Band erschien.

❶ *Analysieren Sie den Text und stellen Sie dar, wie Martin Walser die Rolle des Lesers literarischer Texte bestimmt.*

❷ *Nehmen Sie Stellung zu Walsers Thesen, indem Sie von Ihren eigenen Leseerfahrungen ausgehen.*

❶ Aufgabenstellung verstehen

Sie haben es hier wieder mit einer zweiteiligen Aufgabe zu tun, aber in beiden Teilaufgaben stecken wiederum jeweils zwei Arbeitsanweisungen: Zunächst sollen Sie den vorgelegten Text analysieren. Sie haben mehrere Möglichkeiten, einen Sachtext genauer zu untersuchen. Wie Sie hier den Akzent setzen sollten, sagt Ihnen die zweite Arbeitsanweisung in der ersten Teil-aufgabe: Gefragt ist die inhaltliche Bestimmung der Leserrolle, wie Walser sie versteht. Dennoch werden Sie auch auf die Mitteilungsform, den Adressatenbezug und die sprachliche Gestaltung des Textes eingehen müssen – das „Wie" in der Aufgabenstellung ist doppeldeutig („als was" und „in welcher Weise")!
Die zwei Teile der zweiten Aufgabe fordern eine (ansatzweise) Darstellung eigener Lektüreerfahrung und, darauf aufbauend, eine Stellungnahme zu Walsers Position.

● *Prüfen Sie, inwiefern die einzelnen Arbeitsanweisungen von Ihnen eine Darstellung, eine Deutung oder eine Wertung von Walsers Ausführungen fordern.*

Ⓛ Die Aufgabenstellung führt von der Darstellung einer Position (Aufgabe 1) zu einer eigenen Wertung dieser Position (Aufgabe 2). – Ob Walsers Text in Aufgabe 1 wie ein poetischer „gedeutet" (also interpretiert) werden muss, wird sich bei der Lektüre herausstellen. Wichtig ist natürlich, zu einem Verständnis des Textes zu gelangen.

❷ Text lesen, erste Eindrücke festhalten

Wenn Sie den Text lesen, werden Sie vielleicht schon beim ersten Satz überrascht sein: „Als ich, um meine Mutter nicht zu enttäuschen …" Hier scheint also jemand aus seinem Leben zu erzählen! Normalerweise erwarten wir doch von einem Sachtext in erster Linie überpersönliche, allgemeine Informationen oder Argumente. Es gibt allerdings eine Gattung von Sachtexten, die gerade den subjektiven Zugang zu einem Thema oder Problem betont.

● *Welcher Gattung würden Sie den vorliegenden Text von Martin Walser am ehesten zurechnen?*

Ⓛ Walsers Text könnte man als Essay bezeichnen.

Wie Sie wissen, lässt die Form des Essays (vgl. S. 78) dem Autor mehr Freiheiten im argumentativen Aufbau als eine Abhandlung mit wissenschaftlichem Anspruch. Auch inhaltlich ist Ihnen vielleicht etwas aufgefallen: Aller Wahrscheinlichkeit nach widerspricht der Autor Ihren – auch durch die Schule geprägten – Ansichten über die Rolle, die der Leser gegenüber einem literarischen Werk hat (oder haben sollte).

● *Schreiben Sie jetzt einen Satz heraus, in dem Walsers Position deutlich wird.*

Ⓛ „Ich glaube eher, dass es einem Buch gegenüber kein Missverständnis gibt, da jeder Leser, wenn er ein Buch liest, mit diesem Buch immer nur sich versteht, nicht das Buch." (Z. 114 ff.)

Vielleicht haben auch Sie diesen Satz ausgewählt, vielleicht einen anderen.

Es bietet sich an, dass Sie bereits jetzt mit Blick auf die zweite Teilaufgabe Ihre erste Stellung-nahme zu Walsers Position in Stichworten festhalten, bevor Sie sich genauer mit der Argu-mentation des Autors auseinander setzen. Sie haben dann einen Ideenspeicher, der Ihnen bei der Bearbeitung der zweiten Teilaufgabe nützen kann.

● *Notieren Sie kurz Ihre Assoziationen zum Titel des Textes. – Wie würden Sie Ihr Selbstverständnis als Leser umreißen?*

Um genauer zu verstehen, wie der Autor zu seiner Position gelangt und wie er sie begründet, sollen Sie den Text nun analysieren, d. h. genau untersuchen.
Sie können einen Sachtext nach vielen Gesichtspunkten untersuchen. Zur Übersicht über die verschiedenen Aspekte können Ihnen die bekannten „W-Fragen" dienen.

● *Listen Sie diese „W-Fragen" auf.*

Ⓛ Man kann fragen:
<u>Wer</u> sagt <u>wem</u> <u>was</u> <u>wo</u>, <u>mit welchen Mitteln</u>, <u>warum</u>, <u>in welcher Weise</u>, <u>wann</u>?

● *Notieren Sie, welche „Ws" Sie für die weiteren Aufgaben klären müssen.*

Ⓛ – <u>Was</u> sagt Walser über die Rolle des Lesers?
– <u>Mit welchen Mitteln</u> argumentiert er?
– <u>In welcher Weise</u> behandelt der Autor sein Thema?

❷ **Zentrale Thesen herausarbeiten**

Beschäftigen Sie sich zuerst mit dem „Was".
Viele Sachtexte wollen informieren, etwas darstellen, erläutern. Sie enthalten dann haupt-sächlich Behauptungen. Einige der Behauptungen sind einfach Aussagen über Geschehenes oder Erlebtes. Sie sind nicht weiter überprüfbar. (Beispiel: „Als ich über ihn [Kafka] etwas schreiben wollte, stellte sich heraus, dass ich ihn nicht verstanden hatte.")
Andere Behauptungen sind aber allgemeiner formuliert: Sie erheben einen Anspruch auf All-gemeingültigkeit. Solche Behauptungen heißen Thesen.

● *Arbeiten Sie die wichtigsten Thesen des Textes heraus.*

Ⓛ Die wichtigsten Thesen des Textes sind:
1) Es gibt keine privilegierte Bedeutungsschöpfung im Umgang mit Literatur, sondern jeder Leser hat ein Naturrecht auf die eigene Empfindung und Leseerfahrung.
2) Jeder Leser beantwortet jeden Satz mit sich selber.
3) Lesend produziert man eine fiktive Welt.
4) Man liest aus den Gründen, aus denen man schreibt, nämlich aufgrund einer Mangelerfahrung.
5) Es gibt einem Buch gegenüber kein Missverständnis.
6) Jeder Leser versteht beim Lesen nur sich selbst, nicht das Buch.

Wenn Sie auf die Allgemeinheit der Formulierungen geachtet haben, dann werden Sie vermutlich diese Sätze ausgewählt haben. Kennzeichnend für sie sind Wörter und Wendungen wie „Es gibt ...", „man", „jede(r)".
Im nächsten Schritt sollen Sie genauer untersuchen, wie diese Aussagen zusammenhängen.

❸ Argumentation und sprachliche Mittel analysieren

Hier geht es um die Frage, mit welchen Mitteln der Autor argumentiert.
Denn auch in einem Essay werden nicht einfach Thesen aneinander gereiht, sondern sie werden begründet, erläutert, miteinander verknüpft, und es wird etwas aus ihnen gefolgert. Die Thesen stehen also in einem Argumentationszusammenhang.

● *Versuchen Sie in wenigen Sätzen die Thesen in ihrem Zusammenhang darzustellen, indem Sie Wörter wie „denn", „also", „deswegen" verwenden.*

Ⓛ Im Umgang mit Literatur gibt es keine privilegierte Bedeutungsschöpfung, sondern jeder Leser hat ein Naturrecht auf die eigene Empfindung und Leseerfahrung, <u>denn</u> jeder Leser beantwortet jeden Satz eines Literaturwerks <u>ohnehin</u> mit sich selbst. Jeder Leser versteht <u>also</u> beim Lesen nicht das Buch, sondern sich selbst. <u>Deswegen</u> gibt es einem Buch gegenüber auch kein Missverständnis. <u>Dabei</u> ist das Lesen – wie das Schreiben – Produktion einer fiktiven Welt, <u>und zwar</u> motiviert durch eine Mangelerfahrung gegenüber der wirklichen Welt.

Diese Zusammenfassung können Sie beim Verfassen der Klausur für Ihre Einleitung verwenden.
Nehmen Sie sich nun die Begründungen für die einzelnen Thesen vor.
Thesen können auf ganz unterschiedliche Weise begründet werden: durch Textbelege, durch Beispiele oder Analogien, durch eigene Erfahrungen, durch allgemein anerkannte Tatsachen, mit der Meinung von Autoritäten (z. B. durch Zitate), mit logischen Ableitungen oder freien Assoziationen.

● *Schreiben Sie die Begründungen für die Hauptthesen heraus und prüfen Sie, um welche Art der Begründung es sich jeweils handelt .*

Ⓛ Begründung
zu These 1: persönliche Erfahrung Martin Walsers („nach meiner Erfahrung", Z. 33 f.)
zu These 2: Verallgemeinerung einer persönlichen Erfahrung („Die Sätze, die ich lese, leben davon, dass sie in mir beantwortet werden", Z. 57 ff., „Jeder Leser beantwortet jeden Satz ...", Z. 65 ff.)
zu These 3: Analogie („Was da in einem vor sich geht, ist auch mit dem Traum vergleichbar", Z. 69 ff.)
zu These 4: Argument aus der Autorität (Zusammenfassung eines Zitats von Novalis, vgl. Z. 80 ff.)
zu These 5: persönliche Ansicht des Autors Walser („Ich glaube eher, dass ..."); vgl. auch These 1
zu These 6: Argumentationszusammenhang mit These 2; Argument aus der Autorität (Verweis auf Marcel Proust)

Sie sehen, dass einige Hauptaussagen des Textes den subjektiven Erfahrungen des Autors mit Literatur entspringen. Walser geht in diesem Text von seiner eigenen Situation als Leser und Autor aus. Andererseits aber stellt er allgemeine Thesen über die Rolle des Lesers literarischer Werke auf. Um die Argumentationsstruktur des Textes voll zu erfassen, müssen Sie nun untersuchen, wie beides miteinander zusammenhängt. Sehen Sie sich dazu die Übergänge von den subjektiv geprägten zu den allgemeinen Aussagen an.

Eine schrittweise Rekonstruktion der ersten These könnte so aussehen:
1) „Als ich über ihn [Kafka] etwas schreiben wollte, stellte sich heraus, dass ich ihn nicht verstanden hatte."
2) „[...] interpretieren, das hieß für mich damals ..."
3) „Man war erzogen worden zum Glauben ..."
4) „Inzwischen bin ich Adressat von Schülerpost und erfahre so ..."
5) „Ich antworte dann, dass es nach meiner Erfahrung im Umgang mit Literatur keine privilegierte Bedeutungsschöpfung gebe, dass vielmehr jede Leserin und jeder Leser ein Naturrecht auf die eigene Empfindung und Leseerfahrung habe."

Hier wird deutlich, wie Walser von eigenen Erfahrungen ausgeht und dann versucht, diese Erfahrungen zu verallgemeinern. So erklärt er beispielsweise seinen Zugang zu Kafka mit der damals herrschenden Ansicht, ein Werk zu interpretieren heiße, zu „beweisen, was ein Literaturwerk unter allen Umständen bedeutet" (Z. 14 f.), und er begründet diesen Zugang damit, dass „man [...] erzogen worden" sei „zum Glauben, in einem Literaturwerk sei eine Bedeutung sozusagen verborgen" (Z. 15 ff.).
Sehen Sie sich nun die Argumentation für die zweite These an: „Jeder Leser beantwortet jeden Satz [...] mit sich selber."

 Rekonstruieren Sie die Argumentation für diese These.

1) „Die Sätze, die ich lese, leben davon, dass sie in mir beantwortet werden" (Z. 57 ff.).
2) „Alles, was ich je erlebt [...] habe, kann da aufgerufen werden" (Z. 61 ff.).
3) „Jeder Leser beantwortet jeden Satz [...] mit sich selber" (Z. 65 ff.).

Auch dies ein Beispiel dafür, wie Walser von subjektiven Erfahrungen ausgeht und zu allgemeinen Sätzen gelangt: Er ersetzt einfach das „Ich" durch ein „Jeder".
Betrachten Sie jetzt noch die These „Man liest [...] aus den Gründen, aus denen man schreibt", die an das vorige Argument anschließt.

 Rekonstruieren Sie auch diese These in ihrem Argumentationszusammenhang.

1) „Lesend reproduziert man ja nicht einfach Gehabtes, Erfahrenes, sondern produziert [...] eine Welt, die es tatsächlich nicht gibt."
2) „Nicht das Zuvielhaben macht schöpferisch, sondern das Zuwenighaben, also der Mangel."
3) „Novalis: [...]"
4) „Dichter und Leser sind also gleich gesonnen. [...] Man liest also aus den Gründen, aus denen man schreibt."

In diesem Argument setzt Walser als eine allgemein akzeptierte Tatsache voraus, dass das Lesen keine bloß reproduzierende Tätigkeit sei („reproduziert man ja nicht …"), dann zieht er zur Stützung seiner These eine Autorität, den Dichter Novalis, heran, um schließlich die Tätigkeit des Lesens mit der des Schreibens fast gleichzusetzen.
Sie können auch die anderen Thesen daraufhin untersuchen, wie sie zustande kommen. Zusammengefasst haben Sie so die Argumentationsstrategie des Autors analysiert.

Um die Intention eines Sachtextes zu bestimmen, kommt es nicht nur darauf an, was mit welchen Mitteln gesagt wird, sondern auch, in welcher Weise die Argumentation vorgetragen wird. Ein Ergebnis können Sie schon aus dem vorigen Arbeitsschritt entnehmen: Martin Walser argumentiert einerseits sehr subjektiv (im ersten Abschnitt des Textes, bis Z. 50, benutzt Walser elfmal das Wort „ich"), andererseits formuliert er seine Thesen oft mit den Wörtern „man" und „jeder" (s. o.).

● *Überlegen Sie, welche Funktion die subjektiv formulierten Sätze haben. Schreiben Sie in Stichworten auf, welche Wirkung der Autor damit erzielt.*

Ⓛ – Herstellen persönlicher Atmosphäre: Leser wird ins Vertrauen gezogen
   – Sympathie gewinnen durch Bekenntnis von Unvermögen, einen Text zu verstehen
   – Autorität des Autors wird unterstrichen: Autor kennt beide Seiten (die des Lesers, der verstehen will und soll, und die des Schriftstellers, dessen Werk interpretiert wird)

● *Notieren Sie auch, welche Wirkung mit den allgemeinen Formulierungen erzielt wird.*

Ⓛ – Aussagen wirken gewichtig und objektiv
   – Aussagen haben einen Wahrheitsanspruch

Es lassen sich aber noch andere sprachliche Mittel herausfinden, mit denen der Autor arbeitet.
Sehen Sie sich einmal den Satz Z. 23 ff. an: „Der Lehrer weiß offenbar die Bedeutung, darf sie aber den Schülern nicht sagen."

● *Welche Wirkungsabsicht vermuten Sie hinter diesem Satz?*

Ⓛ Man erkennt die Situation in der Beschreibung vielleicht wieder. Durch die verkürzte Darstellung wirkt sie lächerlich. Walser ironisiert hier. Funktion der Ironisierung ist Kritik am dargestellten Zustand.

Sie können auch noch die Satzlängen, Satzarten (Appelle, Fragen?) und Satzkonstruktionen (Hypotaxen oder Parataxen?), die Wortwahl (eher alltagssprachlich oder eher wissenschaftssprachlich?), rhetorische Figuren (Anaphern, Metaphern, Wortspiele etc.?) untersuchen. Hinsichtlich der Aufgabenstellung dürfte das bisher Analysierte allerdings ausreichen.

⑤ Stellung zum Text beziehen

Erst jetzt, wenn Sie Ihre Analyseergebnisse vorliegen haben, können Sie Stellung zum Text beziehen.

Die zweite Aufgabe fordert von Ihnen, von eigenen Leseerfahrungen auszugehen. Sie sollten aber vorher den Text immanent, d. h. an seinen eigenen Ansprüchen gemessen, bewerten. Es ist sicher nicht möglich, einen essayistischen Text im Ganzen als richtig oder falsch zu bewerten, aber Sie können fragen, ob die Argumentation plausibel ist. Greifen Sie dazu die Aussagen noch einmal heraus, die Sie beim ersten Lesen nicht nachvollziehen konnten: Leuchtet Ihnen die Begründung nach der genaueren Analyse ein? Achten Sie besonders auf die All-Aussagen, die Walser trifft!

Die Kritik müssen Sie selbst aus Ihrer Sicht formulieren. Hier einige Fragen als Anstöße:

– zur These „Jeder Leser hat ein Naturrecht auf die eigene Empfindung": Wer bestreitet dies?

– zur These „Jeder Leser beantwortet jeden Satz …": Woher weiß Walser dies? Und woher kommt dann die Lehrmeinung, gegen die er sich wendet? Wissen die Leser nicht, dass sie nur sich selbst verstehen, nicht aber das Buch?

– Bürgt der Name Novalis schon genug für die gewagte These, die Walser mit ihm als Autorität zu begründen versucht?

– Lesen wirklich alle nur deswegen, weil ihnen etwas fehlt?

– Was ist mit der Autorintention? Gibt es die nicht, oder spielt sie nur keine Rolle, weil Leser und Schreiber ja im Buch gleichberechtigt jeweils nur sich selbst entdecken?

⑥ Gliederung erstellen, Aufsatz schreiben, Text überarbeiten

Nun skizzieren Sie eine **Gliederung** Ihres Aufsatzes (vgl. die Tipps auf S. 79). Sie können sich dabei an den Analyseschritten orientieren:

In der **Einleitung** machen Sie deutlich, worum es in Ihrem Aufsatz geht.

Im **Hauptteil** bearbeiten Sie die gestellten Aufgaben. Hier sollten Sie, an der Aufgabenstellung orientiert, zwei Teile vorsehen.

Der **Schluss** Ihres Aufsatzes kann bei dieser Aufgabenstellung sehr knapp gehalten werden, weil der letzte Abschnitt des Hauptteils ja bereits eine zusammenfassende Wertung von Walsers Text enthält. Sie können, um Ihren Aufsatz abzurunden, wiederum mit einer allgemeinen Bemerkung, etwa zum Stellenwert des subjektiven Zugangs zu einem allgemeinen Problem oder zur Problematik schulischer Lektürepraxis, schließen.

● *Erstellen Sie nach den Vorarbeiten in den Arbeitsschritten 3, 4 und 5 eine Gliederung Ihres Hauptteils.*

Ⓛ I) Analyse des Textes:
   1) Analyse der Argumentation: wie Walser seine Thesen begründet
   2) Analyse der sprachlichen Mittel: wie Walser seine Argumente vorträgt
   3) Zusammenfassung: wie Walser die Rolle des Lesers bestimmt
   II) Kritik und Stellungnahme:
   4) Kritik der Argumentation
   5) Eigene Lektüreerfahrungen
   6) Zusammenfassende Stellungnahme zu Walsers Position

Bevor Sie den Aufsatz schreiben, sollten Sie noch einmal einen Blick auf die Aufgabenstellung werfen: Können Sie in einem Satz sagen, wie Walser die Rolle des Lesers inhaltlich bestimmt? Wenn Ihnen das klar ist, machen Sie sich an die Niederschrift Ihrer Ergebnisse.

In der Einleitung müssen Sie natürlich von der Aufgabenstellung ausgehen, aber Sie können hier schon Ihr Ergebnis andeuten. Korrekt wäre es, bereits im ersten Satz den Autornamen, den Titel des bearbeiteten Textes und seine Gattung zu benennen. Eleganter freilich wäre eine einleitende allgemeine Bemerkung zum Thema „Rolle des Lesers". Sie können z. B. auf Ihre eigenen Assoziationen zum Titel zurückgreifen und damit zum vorgelegten Text überleiten.

● *Versuchen Sie eine solche einleitende Bemerkung zu formulieren.*

Ⓛ Was ist die Rolle des Lesers eines literarischen Textes? Nach der Meinung vieler ist seine Rolle die eines Detektivs, der die verborgene Bedeutung eines Textes ergründen müsse. Martin Walser, der selbst literarische Werke verfasst, bestimmt die Rolle des Lesers ganz anders. In seinem Essay „Des Lesers Selbstverständnis" von 1993 ...

Für die Wiedergabe der Hauptaussagen können Sie auf das zurückgreifen, was Sie im dritten Schritt erarbeitet haben.
Wichtig ist dabei, dass Sie die indirekte Rede benutzen, um deutlich zu machen, dass Sie nicht Ihre eigenen Gedanken wiedergeben, sondern fremde referieren. Da hier sehr oft Fehler gemacht werden, sollten Sie dies gleich hier üben:

● *Formulieren Sie die Zusammenfassung der wichtigsten Aussagen in der indirekten Rede.*

Ⓛ ... vertritt Walser die These, dass es im Umgang mit Literatur keine privilegierte Bedeutungs-schöpfung gebe, sondern jeder Leser ein Naturrecht auf die eigene Empfindung und Leseerfah-rung habe, denn jeder Leser beantworte jeden Satz eines Literaturwerks ohnehin mit sich selbst. Jeder Leser verstehe also beim Lesen nicht das Buch, sondern sich selbst. Deswegen gebe es ei-nem Buch gegenüber auch kein Missverständnis. Dabei sei das Lesen – wie das Schreiben – Pro-duktion einer fiktiven Welt, und zwar motiviert durch eine Mangelerfahrung der wirklichen Welt gegenüber.

Weiter können Sie in der Einleitung noch den Untersuchungsgang Ihres Aufsatzes skizzieren.

● *Formulieren Sie nun die Punkte 1 und 2 der Gliederung aus.*

Ⓛ···· Zunächst soll untersucht werden, wie Martin Walser seine Thesen begründet.

Walser geht in seinem Essay von seiner eigenen Erfahrung als Leser aus. In einem Rückblick auf die Zeit seiner Dissertation berichtet er, dass er das Werk von Franz Kafka, gemessen an den damals herrschenden Auffassungen, nicht verstanden habe. In seiner späteren Eigenschaft als Autor literarischer Werke begegnete ihm das Problem des Verstehens literarischer Texte wieder: Nun wurde er als der vermeintliche Hüter der Bedeutung gebeten, über Verstehen oder Nichtverstehen zu entscheiden. Aus der Erfahrung der beiden Perspektiven gelangt Walser zu der Ansicht, dass es keinen privilegierten Zugang zur Bedeutung eines Werks gebe, sondern dass „jede Leserin und jeder Leser ein Naturrecht auf die eigene Empfindung und Leseerfahrung habe" (Z. 36 ff.). Walser verallgemeinert also seine subjektiven Erfahrungen im Umgang mit Literatur. Auch die These, dass jeder Leser jeden Satz eines literarischen Werks mit sich selbst beantworte, ist eine Verallgemeinerung eigener Erlebnisse mit literarischen Texten: „Alles, was ich je erlebt, gesehen, gedacht, gefühlt, geliebt, gehasst, gefürchtet habe, kann da aufgerufen werden" (Z. 61 ff.). So beschreibt Walser ganz subjektiv seine Position gegenüber einem Text, um dann aber auf alle Leser zu schließen.

Eine andere Art der Begründung, die Walser heranzieht, ist das Argument aus der Autorität. So zitiert er Novalis mit einer Äußerung über Gemeinsamkeiten von Dichter und Leser und kommt zu dem Schluss: „Man liest also aus den Gründen, aus denen man schreibt" (Z. 92 ff.). Marcel Proust wird als Autorität für Walsers gewagteste These bemüht: Jeder Leser verstehe immer nur sich selbst, nicht das Buch.

Wenn Martin Walser von seinen eigenen Erfahrungen mit Literatur ausgeht, so kann man auch dies als eine Argumentation aus der Autorität verstehen, denn zur Erscheinungszeit des Essays gilt er als einer der bedeutendsten lebenden Autoren in Deutschland. Zugleich schafft Walser mit seinem Bekenntnis, Kafka „nicht verstanden" zu haben, Nähe zu vielen seiner Leser und erweckt gewiss die Sympathie zahlloser Schüler, die ähnliche Erfahrungen mit literarischen Texten machen mussten. Seine ironische Sicht auf die Mechanismen des Literaturunterrichts, in dem der Lehrer „offenbar die Bedeutung [weiß ...], sie aber den Schülern nicht sagen" (Z. 24 f.) darf, wirkt erheiternd und schafft ebenfalls ein Einverständnis mit dem Autor. Dass er den Lehrern eine andere Bewertungspraxis nahe legt, zeigt, dass er sich als Anwalt der Schüler, die lesen müssen, empfiehlt. Walser schreibt in verständlicher Sprache und fast ohne Fachtermini.

Nach der Niederschrift folgt die **Überarbeitung** der Klausur. Hier gelten dieselben Empfehlungen wie bei den anderen Übungsklausuren (siehe z. B. S. 135, S. 155). Bei einer Sachtextanalyse kommt noch hinzu, dass Sie beim Korrekturlesen verstärkt auf den Modusgebrauch achten müssen:

Unterscheiden Sie immer eindeutig zwischen Ihren eigenen Gedanken und denen des Autors? Bei der Wiedergabe von fremden Gedanken ist es manchmal schwierig, abwechslungsreich zu formulieren. Es ist langweilig, immer nur zu schreiben „Der Autor sagt, dass ..." oder „Walser schreibt, ...".

Aussagekräftiger sind Wendungen wie „appelliert", „weist zurück", „fordert", „gibt zu", „erläutert", „kritisiert", „legt dar", „definiert", „schließt" und so weiter. Sehen Sie Ihren Aufsatz einmal daraufhin durch, ob Sie immer die treffenden Prädikate verwenden.

3 Erörterung

3.1 Klausur Erörterung I

*Eckhard Henscheid (*1941)*
Wildlife Boat Safari[1] (1993)

Wildlife Boat Safari Diese annonciert in einer vollends wahnsinnig gewordenen Großanzeige die Zigarettenmarke Peter Stuyvesant: „Wildlife Boat Safari, Elephants
5 und Buffalos am Fluss. Super Lodges und Sonnenuntergänge. Karibasee, Victoria-Falls. 5 Tage zum Großwild-Foto-Shooting nach Zimbabwe, Afrika. Auf ins Action-Weekend der Peter Stuyvesant."
10 Schade nicht so sehr, dass es wennschon – dennschon „Buffaloes" heißen müsste. Schader vielmehr, dass die Leserzielgruppen offenbar das Wörtchen „and" = „und" noch nicht draufhaben – und am schadesten, dass
15 es nicht „up up ins Action-Weekend" heißt; das erst nämlich gäbe dem Wildlife-Ganzen den angestrebten metafuselig[2] transzendentalen[3] Zug, sorry: Trend … äh: Design … Styling. Oder what.

Dass die Stuyvesant-Hedonismus[4]-Kampag- 20 ne auf fruchtbaren Boden fiel, beweist aber eine Reiseanzeige in der *Brigitte*, wo ein 44-jähriger „Ex-Austrian" eine „unabhängige Dame" sucht, die es versteht, „Nature, Books, Musik (!), Travels, Camping, Wildlife etc." 25 mit ihm zu „enjoy".

1 Im Original ohne Titel (Auszug aus dem Wörterbuch „Dummdeutsch", Neuausgabe von Eckhard Henscheid)
2 *metafuselig:* Zusammenziehung aus „metaphysisch" (Adjektiv zu „Metaphysik", philosophische Lehre von den letzten Dingen) und „Fusel" (billiger Schnaps)
3 *transzendental:* philosophisch: der Erfahrungserkenntnis zugrunde liegend
4 *Hedonismus:* philosophische Lehre vom Vorrang des Genusses

❶ *Analysieren Sie den Text.*

❷ *Erörtern Sie im Anschluss an Ihre Textanalyse das Problem des Gebrauchs von Anglizismen im Deutschen.*

❶ Aufgabenstellung verstehen

Die erste Aufgabe ist sehr offen formuliert. Mit welchem Untersuchungsschwerpunkt sollen Sie den Text analysieren? Die zweite Aufgabe gibt Ihnen die Richtung der Analyse vor: Um zu einem schlüssigen Aufbau Ihres Aufsatzes zu gelangen, müssen Sie vor allem die im Text enthaltene Aussage zum Problem des Anglizismengebrauchs herausarbeiten. Dabei sollten Sie auch auf formale Merkmale sowie auf den Aufbau und die Sprache des Textes eingehen.
Analog zur Aufgabenstellung sollten Sie Ihre Klausur zweiteilig konzipieren. Im ersten Teil geht es um Darstellung, im zweiten Teil um Bewertung. Wir gliedern deshalb diese Übungsklausur auch in zwei Blöcke: In Teil I) analysieren wir den gegebenen Text, in Teil II) üben wir das Verfassen eines Erörterungsaufsatzes. Der Schwerpunkt liegt dabei auf dem zweiten Teil.

I) Analyse des Ausgangstextes

② Text lesen, erste Eindrücke festhalten

Auf den ersten Blick ist eine typografische Besonderheit festzustellen: Die ersten drei Wörter des Textes sind fett gedruckt, der Rest steht in normaler Schriftstärke.

● *Auf welche Textsorte weist diese Gestaltung hin?*

Ⓛ Register-, Lexikon- oder Wörterbucheintrag; typografisch abgesetzt sind die Stichwörter eines Eintrags.

● *Lesen Sie den Text jetzt sorgfältig und markieren Sie alle formalen und inhaltlichen Auffälligkeiten.*

Ⓛ Auffällig: viele englische Wörter, viele Zitate, eigenartiger Stil (Wortwahl!), Text wirkt komisch

③ Thema benennen

Der Text ist, wie in der Fußnote angemerkt, tatsächlich ein Wörterbucheintrag, und zwar ein Artikel aus dem Wörterbuch „Dummdeutsch". Wenn Sie aber überlegen, mit welchem Ziel Sie sonst ein Stichwort in einem Wörterbuch suchen, kommen Sie der Eigenart dieses Artikels schon näher. Also:

● *Notieren Sie, was Sie üblicherweise unter einem Wörterbuchstichwort finden, und vergleichen Sie es mit dem vorliegenden Eintrag.*

Ⓛ Normalerweise findet man eine Erklärung des Stichworts in dem entsprechenden Artikel, z. B. eine Übersetzung oder eine sachliche Erläuterung der Wortbedeutung.
Hier aber: keine Übersetzung, auch keine sachliche Erläuterung zu einer Bootsafari. Das Stichwort ist nur ein Aufhänger für den folgenden Text.

Worum geht es nun eigentlich in diesem Text, wenn es nicht um eine „Wildlife Boat Safari" geht?
Die zweite Aufgabe gibt Ihnen hier bereits einen Hinweis.

● *Prüfen Sie, inwiefern der Text eine Stellungnahme zur Frage des Anglizismengebrauchs im Deutschen enthält.*

Ⓛ Henscheids Text übt Sprachkritik: Der Wörterbucheintrag kritisiert anlässlich einer Werbeanzeige den übertriebenen (und fehlerhaften bzw. inkonsequenten) Gebrauch von englischen Wörtern im Deutschen.

④ Aufbau und Sprache analysieren

Sehen Sie sich den Text noch näher an: Wie baut Henscheid seine Sprachkritik auf, mit welchen Mitteln kritisiert er? Betrachten Sie zuerst den Aufbau des Textes.

● *Gliedern Sie den Text.*

Ⓛ Drei Teile:
   1) Z. 1–9: Stichworteintrag, Einleitung, Zitat der Werbeanzeige
   2) Z. 10–19: Kommentar zum Anzeigentext
   3) Z. 20–26: Schluss, (vermutete) Auswirkung der Anzeige

Der Schlussteil zeigt, dass es hier nicht nur darum geht, eine besondere Werbeanzeige zu kritisieren, sondern es wird der übertriebene Gebrauch englischer Wörter allgemein kritisiert.
Die Sprache ist nicht nur Thema in diesem Text, sondern sie wird selbst auch ungewöhnlich benutzt. Es lassen sich unterschiedliche Sprachstile feststellen. Neben der zitierten Werbeanzeige mit ihren vielen englischen Wörtern finden sich noch weitere Besonderheiten, beispielsweise in der Wortwahl.

● *Listen Sie diese stilistischen Besonderheiten auf und charakterisieren Sie sie.*

Ⓛ Z. 2: „vollends wahnsinnig" (Übertreibung) Z. 11 f.: „schader" / Z. 14: „am schadesten" (Verstoß gegen die Grammatik); Z. 12: „Leserzielgruppen"; Z. 16: „Wildlife-Ganzen"; Z. 17: „metafuselig"; Z. 20 f.: „Stuyvesant-Hedonismus-Kampagne" (Neologismen durch Wortzusammensetzung); Z. 18 f.: „sorry: Trend … äh: Design … Styling. Oder what" (mündlicher Stil, Deutsch-Englisch-Gemisch); Z. 26: „mit ihm zu ‚enjoy'" (Deutsch-Englisch-Gemisch)

Der Autor macht durch die Zitate und seine parodierenden „Verbesserungsvorschläge" eine seiner Ansicht nach unsinnige Verwendung von Englisch in deutschen Texten lächerlich. Auch der Wechsel von philosophischen Ausdrücken und mündlichem Sprachstil trägt zur Komik des Textes bei.
Es gibt einige literarische Gattungen oder Stilformen, die Komik als Mittel der Kritik verwenden, z. B. die Parodie, die Polemik oder die Satire.

● *Welcher Gattung würden Sie den Text zurechnen?*

Ⓛ Nur formal handelt es sich um einen Wörterbucheintrag. Aufgebaut ist der Text wie eine Glosse (aktueller Anlass, parodistischer Kommentar, Schlusspointe).
Berücksichtigt man den Inhalt, könnte man auch von einer Sprachsatire sprechen.

⑤ Zusammenfassung: Die Intention des Textes

Im Hinblick auf Ihre eigene Erörterung sollten Sie nun Ihre Ergebnisse zusammenfassen und abschließend die Intention des Textes „Wildlife Boat Safari" auf den Punkt bringen.

● *Formulieren Sie den ersten Teil des Hauptteils nach den in den Arbeitsschritten 2 bis 4 erzielten Ergebnissen aus. (Die vollständigen Angaben zum Text – Autor, Erscheinungsjahr ... – müssen Sie erst in der Einleitung zum gesamten Aufsatz machen.)*

Ⓛ In dem Text „Wildlife Boat Safari" wird der Gebrauch englischer Wörter in deutschen Texten kritisiert.

Anlass des Textes ist die Werbeanzeige einer Zigarettenmarke, in der für eine mehrtägige Afrika-Reise mit Fotosafari geworben wird. Der Anzeigentext wird zunächst zitiert und dann kommentiert. In seinem Kommentar weist der Autor nicht nur auf einen Rechtschreibfehler in der Anzeige („Buffalos") hin, sondern er zieht den englischen Sprachgebrauch des Textes auch ins Lächerliche. So verweist er auf die – vermeintliche – Inkonsequenz des Werbetexters, der die Wörter „Elephants" und „Buffalos" mit dem deutschen „und" (statt dem englischen „and") verbindet. Henscheid gibt vor zu vermuten, dass die angesprochenen Leser der Anzeige „das Wörtchen [...] noch nicht draufhaben". Damit macht er sich über die Produzenten und die Rezipienten der Anzeige gleichermaßen lustig. Parodiert wird die Wirkungsabsicht der Werbung, indem ihr das Streben nach einem „metafuselig transzendentalen Zug, sorry: Trend ..." zugeschrieben wird. Es lässt sich kaum angeben, was diese Wörter sagen sollen, wichtig ist der imposante Klang (der gleich wieder durch die Wortschöpfung „me-

tafuselig" relativiert wird). Die unbegründet eingesetzten philosophischen Termini haben in Henscheids Artikel eine ähnliche Funktion wie die englischen Wörter in der Werbeanzeige: Sie sollen interessant klingen, nicht Inhaltliches, sondern das „Styling" steht im Vordergrund.

Die Kritik an dieser Art des Sprachgebrauchs ist nicht sachlich, und sie ist nicht argumentierend. Aber sie ist erheiternd, indem durch das Mittel der Parodie und durch einen eigenwilligen, saloppen Sprachstil die Ernsthaftigkeit der Werbeanzeige der Lächerlichkeit preisgegeben wird. Mit den absichtlichen Verstößen gegen die deutsche Grammatik („schade – schader – am schadesten") kontrastiert Henscheid die Wichtigtuerei der Werber, die der Marke ein Image von Abenteuer und Weltläufigkeit beigeben wollen. Die Sprachsatire des vorliegenden Textes bezieht sich dabei nicht allein auf die Werbemaßnahme einer einzelnen Zigarettenfirma, aber auch nicht auf jeden Gebrauch englischer Ausdrücke im Deutschen, sondern auf ein Imponiergehabe durch den übertriebenen oder überflüssigen Gebrauch englischer Wörter, der umso peinlicher wirkt, wenn das Englische nur unzureichend beherrscht wird.

II) Verfassen einer Pro-und-Kontra-Erörterung

6 Entscheidungsfrage formulieren

Wenn Sie sich jetzt Gedanken über eine eigene Erörterung machen, müssen Sie zuallererst das Problem, zu dem Sie Stellung beziehen wollen, präzise formulieren.

Die zweite Aufgabe fordert Sie auf, das „Problem des Gebrauchs von Anglizismen im Deutschen" zu erörtern. Schauen Sie noch einmal auf das Ergebnis der Textanalyse: In der Glosse wird der inflationäre Gebrauch englischer Wörter im Deutschen kritisiert. – Überlegen Sie weiter: Wann ist der Gebrauch inflationär? Wie viele englische Wörter verträgt ein deutscher Text, ohne unverständlich zu werden oder lächerlich zu wirken? Sollte man nicht besser alles auf Deutsch schreiben?

● *Versuchen Sie das im Ausgangstext behandelte und in der zweiten Aufgabe umrissene Problem in einer Entscheidungsfrage zuzuspitzen.*

Ⓛ ┈ Sollte man auf den Gebrauch englischer Wörter in deutschen Texten verzichten?

So könnte Ihre Fragestellung lauten.

Es kann sein, dass Sie schon eine begründete eigene Position zu dieser Frage haben. Vielleicht aber auch nicht. Dann müssen Sie im Verlauf der nächsten Arbeitsschritte zu Ihrem eigenen Standpunkt kommen. Eine Erörterung darf nicht darauf beschränkt bleiben, neutral Pro und Kontra gegenüberzustellen, am Schluss muss ein Ergebnis stehen. Das kann durchaus vorläufig und differenziert ein, aber Ihre Position muss deutlich werden!

Da es sich um Ihre eigene Meinung handelt, wird hier zunächst keine eigene Position zur Themenstellung vorgeschlagen.

7 Argumente sammeln

Auch wenn Sie die Position von Eckhard Henscheid teilen sollten, können Sie seinen Text „Wildlife Boat Safari" doch nicht zum Vorbild für Ihre eigene Erörterung nehmen.

● *Warum nicht?*

Ⓛ ┈ Der Text führt nur <u>eine</u> Position vor, er wägt nicht ab. Die im Text angedeutete Argumentation wird nicht explizit ausgeführt.

Auch der Stil ist einer Erörterung nicht angemessen.

Für Ihre Erörterung müssen Sie nun Material sammeln: sowohl Argumente *für* den Verzicht auf englische Wörter in deutschen Texten als auch Argumente *gegen* diese Position (vgl. S. 92). Die Übersicht behalten Sie, wenn Sie die Argumente in kurzen Sätzen oder stichwortartig in zwei Spalten einander gegenüberstellen.

● *Legen Sie eine Stoffsammlung an.*

(L)

Verzicht auf Englisch in deutschen Texten?

pro Verzicht	kontra Verzicht
– Verständlichkeit wird garantiert – Gefahr des falschen Englisch (falsche Grammatik oder Orthografie oder falsche Wörter) – Verwirrung in der deutschen Grammatik, z. B. durch Flexionen englischer Verben – Englische Ausdrücke als Verschleierung (Euphemismen) – Englische Ausdrücke als bloße Modeerscheinung – Die deutsche Sprache wird ärmer, weil zu viele Wörter ersetzt werden	– Für einige englische Wörter gibt es keine deutsche Entsprechung – In einigen Bereichen haben sich englische Begriffe so eingebürgert, dass jeder weiß, was gemeint ist – Englisch klingt schick, interessant, modern – Verzicht könnte als Nationalismus verstanden werden – Widerstand gegen den Trend ist sinnlos und albern – Die deutsche Sprache wird reicher, weil viele neue Wörter hinzukommen

Vielleicht haben Sie ganz andere oder noch viel mehr Argumente gefunden. Zum Üben belassen wir es bei dieser Auswahl. Wenn Sie die kurzen Sätze und Stichworte betrachten, wird Ihnen sicher das eine oder andere Beispiel zu den Argumenten einfallen. Auch die Beispiele sollten Sie notieren. Mit ihnen können Sie die einzelnen Argumente veranschaulichen und somit stützen. Andere Möglichkeiten, Argumente zu stützen, sind Textbelege, Verweise auf Expertenmeinungen (Argumente aus der Autorität) oder das Anführen von wissenschaftlichen Untersuchungen.

Da Sie in einer Klausur aber oftmals nur auf Ihre eigenen Erfahrungen zurückgreifen können, sollten Sie sich jetzt auf Beispiele konzentrieren.

● *Finden Sie Beispiele für zwei Pro-Argumente und zwei Kontra-Argumente aus der Liste.*

(L)

Pro-Argument „Gefahr des falschen Englisch": peinliche Rechtschreibfehler (vgl. „Buffalos"), Wortschöpfungen, die es im Englischen gar nicht gibt (z. B. „Handy")

Pro-Argument „Verwirrung der deutschen Grammatik": z. B. „Ich habe mir etwas downgeloadet/downloaded (?)."

Kontra-Argument „Keine deutsche Entsprechung": z. B. „Snowboard" ist nicht gleich „Schneebrett", „Inlineskates" sind nicht einfach „Rollschuhe"!

Kontra-Argument „Einbürgerung in einigen Bereichen": z. B. die Bereiche Funsport, Computer, Outdoor, Musik

Sie haben sicher bemerkt, dass die in der Stoffsammlung aufgelisteten Argumente teils miteinander zusammenhängen, teils auf ganz verschiedene Aspekte eingehen. Im nächsten Arbeitsschritt müssen die Argumente daher geordnet werden.

8 Argumente ordnen

Dass es zwei verschiedene Möglichkeiten gibt, den Hauptteil einer Pro-und-Kontra-Erörterung aufzubauen, sollte Ihnen bekannt sein (sonst blättern Sie zurück zum Vorkurs, S. 93!)

Welche beiden Möglichkeiten haben Sie?

Ⓛ Bei der ersten Möglichkeit werden zuerst die Argumente für die Gegenthese (also die These, die nicht der eigenen Position entspricht) mit den zugehörigen stützenden Beispielen oder Belegen vorgetragen und danach die Argumente für die eigene These. Dabei beginnt man mit dem stärksten Gegenargument und stuft dann ab, bis man den Drehpunkt („... aber ...") nennt. Dann ordnet man die Argumente für die eigene Position so an, dass man mit dem schwächsten beginnt und mit dem stärksten schließt. Am Schluss des Hauptteils folgt die eigene Entscheidung. Eine andere Möglichkeit besteht darin, abwechselnd Pro- und Kontra-Argumente mit ihren jeweiligen Beispielen aufzuführen. Dabei kommt es darauf an, dass die Argumente sinnvoll miteinander verknüpft werden und dass tatsächlich ein Fortschritt in der Argumentation sichtbar wird, der dann am Schluss in einem Ergebnis mündet. Auch hier empfiehlt es sich, mit dem stärksten Argument für die eigene Position zu enden und anschließend die eigene Stellungnahme zu formulieren. Das Muster dieser Form der Erörterung ist das „Zwar – Aber".

Die letztgenannte Art ist anspruchvoller und wird meist für textgebundene Erörterungen verwendet.

Die aufgelisteten Argumente können Sie auf unterschiedliche Weise anordnen. Ideal wäre es, wenn Sie für jedes Argument ein Gegenargument finden könnten. Wenn das nicht gelingt, ist es auch möglich, zwei oder mehr Argumente zusammenfassen oder eines wegzulassen.

Das Grundmuster „Zwar – Aber" kann Ihnen bei der Ordnung behilflich sein. So sehen Sie sofort, dass es unsinnig wäre zu schreiben: „Zwar sind Texte ohne Fremdwörter verständlicher, aber die deutsche Sprache wird auch reicher, wenn viele neue Wörter aus anderen Sprachen hinzukommen." – Hier richtet das zweite Argument nichts gegen das erste aus. Die Argumente stammen aus unterschiedlichen Kontexten und reden sozusagen aneinander vorbei. Damit Ihnen das nicht passiert, sollten Sie stets prüfen, ob man wirklich „zwar – aber" sagen kann.

Finden Sie ein Argument, das man gegen das erste Pro-Argument aus der Stoffsammlung einwenden kann, und formulieren Sie die Entgegensetzung.
Beachten Sie: Wenn Sie Argumente einander entgegenstellen, müssen Sie diese oft noch stärker differenzieren, d. h. Einschränkungen oder Präzisierungen vornehmen.

Ⓛ Im Allgemeinen sind Texte ohne Fremdwörter verständlicher als solche mit Fremdwörtern. Es gibt allerdings Lebensbereiche, in denen sich englische Wörter derart eingebürgert haben, dass jeder weiß, was mit dem englischen Wort gemeint ist.

Sie sehen, dass die Argumente schon beim Ordnen stärker oder schwächer gemacht und so aneinander angepasst werden können. Was der obigen Beispiellösung noch fehlt, sind die Stützen der Argumente.

● *Verbessern Sie den Lösungsvorschlag, indem Sie Beispiele einfügen.*

Ⓛ Im Allgemeinen sind Texte ohne Fremdwörter verständlicher als solche mit Fremdwörtern. Wohl jeder hat sich schon über das Kauderwelsch in technischen Anleitungen geärgert, das oft durch den ungehemmten Gebrauch von Fach- und Fremdwörtern zustande kommt. Viele Texte sind nur noch für Eingeweihte verständlich, obwohl sie sich nicht an ein Fachpublikum richten. So z. B. die Informationen der Deutschen Telekom: Dort ist jetzt von „CityCalls" die Rede, wo es früher „Ortsgespräch" hieß. Es gibt allerdings Lebensbereiche, in denen sich englische Wörter derart eingebürgert haben, dass jeder weiß, was mit einem englischen Wort gemeint ist. Wer Computer benutzt, findet es ganz selbstverständlich, nach „Updates" zu suchen, im „Internet" durch die „Links" von „Websites" zu „surfen" oder „E-Mails" zu empfangen. In diesem Bereich würde es die Verständlichkeit von Texten eher mindern, wenn ...

Sie sehen sofort, welche Argumente sich hier anschließen lassen: An das zuletzt genannte Beispiel könnte man das Argument der fehlenden deutschen Entsprechung für englische Begriffe anknüpfen und dann mit dem Argument des falschen Englisch („Handy"!) oder mit dem der Verwirrung in der deutschen Grammatik kontern.
Wie Sie die Argumente jeweils vortragen, hängt von Ihrer Position zu der Ausgangsfrage ab. Eine Grundregel für die Erörterung lautet: Um einen Gegner der eigenen Position überzeugen zu können, muss man seinen Standpunkt und seine Argumente ernst nehmen, d. h., man darf sie nicht vorsätzlich ausklammern oder verzerrt wiedergeben!
Dass sich der Autor des Textes „Wildlife Boat Safari" nicht an dieser Regel orientiert, liegt einfach daran, dass er keine Erörterung schreibt. Für Glossen und Satiren gelten andere Regeln.

❾ Gliederung erstellen, Aufsatz schreiben, Text überarbeiten

Wenn Sie so weit gekommen sind, dass Sie die Argumente sinnvoll geordnet haben, müssen Sie nun noch das ausformulieren, was Sie in der Kladde haben.
Erstellen Sie zuerst eine Gliederung für den ganzen Aufsatz, einen Baustein des Hauptteils haben Sie im Arbeitsschritt 5 ja schon fertig gestellt.

● *Notieren Sie Ihre Gliederung für den Aufsatz.*

Ⓛ Gliederung

Einleitung
1. Teil: Textanalyse zu „Wildlife Boat Safari" von Eckhard Henscheid
  1) Thema des Textes
  2) Aufbau und Sprache
  3) Position des Autors
2. Teil: Erörterung zum Thema „Gebrauch von englischen Wörtern"
  4) Fragestellung (Einleitung)
  5) Argumentation (Hauptteil)
  6) Ergebnis (Schluss)
Schluss: Ausblick

Wir befassen uns jetzt noch mit der Einleitung des Aufsatzes und mit dem Schlussteil.
Die **Einleitung** soll auf das Thema des gesamten Aufsatzes hinführen. Sie müssen also bei der Formulierung beide Aufgabenteile berücksichtigen. Wie üblich werden Text, Autor und Publikationsjahr genannt, dann geben Sie eine kurze Übersicht über den Aufsatz. Sie können in der Einleitung auch schon Ihr Ergebnis andeuten – aber nicht zu viel verraten! Sonst haben Sie Ihr Pulver schon auf der ersten Seite verschossen und müssen sich später im Text wiederholen. Bemühen Sie sich um einen interessanten ersten Satz. Es ist nicht vorgeschrieben, einen Aufsatz immer nach dem gleichen Schema zu eröffnen: „Im Folgenden werde ich den Text X von Y analysieren …". Lesen Sie noch einmal die Vorschläge zur Gestaltung einer Einleitung auf S. 94.

● *Formulieren Sie einen ersten Satz, in dem Sie das oben genannte Schema vermeiden, und schreiben Sie die Einleitung.*

Ⓛ Waren das noch Zeiten, als man seine Brötchen in der Bäckerei kaufen konnte! Heute muss man dazu ein „Back Center" aufsuchen. Ein Ortsgespräch heißt jetzt „CityCall", Hose und Hemd ohne besonderen „Style" nennt man nun „Basics", eine kurze Mitteilung „Briefing". Man kann den veränderten Sprachgebrauch als Zeichen der Internationalisierung gutheißen oder einfach nur „cool" finden, man kann ihn aber auch bedenklich finden und sich ausmalen, dass die deutsche Sprache langsam verschwinden wird. Eine Möglichkeit, den Einzug englischer Wörter ins Deutsche zu kritisieren, bietet die Satire.

In diesem Aufsatz werde ich mich zunächst mit dem sprachsatirischen Text „Wildlife Boat Safari" aus Eckhard Henscheids Wörterbuch „Dummdeutsch" von 1993 beschäftigen und dann in einem zweiten Teil die Frage erörtern, ob man nicht lieber in deutschen Texten auf englische Wörter verzichten sollte.
Es wird sich zeigen, dass dies in vielen Fällen gar nicht möglich ist, dass aber generell eine Selbstbeschränkung im Gebrauch des Englischen zur Verständlichkeit beitragen und auch vor Peinlichkeit schützen kann.

In der oben vorgeschlagenen Gliederung sind nur der Übersichtlichkeit wegen zwei Schlussteile vorgesehen. Im ersten soll das Ergebnis der Argumentation formuliert werden, im zweiten das des gesamten Aufsatzes. Dies bedeutet, dass Sie hier noch einmal auf den analysierten Text zu sprechen kommen und einen Ausblick formulieren sollten, um die Klausur abzurunden. Der Ausblick hat eine ähnliche Funktion wie die Einleitung. So wie die Einleitung den Leser aus seiner Situation in den Kontext der Klausur einführt, so soll der Ausblick wieder aus dem Text hinaus „ins Leben" führen. Sie können z. B. auf Konsequenzen Ihres Ergebnisses verweisen oder über weitere Entwicklungen mutmaßen. Lesen Sie noch einmal die Hinweise zur Gestaltung des Schlusses auf S. 95.
Zu welchem Ergebnis Sie in der Argumentation des Hauptteils gekommen sind, hängt von Ihnen ab; für diese Übungsklausur schlagen wir die in der Einleitung angedeutete Lösung vor.

● *Schreiben Sie passend zur oben stehenden Einleitung nun den Schluss der Klausur.*

(L) ... Abschließend ist festzuhalten, dass ein völliger Verzicht auf englische Wörter genauso unsinnig wäre wie die übertriebene Verwendung. Wo das englische Wort in den deutschen Wortschatz eingegangen ist und wie ein deutsches Wort behandelt wird (zum Beispiel flektiert wird), ist die Gefahr der Unverständlichkeit nicht so groß wie bei Rückgriffen auf unzureichende deutsche Entsprechungen (z. B. „Rollschuhe" für „Inlineskates") oder bei Neuschöpfungen (etwa „Reihengleiter"). Wo die Übertreibung anfängt und ein Text durch das Englische albern wirkt, muss dem Sprachgefühl des Einzelnen überlassen bleiben. Sprachgefühl allerdings lässt sich nicht lernen wie Vokabeln oder chemische Formeln. Es wird auch beeinflusst durch die Texte, die man liest oder hört. Deswegen ist es wichtig, dass z. B. in Sprachsatiren oder Glossen wie denen von Eckhard Henscheid die Unarten und Peinlichkeiten im Sprachgebrauch von Zeit zu Zeit aufgedeckt werden.

Ob aber die Sprachkritik, auch in Gestalt der Satire, so viele Leser erreicht wie eine Werbekampagne der kritisierten Art, darf man bezweifeln.

Wenn Sie Ihren Aufsatz abgeschlossen haben und noch genug Zeit bleibt (was bei guter Planung der Fall sein müsste!), überarbeiten Sie den Text ein letztes Mal. – Auch beim Schreiben werden Sie Formulierungs- oder Orthografiefehler ja schon verbessert haben!

Jetzt sehen Sie sich die Aufgabenstellung noch einmal an und prüfen, ob Sie in der Arbeit wirklich alle Teile angemessen berücksichtigt haben. Manchmal reicht es, noch einen klärenden Satz einzufügen. Ist der Aufbau einleuchtend? Sind die einzelnen Teile bzw. Argumente sinnvoll miteinander verknüpft? Auch hier können Sie unter Umständen noch kleine Korrekturen anbringen. Nutzen Sie auch die Hinweise zur Textüberarbeitung auf S. 135 und S. 165.

3.2 Klausur Erörterung II

*Dieter E. Zimmer (*1934)*

Information als Landplage (2000) (Auszüge)

Der Neonbegriff Kommunikations- und Informationszeitalter suggeriert eine Welt, die von immer informierteren Menschen bevölkert ist. Irgendjemand hat einmal ausgerech-
5 net, dass eine einzige Sonntagsausgabe der New York Times mehr Information enthält, als ein Mensch des siebzehnten Jahrhunderts in seinem ganzen Leben aufzunehmen Gelegenheit hatte. Wenn dem so wäre, müsste
10 jemand, der heute sein Leben in einer Eremitage[1] verbrächte und nichts anderes zur Kenntnis nähme als die Sonntagsausgaben der Times, im höheren Alter mindestens zweitausend Mal so informiert sein wie sein
15 bedauernswerter Urahn. Was die Menge der „Daten" angeht, denen die Menschen ausgesetzt sind, mag das rechnerisch sogar stimmen. Jener Mensch im siebzehnten Jahrhundert wusste aber auch ohne die Sonn-
20 tagsausgabe der New York Times wahrscheinlich alles, was er für sein Leben wissen musste. Wir wissen auch mit zehn Zeitungsabonnements wahrscheinlich nicht, was wir für unser Leben eigentlich wissen müssten.
25 Das größere Informationsangebot führt nicht notwendig zu größerer Informiertheit. Information, das sind zunächst nur beliebige Daten-Bits auf der Suche nach Menschen, die sich von ihnen informiert fühlen. Infor-
30 miertheit ist integriertes und erinnertes Wissen: Daten-Bits, die im Gehirn haften geblieben sind und sich dort in einen Sinnzusammenhang eingeordnet haben.
Zwar wird offensichtlich mehr Information
35 produziert und immer schneller und breiter verteilt als je zuvor. „Eine Flutwelle von Information überschwemmt die Gesellschaft. Es werden mehr Bücher denn je geschrieben und wahrscheinlich weniger denn je gelesen.
40 Das Kabelfernsehen bringt Hunderte neuer Fernsehkanäle. Und bald wird die Spracherkennungstechnologie endlich den Punkt erreichen, da jeder zufällige Gedanke, noch während man ihn ausspricht, aufgeschrie-
45 ben und fast auf der Stelle über elektronische Mail, Fax oder einfache Junk-Mail[2] an Hunderte unschuldiger Mitbürger verteilt werden kann" (Eli M. Noam[3]). Aber der allgemeine Informationsstand will nicht im gleichen
50 Maß mitsteigen. Der Grund ist nicht die Renitenz[4] der Menschen, die sich weigern, von der herrlichen Informationstechnologie Gebrauch zu machen. Der Grund liegt vielmehr in der mentalen Verarbeitungskapazität der
55 Menschen, die den Informationsprozess begrenzt und dazu führt, dass Information sich zum Teil selbst zunichte macht.
Je mehr Fahrzeuge unterwegs sind, desto schwerer kommt jedes einzelne voran, bis
60 zum Verkehrskollaps. Und je mehr Informationsvehikel auf immer mehr Kanälen auf Wanderschaft geschickt werden, desto geringer wird die Wahrscheinlichkeit, dass sie die Adressaten erreichen. Es liegt nicht an der
65 Enge der Kanäle, die sich sehr viel leichter verbreitern lassen als Betonstraßen, es liegt daran, dass die Aufnahmekapazität der Adressaten stagniert. Angesichts des Informationsregens, der auf sie niederprasselt,
70 fühlen sie sich zunehmend verwirrt, überfordert und sogar desinformiert[5]. Am Ende muss all die Fülle ja durch einen Flaschenhals: das individuelle menschliche Gehirn, und dessen Aufnahmefähigkeit lässt sich nicht we-
75 sentlich erweitern. Informationsüberlastung heißt das Stichwort. Es ist erwiesen, dass die Überlast sogar krank machen kann. Das stärkste einigende Band der Menschen dürfte bald die Grundhaltung sein: „Das muss ich
80 doch nicht auch noch wissen!"

[...]

Das Informationszeitalter verlangt nach Strategien der Informationsbewältigung. Welche Möglichkeiten gäbe es?

85 Die eine: schneller lesen. Das Lesen wird zum Browsen[6], und wer einem Autor etwas Freundliches sagen will, sagt heute: Ich werde Ihnen am Wochenende eine Stunde „Qualitätslesezeit" widmen. Das heißt, höchstens
90 am Wochenende kommt dieser Mensch manchmal noch zum richtigen altmodischen Lesen. Oder so: „Farbdruck reduziert die Qualitätslesezeit von Managern von 90 auf 30 Minuten pro Woche und erhöht die
95 Merkfähigkeit um 83 Prozent." An Buntem geht mehr in die Köpfe.

Die zweite Möglichkeit heißt: Multitasking. Zum Beispiel gleichzeitig einen Report studieren, den PC booten[7], ein Telefongespräch
100 führen, das Radio laufen lassen und zum Faxgerät hinüberschielen. Leider funktioniert es nicht. Unser Zentralnervensystem ist so ausgelegt, dass es seine volle Aufmerksamkeit jeweils nur auf einen Gegenstand richten
105 kann. Was nur am Rande unserer Aufmerksamkeit aufscheint, können wir nicht verstehen, und was wir nicht verstehen, können wir uns nicht merken. Mentales Multitasking ist nur ein modern tuendes Wort für steinalte
110 Flüchtigkeit.

Die dritte Möglichkeit: die Information komprimieren. Wir leben längst in einer Zeit der Resümees, der Abstracts. Ein Journalist muss glauben, dass sich alles beliebig kurz sagen
115 lässt. Aber er weiß auch, dass manche Themen durch Kürze umgebracht werden. Wer nur noch Überschriften und Kurzfassungen zur Kenntnis nimmt und bei allem auf die griffige Formel aus ist, die den Fall erledigt,
120 weiß bald gar nichts mehr. Es wurde schon argumentiert, dass die Schriftsprache mit ihren langen Wörtern viel zu viel Zeit koste und durch Piktogramme ersetzt werden sollte, die die Information direkter und umstandsloser
125 an den Mann bringen. Aber es geht nicht um die Wahrnehmungsgeschwindigkeit, son-

dern um die Geschwindigkeit des Verstehens, also um die Fähigkeit, ein Gedankenobjekt mit dem Strahl konzentrierter Aufmerksamkeit zu verfolgen, und die wird sich
130 auch durch die geraffteste Symbolsprache nicht steigern lassen.

Die vierte Verteidigungsstrategie heißt: filtern. Besonders informationsgestresste Entscheidungsträger lassen nur noch streng vor-
135 sortierte Infofragmente an sich heran. Der Preis ist Wirklichkeitsverlust.

[...]

Der vernetzte Computer bringt einen großen Zugewinn, aber er kostet auch etwas, und es
140 wird seinen Nutzern nicht erspart bleiben, Gewinn und Kosten gegeneinander auszubalancieren. Der Computer muss in das Leben und nicht das Leben in den Computer integriert werden. Der Mensch braucht die physi-
145 sche Nähe seiner Artgenossen, nicht nur die technisch vermittelte; er braucht richtige Wolken, nicht nur einen Bildschirmschoner; er muss sich mit anderen Menschen auseinander setzen und nicht nur mit Symbolen;
150 er braucht das echte Leben, nicht dessen Ersatz durch eine noch so gekonnte Simulation. Oder wie es in einem späten Gedicht von Enzensberger[8] heißt: „Die Fähigkeit, eine Pfeife vom Bild einer Pfeife zu unterscheiden,
155 ist weit verbreitet. Wer Cybersex mit Liebe verwechselt, ist reif für die Psychiatrie. Auf die Trägheit des Körpers ist Verlass. Das Zahnweh ist nicht virtuell. Wer hungert, wird von Simulationen nicht satt. Der eigene Tod ist
160 kein Medienereignis. Doch, doch, es gibt ein Leben diesseits der digitalen Welt: das einzige, das wir haben."

In der Informationsgesellschaft tobt ein Kampf um eine der wertvollsten nicht erneu-
165 erbaren Ressourcen, unsere Aufmerksamkeit. Ein Großteil der Information, die täglich durch die Postsortieranlagen und Telefon- und Datenleitungen befördert wird, ist vagabundierende Information, die niemand
170 bestellt hat und niemand haben will; der Aufkleber „Keine Werbung!" an den Haus-

briefkästen hat Symbolwert. Diese Information kann nicht warten, bis einer sie sucht. Sie
175 muss alles daransetzen, uns wider unseren Willen zu informieren. Aufmerksamkeitsheischer üben sich in den neuen Künsten des Pushing und Spamming[9]. Alles muss sich größer und gröber und bunter und lebhafter
180 und lauter geben, bis in dem allgemeinen Lärm gar nichts mehr zu verstehen ist.

1 *Eremitage:* Einsiedelei, Isolation
2 *Junk-Mail:* unwillkommene (elektronische) Post, Datenmüll
3 *Eli M. Noam:* amerikanischer Ökonom
4 *Renitenz:* widersetzliches Verhalten
5 *desinformiert:* bewusst falsch informiert
6 *Browsen:* blättern, überfliegen
7 *booten:* (Rechner) starten, hochfahren
8 *Enzensberger:* Hans Magnus E., dt. Schriftsteller und Essayist (geb. 1929)
9 *Pushing, Spamming:* aggressive Werbung, z. B. durch massenhafte elektronische Post

❶ *Analysieren Sie den Text.*

❷ *Setzen Sie sich mit Zimmers „Strategien zur Informationsbewältigung" auseinander und machen Sie einen eigenen begründeten Vorschlag zum Umgang mit Information.*

❶ Aufgabenstellung verstehen

Die beiden Aufgaben verlangen Unterschiedliches von Ihnen: Während es in der ersten Aufgabe darum geht, den Inhalt und Aufbau des vorliegenden Textes genau zu beschreiben, sollen Sie im zweiten Teil der Klausur einen Aspekt dieses Textes erörtern und mit einem eigenen Vorschlag Stellung beziehen. Sie sehen: Um die zweite Aufgabe genauer verstehen zu können, müssen Sie die erste schon gelöst haben.
Die zweiteilige Aufgabenstellung macht es erforderlich, dass Sie Ihre Arbeit zweiteilig konzipieren und schon bei der Planung aufpassen, dass Sie die Bereiche Darstellung und Wertung möglichst trennen. Wichtig ist auch, dass Sie Wiederholungen vermeiden.

● *An welcher Stelle droht die Gefahr der Wiederholung?*

Ⓛ Der im zweiten Teil zu erörternde Aspekt des Textes darf im ersten Teil nicht zu ausführlich behandelt werden.

I) Analyse des Ausgangstextes

❷ Text lesen, erste Eindrücke festhalten

Vielleicht haben Sie den Text vor dem genauen Lesen erst einmal überflogen. Dabei haben Sie bemerkt, dass es sich um einen Sachtext neueren Datums handelt.

● *Ganz knapp: Worum geht es in diesem Text?*

Ⓛ Zu viel Information, hauptsächlich durch die Vernetzung von Computern
Probleme, die sich für den Einzelnen daraus ergeben

● *Lesen Sie den Text jetzt sehr sorgfältig. Streichen Sie in einem ersten Durchgang alle schwierigen Stellen an, markieren Sie eine Grobgliederung des Textes und benennen Sie die Abschnitte.*

Ⓛ Mögliche Grobgliederung:

   I) Z. 1–80:   Darstellung des Problems, Definition: „Information"
   II) Z. 82–137:   Vier Lösungsmöglichkeiten und ihre Bewertungen
   III) Z. 139–181: Abschließende Bewertung des Problems, Ausblick

Wie wirkt der Text auf Sie? Ist er eher sachlich oder eher polemisch, verfährt er eher assoziativ oder eher argumentativ, ist er eher wissenschaftssprachlich oder eher alltagssprachlich formuliert? An wen richtet er sich?

● *Notieren Sie Ihre Eindrücke.*

Ⓛ Eher sachlich, manchmal pointiert, argumentierend, relativ gut verständlich, nicht in Wissenschaftssprache verfasst, populärwissenschaftlich, richtet sich nicht an Fachleute, sondern an jeden, der Internet und E-Mail nutzt …

❸ Zentrale Aussagen herausarbeiten

Knüpfen Sie nun an Ihre Grobgliederung an. Versuchen Sie die Hauptaussagen des Textes herauszufinden. Hauptaussagen sind die allgemeinen, überprüfbaren Aussagen, also Thesen (vgl. S. 159).
Bei diesem Arbeitsschritt erfahren Sie, dass Analyse und Interpretation kaum zu trennen sind. Denn woran sehen Sie, dass eine Aussage wichtiger ist als eine andere? Außerdem reicht es nicht, lediglich einige Sätze herauszuschreiben. Sie sind gezwungen zu ordnen, zu kürzen und mehrere ähnliche Aussagen zusammenzufassen, damit Sie eine Übersicht erhalten. Außerdem sollten Sie versuchen, sich von dem Sprachgebrauch des Textes zu lösen. Finden Sie, wenn möglich, Ihre eigenen Worte, um sicherzugehen, dass Sie die Aussagen des Textes verstanden haben!
Beginnen Sie mit dem ersten Abschnitt (Z. 1– 80): „Darstellung des Problems, Definition".

● *Formulieren Sie die Thesen in einfachen Sätzen. Nummerieren Sie sie durch.*

Ⓛ
1) „Information" bedeutet „Daten" (unabhängig von ihrer Rezeption).
2) Obwohl die Menschen heute mehr Informationen zur Verfügung haben als früher, wissen sie nicht genug, um in ihrem Leben zurechtzukommen.
3) Es gibt heute zu viele Informationen und die Menge von Informationen steigt an.
4) Der Grad an Informiertheit bei den Menschen steigt nicht ebenso an wie die Menge der Informationen.
5) Der Grund dafür liegt in der begrenzten Aufnahmefähigkeit des menschlichen Gehirns.
6) Zu viel Information kann krank machen und führt zu Abwehr oder Resignation.

● *Schreiben Sie nach diesem Muster auch die Hauptaussagen des zweiten Abschnitts heraus (Z. 82–137, „Vier Lösungsmöglichkeiten und ihre Bewertungen").*

Ⓛ
   7) Man muss in bestimmter Weise auf die steigende Menge von Informationen reagieren.
   8) Der Möglichkeit, schneller zu lesen, wird mit leichter aufnehmbaren Texten begegnet.
   9) Die Möglichkeit, seine Aufmerksamkeit auf verschiedene Informationsquellen gleichzeitig zu verteilen, führt zu Nichtverstehen.
  10) Die Möglichkeit, Informationen zu kürzen, fördert nur die Wahrnehmungsgeschwindigkeit, nicht aber das Verständnis.
  11) Die Möglichkeit, Informationen zu filtern, führt letztlich zu Realitätsverlust.

● *Fahren Sie ebenso fort mit dem dritten Abschnitt des Textes (Z. 139–181, „Abschließende Bewertung des Problems und Ausblick").*

Ⓛ
  12) Der vernetzte Computer bringt nicht nur Vorteile, sondern auch Probleme mit sich.
  13) Man soll über der Nutzung des Computers nicht das sonstige Leben vernachlässigen.
  14) Da die Vermittler von Information auf Aufnahmebereitschaft bei den Menschen angewiesen sind, gestalten sie die Information immer aufdringlicher.

Mit diesen vierzehn einfachen Aussagen haben Sie das „Was" des Textes geklärt.
Im nächsten Schritt müssen Sie das „Wie" untersuchen: Wie kommt Dieter E. Zimmer zu seinen Aussagen? Wie hängen sie miteinander zusammen? Wie werden Sie begründet und präsentiert? Sie müssen also den Argumentationszusammenhang des Textes klären.

④ **Argumentation analysieren**

Die wichtigsten Elemente eines argumentativen Textes sind: Thesen bzw. Forderungen, Begründungen und Folgerungen.
Zum „Wie" gehört aber auch die Art und Weise, wie der Text sprachlich gestaltet ist: Wortwahl, Satzkonstruktionen, Stilmittel, rhetorische Figuren.
Nehmen Sie sich zunächst den ersten Satz des Textes vor. Mit ihm soll der Leser zum Thema hingeführt werden.

● *Untersuchen Sie, wie Zimmer den ersten Satz gestaltet.*

Ⓛ
Wortspiel: „Neonbegriff" – klingt nach „Neo-" (wie in „Neologismus" = „Wortneuschöpfung"), andererseits wird auf Neonbeleuchtung angespielt, typisches Signal für modernes Leben. Neon steht auch für Oberflächlichkeit, kalten, flüchtigen Glanz.
„Suggeriert" bedeutet auch „täuscht vor", ist also negativ konnotiert.
Schon im Eingangssatz wird deutlich, dass es im Folgenden um Kritik geht, dass einer sich nicht blenden lassen will vom grellen Schein eines Begriffs, sondern klären will, was sich dahinter verbirgt.

● *Suchen Sie weitere Beispiele für Begriffsklärungen aus dem Text heraus.*

Ⓛ
Z. 27 f.: „Information", definiert als „beliebige Daten-Bits".
Z. 88 ff.: „Qualitätslesezeit", bedeutet das „richtige[...] altmodische[...] Lesen".
Z. 98 ff.: „Multitasking" wird als „modern tuendes Wort für steinalte Flüchtigkeit" entlarvt.

Überprüfen Sie nun, wie Zimmer seine im letzten Arbeitsschritt ermittelten Hauptaussagen begründet.

● *Gehen Sie den Text danach durch und notieren Sie in Stichworten.*

Ⓛ   zu 1)   Keine Begründung. Die Definition ist eine begriffliche Voraussetzung für das Folgende.

zu 2)   Begründung: Folgerung aus der Berechnung (Z. 4–15)

zu 3)   Begründung: Zitat von Eli M. Noam (Begründung aus der Autorität)

zu 4 und 5)   Begründungen durch Verweis auf Gegebenheit der menschlichen Natur (Aufnahmekapazität des menschlichen Gehirns) und durch Analogie mit Straßenverkehr (Staus)

zu 6)   Begründung: Verweis auf nicht näher genannte empirische Untersuchung („Es ist erwiesen, dass ....", Z. 76)

zu 7)   Begründung: Aussage 6 (implizit)

zu 8)   Begründung: eigene Erfahrung des Autors

zu 9)   Begründungen: eigene Erfahrung des Autors, Verweis auf anthropologische Gegebenheit („Unser Zentralnervensystem ist so ausgelegt, dass ...")

zu 10)   Begründung: Differenzierung zwischen Menge und Qualität, Wahrnehmen und Verstehen

zu 11)   keine Begründung

zu 12)   Zwischenergebnis, Begründung: siehe 1–11

zu 13)   indirekter Appell, Begründung: Verweis auf menschliche Grundbedürfnisse („Der Mensch braucht ..."), Verweis auf Enzensberger-Gedicht (Veranschaulichung)

zu 14)   Ausblick, Begründung: Hochrechnen eigener oder allgemeiner Erfahrungen

Gehen Sie nun noch auf die sprachliche Gestaltung des Textes ein.

● *Schreiben Sie auffällige sprachliche und rhetorische Mittel heraus.*

Ⓛ   Vergleiche, bildhafte Sprache: Straßen analog zu Kommunikationswegen (Z. 58 ff.), „Informationsregen[...], der [...] niederprasselt" (Z. 69 f.), „Flaschenhals: das individuelle menschliche Gehirn" (Z. 72 f.), „Themen durch Kürze umgebracht" (Z. 115 f.), „Strahl konzentrierter Aufmerksamkeit" (Z. 129 f.), ...

Kontraste, Entgegensetzungen: heutiger Mensch/Mensch des siebzehnten Jahrhunderts (Z. 4 f.), „mehr Bücher denn je geschrieben und [...] weniger denn je gelesen" (Zitat, Z. 38 f.), „Je mehr Fahrzeuge [...], desto schwerer kommt jedes einzelne voran" (Z. 58 f.), „Computer bringt einen großen Zugewinn, aber er kostet auch etwas" (Z. 139 f.), ...

Wörter aus dem Jargon der Computernutzer: Daten-Bits, Junk-Mail, browsen, booten, Multitasking, Bildschirmschoner, Cybersex (Zitat), Pushing, Spamming

Ironie: Titel – „Information" ist eigentlich positiv konnotiert, „Landplage" ist negativ. „Bedauernswerter Urahn" (Z. 15) – der gemeinte Mensch des siebzehnten Jahrhunderts wusste ja, nach Zimmer, „wahrscheinlich alles, was er für sein Leben wissen musste" (Z. 20 ff.).

Auch die vier Lösungsvorschläge werden mit Ironie vorgetragen. – Beispiele: Die knappe Interpretation des Zitats Z. 95 f.: „An Buntem geht mehr in die Köpfe", „Aufmerksamkeitsheischer üben sich in den neuen Künsten des Pushing und Spamming" (Z. 176 ff.).

⑤ Zusammenfassung: Position des Autors

Nach der Analyse (Zergliederung) sollten Sie nun Ihre Ergebnisse zusammenfassen. Ziehen Sie ein Fazit: Um welches Problem geht es Dieter E. Zimmer? Wie präsentiert er seine Gedanken? Wie bewertet der Autor das dargestellte Problem? Und: Warum schreibt er diesen Text?

● *Formulieren Sie drei bis vier zusammenfassende Sätze.*

Ⓛ In seinem Text „Information als Landplage" widerspricht Dieter E. Zimmer den Verheißungen immer größerer Informiertheit, indem er das Verhältnis zwischen steigender Menge von Informationen und stagnierender Aufnahmefähigkeit der Menschen problematisiert. Der Autor prüft und verwirft einige Strategien des Umgangs mit der Fülle von Informationen und appelliert an die Leser, das „echte" Leben gegenüber dem „digitalen" nicht zu vernachlässigen. Der Text wirkt durch seinen argumentativen Aufbau, besonders durch die Verweise auf bekannte Erfahrungen im Umgang mit der Informationsflut, nachvollziehbar. Die Sprache des Textes ist durch die Verwendung von Metaphern und Entgegensetzungen lebendig und einprägsam und nähert sich, etwas ironisch, dem Sprachgebrauch der Computernutzer an.

II) Verfassen einer Pro-und-Kontra-Erörterung

⑥ Entscheidungsfrage formulieren

Mit der zweiten Aufgabe werden Sie aufgefordert, sich mit einem Aspekt des Textes erörternd auseinander zu setzen. Sie sollen Dieter E. Zimmers Überlegungen zur Informationsbewältigung (zweiter Abschnitt Ihrer Grobgliederung) prüfen und dann einen eigenen Vorschlag zum Umgang mit Information machen und begründen. Es kann nun sein, dass Sie die Voraussetzungen, die der Autor macht, ablehnen. – Vielleicht finden Sie ja, dass die Informationen gar nicht überhand nehmen, oder aber Sie haben kein Problem damit und stimmen daher nicht mit Zimmer darin überein, dass man sich gegen die Informationsflut behaupten müsse.
Da die Aufgabe jedoch vorsieht, dass Sie sich mit den Strategien gegen den Informationsüberfluss auseinander setzen sollen, würden Sie das Thema verfehlen, wenn Sie nur die Prämissen erörterten. Sie können gegebenenfalls im Schlussteil der Arbeit darauf zurückkommen.

● *Formulieren Sie, ausgehend von diesen Überlegungen, eine Entscheidungsfrage für die Erörterung.*

Ⓛ Sind alle vier Strategien wirklich so untauglich, wie Zimmer behauptet?

Da fast alle Schüler (besonders unmittelbar vor dem Abitur) mit dem Problem konfrontiert werden, in möglichst kurzer Zeit möglichst viele Informationen aufzunehmen und zu behalten, haben Sie vielleicht eigene Erfahrungen mit den von Zimmer genannten Strategien sammeln können. Damit hätten Sie eine Basis, von der aus Sie Zimmers Argumentation überprüfen können.

7 Argumente sammeln

Der erste Schritt: Prüfen von Zimmers Argumentation.
Sehen Sie sich die vier Möglichkeiten (vgl. auch These 8–11) noch einmal im Einzelnen an und prüfen Sie:
1) Was genau wird vorgeschlagen?
2) Wie wird die Ablehnung begründet?
3) Ist die Argumentation überzeugend?
Der zweite Schritt: Halten Sie Ihre eigene Position fest und begründen Sie sie möglichst durch Beispiele.

Die erste von Zimmer genannte Möglichkeit, mit der Informationsflut fertig zu werden, ist: „schneller lesen".

● *Prüfen Sie den Vorschlag nach dem angegebenen Muster.*

1) Lesen = Überfliegen („Browsen"), im Gegensatz zum „richtigen altmodischen Lesen". Soll der Zeitersparnis dienen.
2) Überfliegen ist unfreundlich gegenüber den Autoren (kein „Qualitätslesen", auf das ein Autor hoffe) und unseriös (Farbe ersetzt Inhalt), provoziert leicht konsumierbare Texte („Buntes").
3) Zimmer unterscheidet nicht zwischen Textsorten, z. B. wissenschaftlichen Abhandlungen, Nachschlagewerken, fiktionaler Literatur.

Ihre eigene Position kann sich aus dieser Überprüfung ergeben, aber auch durch Ihre Erfahrungen mit dem Querlesen von Texten (einer wichtigen Arbeitstechnik!) gestützt werden. Hierbei können Sie zwischen verschiedenen Textsorten differenzieren.

Verfahren Sie ebenso mit den anderen drei Strategien, die der Autor nennt.

Zum „Multitasking":
1) Mehrere Medien zugleich verwenden (Buch lesen, Radio hören, telefonieren ...).
2) Funktioniert wegen der Struktur des menschlichen Zentralnervensystems nicht. Merken setzt Verstehen voraus, dies aber wird durch geteilte Aufmerksamkeit unmöglich gemacht. Statt mehr aufzunehmen, nimmt man nichts richtig auf.
3) Der Verweis auf die biologischen Grundlagen klingt plausibel. Eigene Erfahrung kann bestätigen, dass Aufmerksamkeit nicht auf zu viele Kanäle (Sinne) zugleich verteilt werden kann.

Eigene Position:
Vielleicht ist es Trainingssache, wie viele Medien wirklich gleichzeitig genutzt werden können. Außerdem sind nicht alle Informationen gleich wichtig. Man muss differenzieren. Wer nur Zitate heraussuchen muss, kann gleichzeitig den Wetterbericht hören und auf die Uhr gucken ...

Zur „Informationskomprimierung":
1) Man beschränkt sich auf Ergebnisse (Resümees) oder Zusammenfassungen (Abstracts).
2) Nicht alle Themen lassen sich zusammen-fassen, griffige Formeln treten an die Stelle von Wissen, in Wahrheit wird die Geschwindigkeit des Aufnehmens einer Information erhöht, nicht aber die Geschwindigkeit des Verstehens.
3) Unklar: Um welches Wissen geht es? Welche Themen lassen sich in Kurzform darstellen, welche nicht?

Eigene Position:
Wissen für kurzfristigen Gebrauch (z. B. Jah-reszahlen für ein Referat) kann in Kurzform aufgenommen werden, Themen, die richtig durchdrungen werden müssen, können nicht

durch vorgefertigte Zusammenfassungen erarbeitet werden (z. B. können literarische Texte nicht durch Inhaltsangaben ersetzt werden).

Zum „Filtern":
1) Nur „streng vorsortierte Infofragmente" werden aufgenommen.
2) Folge: Wirklichkeitsverlust
3) Gilt nur für wenige, „Wirklichkeitsverlust" ist übertrieben. (Das Alltagsleben wird ausgeklammert.)

Eigene Position:
Diese Möglichkeit ist unrealistisch. Wer sollte die Information für mich vorsortieren? – Vor-gefertigte Kurzinformationen fallen unter die dritte Möglichkeit (Komprimierung).

Die Vorschläge, die jeweils unter „eigene Position" stehen, sind natürlich nur Beispiele. Ihnen allen ist aber gemeinsam, dass sie gegenüber Zimmers Bewertung der „Strategien der Infor-mationsbewältigung" differenzieren.
Die Ausgangsfrage „Sind alle vier Strategien wirklich so untauglich, wie Zimmer behauptet?" müsste nach dieser Prüfung der Argumente verneint werden. Eine positive Ergänzung – Ihr ei-gener Vorschlag, mit Information umzugehen – ergibt sich dann aus Ihrer Differenzierung.

Wenn Sie Zimmer in seiner Ablehnung der Strategien folgen sollten, wird Ihr eigener Vor-schlag ganz anders aussehen müssen. – Sie könnten z. B. einen bewussten Verzicht auf die neu-en Informationstechniken fordern.

⑧ Argumente ordnen

Legen Sie sich zum Ordnen der Argumente eine Übersicht nach dem im Lösungsvorschlag an-gegebenen Muster an:

Strategie	kontra (Zimmer)	pro
schneller lesen	unfreundlich, unseriös, provoziert oberflächliche Texte	Querlesen als wichtige Arbeitstechnik, für einige Texte geeignet
komprimieren	...	...
filtern	...	...
Multitasking	...	...

⑨ Gliederung erstellen, Aufsatz schreiben, Text überarbeiten

Bevor Sie aus Ihren Vorarbeiten einen zusammenhängenden Text formulieren können, sollten Sie eine Gliederung für Ihren Aufsatz erstellen.
Gliedern Sie den Hauptteil der Klausur, analog zur Aufgabenstellung, in die beiden Teile Analyse und Erörterung. Die Einleitung und der Schlussteil rahmen die beiden Teile ein:

● *Erstellen Sie nach diesem Muster und nach den Vorarbeiten in den Arbeitsschritten 3–7 eine Gliederung.*

Ⓛ Einleitung: das Problem, Vorschau auf die eigene Erörterung
   I) Textanalyse:
      1) Thesen
      2) Argumentation
      3) Zusammenfassung
   II) Erörterung:
      4) Fragestellung
      5) Erörterung
      6) Zusammenfassung: eigene Lösung
   Schluss: Fazit, Ausblick

Mit der **Einleitung** müssen Sie auf beide Teile Ihres Aufsatzes hinführen. Damit ist klar, dass Sie die Einleitung erst verfassen können, wenn Sie wissen, welches Ergebnis Ihre Erörterung hat. Generell können Sie sich erst an die Ausformulierung Ihrer Klausur machen, wenn sie im Kopf und in der Kladde fertig ist!
Die Einleitung soll also einerseits auf den vorgelegten Text und Ihre Analyse hinweisen, andererseits auf die dann folgende Problemerörterung.
Pflicht ist: das Nennen von Titel, Gattung, Autor, Publikationsjahr und Thema des vorgelegten Textes. Da Sie so meist nur wiederholen, was Ihrem Leser schon bekannt ist, und die Einleitung damit zu einem lästigen Ritual wird, sollten Sie sich einen interessanten Einstieg in die Klausur überlegen. – Was interessiert Sie besonders an dem Text oder am Thema? Gibt es Möglichkeiten, an ähnliche Texte, die Sie im Unterricht gelesen haben, anzuknüpfen? Fällt Ihnen ein aktueller Vorfall ein, zu dem der Text gut passt? Können Sie an eine allgemeine Diskussion anschließen? Solche ersten Sätze wecken das Interesse auch des Lesers, der Ihre Klausur liest, um sie zu beurteilen.

● *Probieren Sie einen solchen Anfang aus. – Schließen Sie hier an:*
„Bald werden alle Schulen in Deutschland mit einem Internet-Zugang ausgestattet sein. Fast jeder besitzt ein Mobiltelefon …

Ⓛ … Die Möglichkeit, immer und überall an jede gewünschte Information heranzukommen, scheint unser Leben zu verbessern. Es gibt aber auch Kritiker dieser Entwicklung. In seinem Aufsatz „Information als Landplage" vertritt Dieter E. Zimmer die These, dass es einen Überfluss an Information gebe, gegen den man sich zur Wehr setzen müsse. Die Möglichkeiten, sich zu wehren, die Zimmer in seinem Text aus dem Jahr 2000 nennt, werde ich im zweiten Teil der Arbeit erörtern. Zuvor werde ich den Text im Ganzen auf seine Argumentation hin untersuchen. Dabei soll zuerst …

Für den ersten Teil des Aufsatzes können Sie auf die im fünften Arbeitsschritt notierte Zusammenfassung der Analyse zurückgreifen. Sie sollten darauf achten, dass Sie in der Darstellung Ihre Analyseergebnisse nicht bloß aneinander reihen, sondern aufeinander beziehen, also in einen Funktionszusammenhang bringen. Wahrscheinlich müssen Sie einiges weglassen oder manches zusammenfassen. Die schlichte Auflistung von rhetorischen Mitteln etwa schadet eher, als sie nützt! Denken Sie auch daran, dass Sie nicht zu viel über die „Strategien der Informationsbewältigung" schreiben, die ja Thema der Erörterung sind!

Beschäftigen Sie sich nun mit dem zweiten Teil der Arbeit. Mithilfe der Übersicht kann man die Unterpunkte der Erörterung noch umordnen. So lässt sich das „Komprimieren" mit dem „schnelleren Lesen" gut verbinden. Aus der Tabelle ergibt sich auch, dass es sinnvoll ist, die Erörterung nach dem Prinzip „Pro und Kontra im Wechsel" aufzubauen (vgl. Vorkurs, S. 93, Bauplan II), eben weil Sie es mit mehreren Aspekten zu tun haben, die Sie einzeln prüfen müssen.

● *Formulieren Sie die Gliederungspunkte IV und V nach den Vorgaben der Arbeitsschritte 6–8 aus.*

Ⓛ Dieter E. Zimmer folgert aus seiner Zustandsbeschreibung, dass man sich „Strategien der Informationsbewältigung" überlegen müsse, und nennt vier Möglichkeiten, die er jedoch alle verwirft. Aber sind diese vier Strategien wirklich untauglich, der Menge von Informationen zu begegnen?

Als erste Möglichkeit nennt Zimmer das schnellere Lesen, eher ein Überfliegen von Texten. Diese Strategie lehnt Zimmer ab, weil sie unfreundlich gegenüber Autoren sei, die auf „richtige" Leser zählen, und weil sie eine Verflachung von Texten nach sich ziehe, da diese dem neuen Leseverhalten angepasst würden. Allerdings unterscheidet der Autor hierbei nicht zwischen einzelnen Textsorten. Natürlich kann man die Technik des Querlesens nicht auf alle Texte anwenden. Aber einige Texte sind ja bereits für das Überfliegen und die schnelle Informationsentnahme konzipiert. Wer sich ganz schnell einen Überblick über ein Sachgebiet verschaffen möchte, wird zuerst auf schnell Lesbares zurückgreifen, beispielsweise auf ein Nachschlagewerk mit Illustrationen, und dann eventuell einige Aspekte vertiefend „altmodisch" lesen.

Ebenso verhält es sich mit dem Vorschlag, Information zu komprimieren, also statt der Originale lediglich Zusammenfassungen zu lesen. Zimmer wendet mit Recht ein, dass komplexe Themen sich nicht auf Resümees reduzieren lassen. Aber bei einigen Themen kann es durchaus sinnvoll sein, sich auf vorgefertigte „Abstracts" zu beschränken. Wenn es um reine Fakten oder Daten geht, hilft eine Zusammenfassung oft für den ersten Überblick weiter. Literarische Werke z. B. lassen sich allerdings nicht auf Inhaltsangaben komprimieren.

Das Filtern von Information ist ein weiterer Vorschlag des Autors. Damit ist gemeint, dass man nur noch eine Vorauswahl von Informationen zur Kenntnis nimmt. Zimmer schränkt allerdings selbst ein, dass diese Möglichkeit nicht für alle in Betracht komme; er nennt „besonders informationsgestresste Entscheidungsträger" (Z. 134 f.). Für den Durchschnittsbürger ist diese Strategie auch unrealistisch, denn sie setzt voraus, dass man von jemandem mit speziell ausgewählten Informationen versorgt wird. Sein Einwand gegen diese Strategie ist folgerichtig, dass sie zu Wirklichkeitsverlust führe.

Eine weit verbreitete Verhaltensweise nennt Dieter E. Zimmer „Multitasking": z. B. gleichzeitig telefonieren, lesen, Radio hören und den Computer starten. Zimmer führt gegen diese Möglichkeit der Informationsbewältigung an, dass das menschliche Zentralnervensystem seine Aufmerksamkeit nur auf einen Gegenstand zur Zeit richten könne. Multitasking sei also in Wahrheit Flüchtigkeit, weil man nicht alles, was man zugleich wahrnimmt, verstehen könne. Wenn alle Informationen gleichwertig sind, wird das stimmen. Aber man kann durchaus die Bundesligaergebnisse zur Kenntnis nehmen, während man eine leichte Rechenaufgabe löst.

Insgesamt verwirft Zimmer alle vorgestellten Strategien. Er übersieht dabei aber, dass es nicht nur auf die Menge, sondern auch auf die Komplexität der jeweiligen Informationen ankommt, die auf einen „niederprasseln". Zimmer differenziert nicht genug. Die von ihm beschriebenen „Strategien" gehören für viele (besonders Computerbenutzer) zum gewöhnlichen Verhalten und sind nicht prinzipiell untauglich. Angreifbar ist Zimmers Diagnose auch in der Hinsicht, dass er von einem „Informationsregen[...]", der auf uns „niederprasselt", spricht (Z. 68 f.). Diese Einschätzung muss man nicht teilen. Für viele bedeutet die Möglichkeit, an Informationen heranzukommen, einen großen Gewinn. Man muss sich allerdings aktiv zu den verfügbaren Informationen verhalten und z. B. das effektive Suchen und Auswählen lernen. Und als letzte Möglichkeit bleibt immer noch das Ausschalten der Geräte.

Ich plädiere also für folgenden Umgang mit Informationen: ...

Für das Überarbeiten des Textes gilt: Versuchen Sie Ihren Text besonders kritsch zu lesen. Fragen Sie sich, ob Ihr Gedankengang einem fremden Leser klar wird. Überprüfen Sie insbesondere die Übergänge zwischen den einzelnen Gliederungspunkten: Stehen die Abschnitte in einer nachvollziehbaren Reihenfolge?

Bei Sachtexten besonders wichtig: Wird immer klar, ob Sie einen Gedanken referieren oder ob es sich um Ihren eigenen handelt?

Lesen Sie noch einmal die Hinweise zur Textüberarbeitung auf S. 135 und S. 165.

Einleitung

Ablauf der Prüfung

Wie viele Aufgaben Sie gestellt bekommen und wie lang die Zeit für die Vorbereitung und die Prüfung ist, hängt von den geltenden Bestimmungen in Ihrem Bundesland ab. In der Regel beträgt die Vorbereitungszeit 30 Minuten und die Zeit für die mündliche Prüfung 20–30 Minuten. Sie werden rechtzeitig vor dem mündlichen Abitur über den Ablauf der Prüfung informiert. Sprechen Sie mit Ihrem Fachlehrer!

Die Texte für die mündliche Prüfung stammen aus denselben Bereichen wie diejenigen, die der schriftlichen Prüfung zugrunde liegen (vgl. S. 114). Sie sind allerdings nicht so umfangreich. Auch die Aufgaben unterscheiden sich nicht prinzipiell von denen einer schriftlichen Prüfung.

Die mündliche Prüfung hat in den meisten Bundesländern in der Regel folgenden Ablauf: Ihnen wird für die 30-minütige Vorbereitungszeit ein Text mit einer Aufgabenstellung vorgelegt. Sie erhalten im Vorbereitungsraum Papier für Notizen und können in der Vorbereitungszeit einen Stichwortzettel anlegen, der Ihnen dann in der Prüfung als Gedächtnisstütze dient.

In der mündlichen Prüfung stellen Sie zunächst in einem 10- bis 15-minütigen Vortrag Ihre Ergebnisse aus der Vorbereitungszeit dar. In dieser Phase werden Sie in der Regel nicht durch Zwischenfragen des Prüfers/der Prüferin unterbrochen.
An Ihren Kurzvortrag schließt sich ein Prüfungsgespräch an. In diesem Gespräch wird, in Anknüpfung an die Inhalte Ihres Vortrags, mindestens ein weiterer Themenkomplex aus dem Deutschunterricht der letzten zwei Jahre behandelt. In dieser Phase werden Ihnen Fragen gestellt und Impulse gegeben, auf die Sie mit genau formulierten Sätzen eingehen sollen.

In einigen Bundesländern können Ihnen in der Vorbereitungszeit auch Aufgaben zu zwei verschiedenen Texten zu zwei Themenkomplexen des Deutschunterrichts aus den letzten beiden Jahren vorgelegt werden. In diesem Falle sind die Texte entsprechend kürzer und die Aufgabenstellung ist weniger umfassend. Die Prüfungszeit wird dann zwischen den beiden Themen aufgeteilt. Ihr Vortrag zu jedem der Themen und das jeweils anschließende Prüfungsgespräch sind entsprechend kürzer.

Vorbereitung

Das beste Mittel gegen Angst und Aufregung vor der mündlichen Prüfung ist natürlich eine gute Vorbereitung auf die infrage kommenden Prüfungsthemen. Wenn Sie fachlich sicher sind, haben Sie schon eine gute Basis. Allerdings ist in der mündlichen Prüfung nicht nur Ihr Sachwissen gefragt. Geprüft wird auch Ihre Fähigkeit, einen unbekannten Text schnell zu erfassen, zu strukturieren und Ihre Arbeitsergebnisse in einem Kurzvortrag darzustellen, sowie Ihre Fähigkeit, ein Gespräch zu gestalten und angemessen auf Zwischenfragen zu antworten. Sie sollten vor der mündlichen Prüfung gezielt die Bereiche trainieren, in denen Sie sich noch unsicher fühlen.

- Bitten Sie Ihren Deutschlehrer darum, eine Prüfung durchzuspielen. Bei einer solchen Simulation lernen Sie den Prüfungsstil Ihres Lehrers kennen und Sie können Ratschläge auch von den anderen Kursteilnehmern erhalten.

- Beteiligen Sie sich intensiv, auch mit längeren Beiträgen, am Unterrichtsgespräch und reflektieren Sie Ihr Gesprächsverhalten.

- Treffen Sie sich mit Freunden und spielen Sie eine mündliche Prüfung durch. Prüfen Sie sich gegenseitig.

- Nehmen Sie sich einen Text aus einem der vergangenen Semester vor oder wählen Sie einen aus dem Lehrbuch oder einer Textsammlung aus und üben Sie das zügige Erfassen und Strukturieren des Textes sowie einen kurzen Vortrag, in dem Sie Ihre Ergebnisse darstellen. Achten Sie auf den für die Vorbereitungszeit und den Vortrag vorgesehenen Zeitrahmen!

Für den Erfolg in der mündlichen Prüfung ist natürlich die sinnvolle Nutzung der Vorbereitungszeit von entscheidender Bedeutung. Sie können in der kurzen Vorbereitungszeit höchstens ein, zwei einleitende Sätze für Ihren Kurzvortrag ausformulieren, und Sie sollen in der Prüfung nichts vorlesen! Es kommt hier darauf an, den Stoff für Ihren Vortrag zu strukturieren und eine Tischvorlage anzulegen, die Sie als Gedächtnisstütze nutzen können.

Mit den folgenden Abschnitten zum Prüfungstraining können Sie anhand eines längeren und eines sehr kurzen Textes insbesondere die Arbeit in der Vorbereitungszeit und Ihren anschließenden Kurzvortrag üben.

1   Mündliche Prüfung Übung I

Nehmen Sie an, Sie erhalten den auf S. 191 f. wiedergegebenen Text von Friedrich Dürrenmatt und dazu die folgende Aufgabe:

● *Analysieren Sie, inwieweit sich nach Dürrenmatt die heutige Welt von der Schillers unterscheidet und welche Konsequenzen er daraus für die Aufgaben und Gestaltungsmöglichkeiten des modernen Theaters zieht.*

Achten Sie bei den folgenden Arbeitsschritten 1–3 auf den für die Vorbereitungszeit festgelegten engen Zeitrahmen.

❶ Aufgabenstellung verstehen

Die beste Möglichkeit, eine Aufgabenstellung schnell zu erfassen, ist die Umformulierung in eigene Worte: „Ich soll also …"

● *Vollenden Sie den Satz mit Ihrer eigenen Umschreibung. Achten Sie dabei auf eine Gliederung der Aufgaben.*

Ⓛ ┄┄ … zuerst herausfinden, wie Dürrenmatt den Unterschied bestimmt zwischen:
1) der Welt, in der Schiller lebte, und
2) der heutigen Welt.

Außerdem soll ich herausfinden, welche Konsequenzen Dürrenmatt für das moderne Theater zieht:
A) Aufgaben
B) Möglichkeiten der Darstellung

❷ Text lesen und markieren

Der Vorteil, den die Untergliederung der Aufgabenstellung in Ihrer eigenen Umformulierung bietet, liegt auf der Hand: Sie können den Text bereits beim ersten Durchgang mit verschiedenen Markierungen aufbereiten.
Zur Vorbereitung auf die mündliche Prüfung gehört also auch, dass Sie sich ein System der Markierung angeeignet haben. In der Prüfung selbst damit anzufangen, wäre zu spät!

● *Bearbeiten Sie den Text nun mit Ihrem eigenen Markierungssystem.*

Friedrich Dürrenmatt (1921–1990)

Theaterprobleme (1955) (Auszug)

Läßt sich die heutige Welt etwa, um konkret zu fragen, mit der Dramatik Schillers gestalten, wie einige Schriftsteller behaupten, da ja Schiller das Publikum immer noch packe?
5 Gewiß, in der Kunst ist alles möglich, wenn sie stimmt, die Frage ist nur, ob eine Kunst, die einmal stimmte, auch heute noch möglich ist. Die Kunst ist nie wiederholbar, wäre sie es, wäre es töricht, nun nicht einfach mit
10 den Regeln Schillers zu schreiben.
Schiller schrieb so, wie er schrieb, weil die Welt, in der er lebte, sich noch in der Welt, in der er schrieb, die er sich als Historiker erschuf, spiegeln konnte. Gerade noch. War
15 doch Napoleon vielleicht der letzte Held im alten Sinne. Die heutige Welt, wie sie uns erscheint, läßt sich dagegen schwerlich in der Form des geschichtlichen Dramas Schillers bewältigen, allein aus dem Grunde, weil wir
20 keine tragischen Helden, sondern nur Tragödien vorfinden, die von Weltmetzgern inszeniert und von Hackmaschinen ausgeführt werden. Aus Hitler und Stalin lassen sich keine Wallensteine mehr machen. Ihre
25 Macht ist so riesenhaft, daß sie selber nur noch zufällige, äußere Ausdrucksformen dieser Macht sind, beliebig zu ersetzen, und das Unglück, das man besonders mit dem ersten und ziemlich mit dem zweiten verbindet, ist
30 zu weitverzweigt, zu verworren, zu grausam, zu mechanisch geworden und oft einfach auch allzu sinnlos. Die Macht Wallensteins ist eine noch sichtbare Macht, die heutige Macht ist nur zum kleinsten Teil sichtbar, wie
35 bei einem Eisberg ist der größte Teil im Gesichtslosen, Abstrakten versunken. Das Drama Schillers setzt eine sichtbare Welt voraus, die echte Staatsaktion, wie ja auch die griechische Tragödie. Sichtbar in der Kunst ist das
40 Überschaubare. Der heutige Staat ist jedoch unüberschaubar, anonym, bürokratisch geworden, und dies nicht etwa nur in Moskau oder Washington, sondern auch schon in Bern, und die heutigen Staatsaktionen sind nachträgliche Satyrspiele[1], die den im Ver- 45
schwiegenen vollzogenen Tragödien folgen. Die echten Repräsentanten fehlen, und die tragischen Helden sind ohne Namen. Mit einem kleinen Schieber, mit einem Kanzlisten, mit einem Polizisten läßt sich die heutige 50
Welt besser wiedergeben als mit einem Bundesrat, als mit einem Bundeskanzler. Die Kunst dringt nur noch bis zu den Opfern vor, dringt sie überhaupt zu Menschen, die Mächtigen erreicht sie nicht mehr. Kreons Sekretä- 55
re erledigen den Fall Antigone[2]. Der Staat hat seine Gestalt verloren, und wie die Physik die Welt nur noch in mathematischen Formeln wiederzugeben vermag, so ist er nur noch statistisch darzustellen. Sichtbar, Gestalt 60
wird die heutige Macht nur etwa da, wo sie explodiert, in der Atombombe, in diesem wundervollen Pilz, der da aufsteigt und sich ausbreitet, makellos wie die Sonne, bei dem Massenmord und Schönheit eins werden. 65
Die Atombombe kann man nicht mehr darstellen, seit man sie herstellen kann. Vor ihr versagt jede Kunst als eine Schöpfung des Menschen, weil sie selbst eine Schöpfung des Menschen ist. Zwei Spiegel, die sich ineinan- 70
der spiegeln, bleiben leer.
Doch die Aufgabe der Kunst, soweit sie überhaupt eine Aufgabe haben kann, und somit die Aufgabe der heutigen Dramatik ist, Gestalt, Konkretes zu schaffen. Dies vermag vor 75
allem die Komödie. Die Tragödie, als die gestrengste Kunstgattung, setzt eine gestaltete Welt voraus. Die Komödie – sofern sie nicht Gesellschaftskomödie ist wie bei Molière[3] –, eine ungestaltete, im Werden, im Umsturz 80
begriffene, eine Welt, die am Zusammenpacken ist wie die unsrige. Die Tragödie überwindet die Distanz. Die in grauer Vorzeit liegenden Mythen macht sie den Athenern zur Gegenwart. Die Komödie schafft Distanz, 85
den Versuch der Athener, in Sizilien Fuß zu

fassen, verwandelt sie in das Unternehmen der Vögel, ihr Reich zu errichten, vor dem Götter und Menschen kapitulieren müs-
90 sen[4] ...   Ⓡ

1 *Satyrspiele:* groteske, ausgelassene Szenen der antiken griechischen Theatertradition, meist im Anschluss an die Tragödie (und als Parodien auf sie) aufgeführt. Satyrn sind Fruchtbarkeitsdämonen des Dionysoskultes.

2 *Kreon, Antigone:* Hauptfiguren aus der Tragödie „Antigone" von Sophokles (5. Jahrhundert v. Chr.)
3 *Molière:* Jean-Baptiste M. (eigentlich Poquelin), 1622–1673, frz. Komödiendichter (u. a. „Tartuffe", „Der Menschenfeind", „Der eingebildete Kranke")
4 *Das Unternehmen der Vögel:* Gemeint ist die Komödie „Die Vögel" des griechischen Theaterdichters Aristophanes (uraufgeführt 414 v. Chr. in Athen), in der zwei Athener mithilfe der Vögel eine neue Welt, ein Wolkenkuckucksheim, errichten.

Ⓛ

Markierungen im Text:
1) Schillers Welt: „sich noch in der Welt, in der er schrieb [...], spiegeln konnte"; „tragischen Helden"; „sichtbare Macht"; „sichtbare Welt"; „echte Staatsaktion"
2) heutige Welt: „Tragödien"; „von Weltmetzgern inszeniert und von Hackmaschinen ausgeführt"; „Hitler und Stalin"; „heutige Macht ist nur zum kleinsten Teil sichtbar"; „heutige Staat [...] unüberschaubar, anonym, bürokratisch"; „Der Staat hat seine Gestalt verloren [...] nur noch statistisch darzustellen"; „Welt, die am Zusammenpacken ist"
A) Aufgaben: „Spiegel"; „Gestalt, Konkretes zu schaffen"
B) Möglichkeiten: „Komödie"; „nicht Gesellschaftskomödie"; „schafft Distanz"

❸ Stichwortzettel anlegen

Das übersichtliche Festhalten von Stichworten für einen mündlichen Vortrag kennen Sie aus der Vorbereitung von Referaten. Sie haben vielleicht auch die Erfahrung gemacht, dass oft zu viel auf dem Zettel steht, sodass Sie den Faden verloren haben. Das Anlegen von Stichwortzetteln ist eine Kunst für sich. Wie beim Markieren von Texten sollten Sie sich eine eigene Technik zurechtgelegt haben, um in der mündlichen Abiturprüfung keine Zeit zu verlieren.
Die Aufgabe legt nahe, den Stichwortzettel zweispaltig anzulegen: eine Spalte für die Welt Schillers, die andere Spalte für die heutige Welt (wie Dürrenmatt sie sieht). Ein zweiter Abschnitt steht dann unter der Überschrift „heutiges Drama". Wichtig für den Stichwortzettel ist, dass Sie nicht nur aus dem Text herausschreiben, was Sie unterstrichen haben. In Ihrem Kurzvortrag müssen Sie nämlich eigene Worte benutzen, die Sie allenfalls durch sinnvoll ausgewählte Zitate ergänzen.
In einigen Bundesländern müssen Sie damit rechnen, dass Ihnen im Prüfungsgespräch zunächst einige vertiefende Fragen zu Ihrem Kurzvortrag gestellt werden. Solche Fragen können z. B. Zusammenhänge mit Themen des vorausgegangenen Unterrichts betreffen. Wenn Sie genügend Zeit haben, können Sie solche Verbindungen schon in der Vorbereitungszeit vorausbedenken und evtl. knapp auf Ihrem Stichwortzettel festhalten. Wir gehen hier davon aus, dass im vorangegangenen Unterricht in einem Kurs zum Thema „Modernes Drama"/„Verantwortung des Wissenschaftlers" Brechts Stück „Leben des Galilei" und Dürrenmatts Drama „Die Physiker" behandelt wurden. In einem anderen Halbjahr haben Sie u. a. Schillers Auffassung von den Aufgaben des Theaters kennen gelernt.

● *Legen Sie jetzt einen Stichwortzettel an, den Sie als Strukturierungshilfe für Ihren Kurzvortrag verwenden können.*
Stellen Sie wenn möglich eine Verbindung zu einem Ihrer letzten Kursthemen her.

Ⓛ

Schillers Welt	heutige Welt (nach Dürrenmatt)
überschaubar	unüberschaubar
Macht ist personal: große historische Gestalten	Macht ist anonym und riesig
→ tragische Helden möglich	→ nur noch Tragödien Hitler, Stalin = zufällige Personen, ersetzbar
Stoff für geschichtliches Drama („Wallenstein", „Maria Stuart")	(Buchhalter, Gangster ...)

heutiges Drama/Kunst:

soll menschliche Verhältnisse spiegeln,
konkret sein, „Gestalt schaffen"   aber: heutige Welt ist nicht konkret!

Dürrenmatts Lösung: Komödie
schafft Distanz zur chaotischen Welt
(„Die Physiker", Handlungsort Irrenhaus)
→ Gegensatz zur Tragödie (setzt Ordnung voraus)

Querverbindungen:

episches Theater

= Dürrenmatt: Verfremdungstechnik

≠ Dürrenmatt: bei Brecht Möglichkeit der Erkenntnis und zum Handeln

Schiller: Tragödie, Geschichtsdrama:

– „Mitleid", „Rührung" (Aristoteles), Nachahmung

– Sinnlichkeit / Sittlichkeit

● *Legen Sie sich einen ersten Satz zurecht, mit dem Sie Ihren Vortrag eröffnen wollen. Beginnen Sie mit einer Hauptthese des Textes, die Sie dann weiter entfalten können.*

ⓛ Friedrich Dürrenmatt sieht einen krassen Gegensatz zwischen der Welt, in der Schiller lebte und schrieb, und der heutigen Welt ...

④ Der Kurzvortrag

Wenn Sie alleine üben, stellen Sie sich den Wecker auf 15 Minuten. Setzen Sie sich an einen Tisch, nur mit dem Text und Ihrem Stichwortzettel ausgerüstet, und versuchen Sie einen zusammenhängenden Vortrag.

Bedenken Sie, dass nicht nur Ihr Fachwissen geprüft wird, sondern auch Ihr Ausdrucksvermögen. Es kommt also nicht so sehr darauf an, möglichst viele Fakten und Daten abzuspulen, sondern das Wissen in Zusammenhänge zu bringen und diese Zusammenhänge auch deutlich zu machen. Sprachlich betrachtet: Ein rein summarisches Auflisten mit „und ... und ... und ..." zeugt nicht so sehr von Ihrem Verständnis für Zusammenhänge wie die Verwendung von logischen Verknüpfungen, etwa mit „weil", „denn", „obwohl", „wodurch", „wohingegen", „während", „nachdem" usw.

Nehmen Sie Ihre Rede auf Kassette auf und hören Sie sie kritisch ab. Schreiben Sie sich auf, was Ihnen an Ihren Ausführungen nicht gefällt (Schwierigkeiten bei der Formulierung, zu viele „Ähs", lange Sprechpausen, zu große Redegeschwindigkeit, zu leise, undeutliche Aussprache ...).

Noch besser ist es, wenn Sie mit Freunden oder Mitschülern zusammen üben. Sie können sich dann nach dem Vortrag gleich Rückmeldung geben.

Achten Sie auch auf Blickkontakt, Gestik, Körperhaltung.

⑤ Das Prüfungsgespräch

Nehmen Sie das Prüfungsgespräch als Gespräch ernst! Die Einstellung „Ich muss die Prüfungsfragen beantworten" ist zu passiv. Versuchen Sie auch, das Gespräch selbst zu gestalten und, wenn möglich, auf Inhalte hinzulenken, auf die Sie gut vorbereitet sind.

Das Prüfungsgespräch ist wegen der künstlichen Situation immer eine Gratwanderung zwischen „Show" und angeregter Unterhaltung. Ein wichtiger Rat lautet zwar immer: Verstellen Sie sich nicht, seien Sie Sie selbst! Aber das darf nicht dazu führen, allzu lässig mit der Sprache umzugehen. Benutzen Sie die Fachbegriffe, aber reden Sie nicht gekünstelt. Halten Sie nicht mit Ihrer Meinung hinterm Berg – aber bevor Sie Stellung beziehen, müssen Sie dargestellt haben, um was es geht.

Fragen, die Ihnen der Prüfungsausschuss stellt, sollten Sie nicht als Fallen interpretieren. Gehen Sie genau auf die Fragen ein und begreifen Sie sie als Gelegenheit, Ihr Wissen und Ihre kommunikativen Fähigkeiten unter Beweis zu stellen. Ist Ihnen eine Frage nicht klar, dürfen Sie nachfragen, ohne dass Ihnen dies als Schwäche ausgelegt werden muss.

Auch auf das Prüfungsgespräch können Sie sich gut mit Mitschülern vorbereiten.

Überlegen Sie sich zum Prüfungsthema auf S. 190 mögliche Fragen des Prüfers, mit denen eine Verbindung zum vorausgegangenen Unterricht hergestellt werden könnte.

Wenn Sie z. B. Brechts Drama „Leben des Galilei" und Dürrenmatts „Die Physiker" behandelt haben und in einem anderen Halbjahr Schillers Aufsatz „Die Schaubühne als eine moralische Anstalt betrachtet" kennen gelernt haben, könnten Sie u. a. mit folgenden Fragen rechnen:

- *Welche Beziehung sehen Sie zwischen Dürrenmatts Überlegungen in den „Theaterproblemen" und seinem Stück „Die Physiker"?*
- *Wo sehen Sie Ähnlichkeiten zwischen Dürrenmatts und Brechts Dramenkonzeption, wo Unterschiede?*
- *Können Sie die Ähnlichkeiten und Unterschiede an Beispielen erläutern?*
- *Worin sehen Sie den entscheidenden Unterschied zwischen einem „modernen" Drama, wie Sie es bei Brecht oder Dürrenmatt kennen gelernt haben, und einem „klassischen" Drama?*
- *Was will Schiller beim Zuschauer erreichen?*

Fragen Sie Ihren Deutschlehrer/Ihre Deutschlehrerin nach Ablauf und Inhalten der Prüfung und erkundigen Sie sich nach Möglichkeiten, im Unterricht eine mündliche Prüfung durchzuspielen (vgl. S. 188).

In manchen Bundesländern bekommen Sie für die Vorbereitungszeit zwei verschiedene Aufgabenstellungen. Jede der Aufgaben bezieht sich auf einen anderen Text. Die beiden Texte gehören zu zwei verschiedenen Themen aus dem vorangegangenen Deutschunterricht (z. B. ein Text zum Thema „Goethes Faust" und ein Text zum Thema „Expressionismus"). In diesem Falle kann einer der vorgelegten Texte sehr kurz sein; der Text dient dann als Anlass für ein Gespräch über ein Thema des vorangegangenen Unterrichts.

Zur Vorbereitung auf einen Kurzvortrag zu größeren, im vorausgegangenen Unterricht behandelten Zusammenhängen ist es hilfreich, einen Cluster oder eine Mind-Map (Gedanken-Landkarte) anzulegen. Beide Verfahren ermöglichen es, Ideen zu einem Thema zu entwickeln und Zusammenhänge zu veranschaulichen.

Nehmen Sie folgendes Beispiel:

„Ein Buch muss die Axt sein für das gefrorene Meer in uns." (Franz Kafka, in einem Brief an Oskar Pollak, 1904)

● *Erläutern Sie das Zitat und konfrontieren Sie es mit anderen Ansichten über Funktionen der Literatur.*

❶ Aufgabenstellung verstehen

Sie müssen in Ihrem Kurzvortrag zunächst Kafkas Satz interpretieren und ihn dann im Rückgriff auf Inhalte des vorausgegangenen Unterrichts mit anderen Auffassungen zu Funktionen von Literatur in Beziehung setzen.

❷ Cluster erstellen

Wenn die Textgrundlage so schmal ist wie in diesem Beispiel, müssen Sie Ihre Assoziationen für die Interpretation nutzbar machen. In der knappen Vorbereitungszeit sollten Sie gleich festhalten, was Ihnen durch den Kopf schießt. Dafür bietet sich die Technik des Clusterings an. Sie erlaubt Ihnen, spontane Gedanken anschaulich festzuhalten. Nehmen Sie ein leeres Blatt und schreiben Sie einen zentralen Begriff in die Mitte. Umkreisen Sie dieses Kernwort und fügen Sie weitere Wörter hinzu, die Sie wieder umkreisen. Ziehen Sie Verbindungslinien zwischen den eingekreisten Wörtern. Sie können die Richtung Ihrer Gedanken selbst steuern, indem Sie entscheiden, von welchem Punkt aus Sie weiter überlegen. Sie erhalten so eine vorstrukturierte Stoffsammlung für den ersten Teil Ihres Kurzvortrags (Interpretation des Zitats).

● *Erstellen Sie einen oder mehrere Cluster für das Kafka-Zitat.*

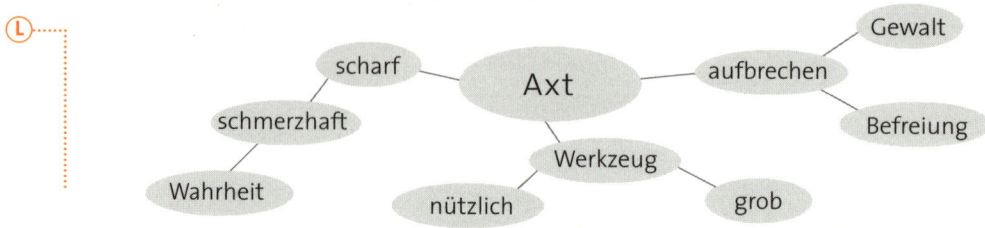

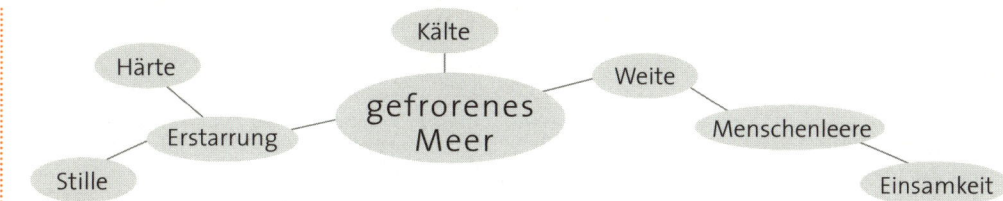

③ Mind-Map erstellen

Das Mind-Mapping ist eine ähnliche Technik wie das Clustering. Es ist noch stärker strukturierend, aber ebenso anschaulich. Die Mind-Map bietet sich an, wenn Sie vorhandene Stichworte oder Stichwortgruppen (etwa aus einem zu Hause vorbereiteten Prüfungsthema) wieder aufrufen und ordnen wollen. Auch hier schreiben Sie einen Begriff in die Mitte, am besten das Thema. Untergliederungen ordnen Sie um dieses Zentrum herum an. Dieses Prinzip können Sie noch mit weiteren Ebenen fortsetzen.

Es gibt verschiedene Möglichkeiten, eine Mind-Map grafisch zu gestalten. Um Zeit zu sparen, sollten Sie für Ihre Tischvorlage eine möglichst einfache Form wählen.

● *Erstellen Sie eine Mind-Map mit dem Zentrum „Funktion von Literatur".*

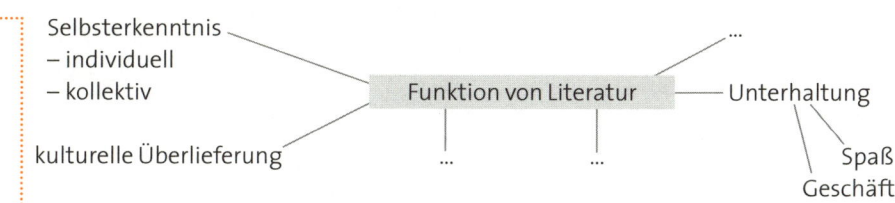

Das kurze Kafka-Zitat bietet eine Vielzahl von Anknüpfungsmöglichkeiten. Wenn Sie z. B. im Unterricht die Epoche der Romantik behandelt haben, können Sie hier einen Schwerpunkt für den zweiten Teil Ihres Vortrags setzen (Funktionen von Literatur) und Ihre Mind-Map entsprechend ausbauen:

Romantik:

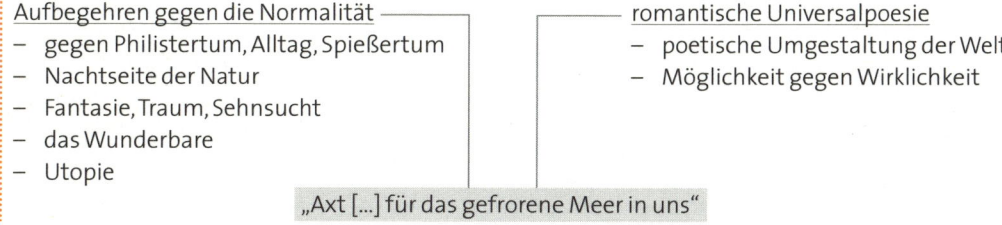

Üben Sie auch zu diesem Thema Kurzvortrag und Prüfungsgespräch so wie auf S. 194 f. vorgeschlagen!

Autoren- und Textquellenverzeichnis

Aichinger, Ilse: *Das Fenster-Theater*, S. 16 f. Aus: Der Gefesselte. Erzählungen. S. Fischer Verlag, Frankfurt/M. 1963, S. 61 ff.

Bichsel, Peter: *San Salvador*, S. 22. Aus: Eigentlich möchte Frau Blum den Milchmann kennen lernen. Suhrkamp Verlag, Frankfurt/M. 1993

Brecht, Bertolt: *Herr Keuner und die Flut*, S. 8. Aus: Große kommentierte Berliner und Frankfurter Ausgabe, Bd. 8: Prosa 3, S. 31. Suhrkamp Verlag, Frankfurt/M. 1995, © Stefan S. Brecht 1965. Alle Rechte vorbehalten durch Suhrkamp Verlag, Frankfurt/M.; *Der gute Mensch von Sezuan*, S. 51 ff. Aus: Große kommentierte Berliner und Frankfurter Ausgabe, Bd. 6: Stücke 6, S. 255–258. Suhrkamp Verlag, Frankfurt/M. 1989. © 1955 by Suhrkamp Verlag, Berlin; *Fragen eines lesenden Arbeiters*, S. 64. Aus: Große kommentierte Berliner und Frankfurter Ausgabe, Bd. 12: Gedichte 2, S. 29. Suhrkamp Verlag, Frankfurt/M. 1988. © 1939 by Malik Verlag, London. Alle Rechte vorbehalten durch Suhrkamp Verlag, Frankfurt/M.; *Der Radwechsel*, S. 69. Aus: Große kommentierte Berliner und Frankfurter Ausgabe, Bd. 12: Gedichte 2, S. 310. © 1964 by Stefan S. Brecht. Alle Rechte vorbehalten durch Suhrkamp Verlag, Frankfurt/M.; *Laute*, S. 69. Aus: Große kommentierte Berliner und Frankfurter Ausgabe, Bd. 12: Gedichte 2, S. 313. Suhrkamp Verlag, Frankfurt/M. 1988. © 1964 by Stefan S. Brecht. Alle Rechte vorbehalten durch Suhrkamp Verlag, Frankfurt/M.; *Leben des Galilei*, S. 136 f. Aus: Große kommentierte Berliner und Frankfurter Ausgabe, Bd. 5: Stücke 5, S. 201–204, Suhrkamp Verlag, Frankfurt/M. 1988. © 1955 by Suhrkamp Verlag, Berlin

Brentano, Clemens: *Sprich aus der Ferne*, S. 60. Aus: Werke in vier Bänden. Bd. 1. Hrsg. von Wolfgang Frühwald, Bernhard Gejek und Friedhelm Kemp. Carl Hanser Verlag, München 1968, S. 55 f.

Brinkmann, Rolf Dieter: *Einen jener klassischen*, S. 67. Aus: Westwärts 1 & 2. Rowohlt Taschenbuch Verlag, Reinbek b. Hamburg 1975

Büchner Georg: *Woyzeck*, S. 47, *Brief*, S. 49. Aus: Werke und Briefe. Hrsg. von Gerhard Schaub, Karl Pörnbacher u. a. Carl Hanser Verlag, München/Wien 1988

Dürrenmatt, Friedrich: *Theaterprobleme*, S. 191 f. Aus: Theater. Essays und Reden. © 1985 by Diogenes Verlag AG Zürich, S. 53–61

Eich, Günter: *Inventur*, S. 66. Aus: Gesammelte Werke. Bd. 1: Die Gedichte. Hrsg. von H. Ohde. Suhrkamp Verlag, Frankfurt/M. 1973, S. 35

Eichendorff, Joseph v.: *Mondnacht*, S. 62. Aus: Werke und Schriften. Bd. 1: Gedichte, Epen und Dramen. Hrsg. von Gerhart Baumann. Cotta'sche Buchhandlung, Stuttgart 1953; *Zwielicht*, S. 68. Aus: Otto A. Böhmer (Hrsg.): Von versunkenen schönen Tagen. Ein Eichendorff-Lesebuch. dtv, München 1987; *Das zerbrochene Ringlein*, S. 148. Aus: Otto A. Böhmer (Hrsg.): Von versunkenen und schönen Tagen. Ein Eichendorff-Lesebuch. dtv, München 1987, S. 116

Fontane, Theodor: *Effi Briest*, S. 25. Aus: Effi Briest. Philipp Reclam Verlag, Stuttgart 1993

Frisch, Max: *Homo faber. Ein Bericht*. S. 97. Aus: Homo faber. Ein Bericht. Suhrkamp Verlag, Frankfurt/M. 1980, S. 22, 142; *Der Zufall ...*, S. 98 Aus: Tagebuch 1946–1949. Suhrkamp Verlag, Frankfurt/M. 1985, S. 407 f.

Gernhardt, Robert: *Zu zwei Sätzen von Eichendorff*, S. 68. Aus: Wörtersee. Haffmans Verlag, Zürich 1989

Goethe, Johann Wolfgang: *Faust I*, S. 42 ff. Aus: Faust I. In: Goethes Werke. Bd. 6. Hamburger Ausgabe. Hrsg. von Erich Trunz. C. H. Beck Verlag, München 1993; *Prometheus*, S. 58. Aus: Goethes Werke. Bd. 1. Hamburger Ausgabe. Hrsg. von Erich Trunz. C. H. Beck Verlag, München 1993; *Die Leiden des jungen Werther*, S. 71. Aus: Die Leiden des jungen Werther. Philipp Reclam Verlag, Stuttgart 1986; *Die Leiden des jungen Werther*, S. 126. Aus: Die Leiden des jungen Werther. In: Werke, Kommentare und Register. Hamburger Ausgabe in 14 Bänden. Bd. 6. Hrsg. von Erich Trunz. C. H. Beck Verlag, München 1993, S. 9

Grass, Günter: *Katz und Maus*, S. 33, 35. Aus: Katz und Maus. In: Danziger Trilogie 2. Steidl Verlag, Göttingen 1996

Grimm, Jacob und Wilhelm: *Schneeblume, Prinzessin mit der Laus*, S. 70. Aus: Kinder- und Hausmärchen der Brüder Grimm. Urfassung 1812–1814. Hrsg. von Peter Dettmering. Verlag Dietmar Klotz, Eschborn 1997

Gryphius, Andreas: *Es ist alles Eitel*, S. 56. Aus: Gedichte des Barock. Hrsg. von Ulrich Mache, Volker Meid. Philipp Reclam Verlag, Stuttgart 1980, S. 114

Härtling, Peter: *Lest, Leute! Lest weiter!*, S. 75 f. Aus: Süddeutsche Zeitung Nr. 236, 14. 10. 1981

Heine, Heinrich: *Mein Herz, mein Herz ...*, S. 148. Aus: Sämtliche Gedichte in zeitlicher Folge. Hrsg. von Klaus Briegleb. Suhrkamp Verlag, Frankfurt/M. und Leipzig 1993, S. 168 f.

Henscheid, Eckhard: *Wildlife Boat Safari*, S. 166. Aus: Dummdeutsch. Ein Wörterbuch. Reclam Verlag, Stuttgart 1993, S. 279

Heym, Stefan: *Rede auf dem Alexanderplatz, Berlin 4. 11. 1989*, S. 80. Aus: die tageszeitung, 9. 11. 1989

Hofmann von Hofmannswaldau, Christian: *Vergänglichkeit der schönheit*, S. 56. Aus: Die deutsche Literatur. Ein Abriss in Text und Darstellung. Hrsg. von Otto F. Best, Hans-Jürgen Schmitt; Bd. 4: Barock. Hrsg. von Renate Fischetti. Verlag Philipp Reclam, Stuttgart 1980, S. 71

Ibsen, Henrik: *Nora (Ein Puppenheim)*, S. 73. Aus: Nora (Ein Puppenheim). Schauspiel in drei Akten. Philipp Reclam Verlag, Stuttgart 1988

Kafka, Franz: *Heimkehr*, S. 11. Aus: Gesammelte Werke. Hrsg. von Max Brod. S. Fischer Verlag, Frankfurt/M. 1976; *Die Verwandlung*, S. 110. Aus: Gesammelte Werke. Hrsg. von Max Brod. S. Fischer Verlag, Frankfurt/M. 1965; *Ein Buch muss die Axt sein [...]*, S. 196. Aus: Brief an Oskar Pollak von 1904. Aus: Briefe 1902–1924. Schocken, New York/ Frankfurt/M. 1958, S. 28

Karsunke, Yaak: *Matti wechselt das Rad*, S. 69. Aus: reden und ausreden. Gedichte. Wagenbach, Berlin 1969

Kunert, Günter: *Das Bild der Schlacht am Isonzo*, S. 14. Aus: Tagträume in Berlin und andernorts. Kleine Prosa, Erzählungen, Aufsätze. Hanser Verlag, München 1972

Lessing, Gotthold Ephraim: *Emilia Galotti*, S. 39 f. Aus: Emilia Galotti. Philipp Reclam Verlag, Stuttgart 1991, S. 24

Loerke, Oskar: *Blauer Abend in Berlin*, S. 61. Aus: Gedichte und Prosa. 2 Bde., Bd. 1. Hrsg. von Peter Suhrkamp. Suhrkamp Verlag, Frankfurt/M. 1958

Mann, Thomas: *Der Tod in Venedig*, S. 29. Aus: Der Tod in Venedig. In: Gesammelte Werke. S. Fischer Verlag, Frankfurt/M. 1974

Postman, Neil: *Unterricht als Unterhaltung*, S. 88 f. Aus: Wir amüsieren uns zu Tode. Urteilsbildung im Zeitalter der Unterhaltungsindustrie. S. Fischer Verlag, Frankfurt/M. 1985, S. 174 ff., 178–181

Schiller, Friedrich: *Kabale und Liebe*, S. 101 f. Aus: Kabale und Liebe. Hrsg. von Ekkehart Mittelberg. Cornelsen Verlag, Berlin 1984, S. 47–50

Trakl, Georg: *Verfall*, S. 62. Aus: Dichtungen und Briefe. 2 Bde. Hrsg. von Walther Killy und Hans Szklenar. Otto Müller Verlag, Salzburg 1969

Walser, Martin: *Des Lesers Selbstverständnis*, S. 156 f. Aus: Vormittag eines Schriftstellers. Suhrkamp Verlag, Frankfurt/M. 1993, S. 165 ff.

Wedekind, Frank: *Frühlings Erwachen,* S. 72. Aus: Frühlings Erwachen. Eine Kindertragödie. Philipp Reclam Verlag, Stuttgart 1995

Wohmann, Gabriele: *Flitterwochen, dritter Tag*, S. 19 f. Aus: Ländliches Fest. Luchterhand Verlag, Neuwied/Darmstadt 1968. © Gabriele Wohmann

Wolf, Ror: *Gar nichts*, S. 116. Aus: Nachrichten aus der bewohnten Welt. Deutsche Verlagsanstalt, Frankfurt/M. 1991, S. 30 f.

Zimmer, Dieter E.: *Information als Landplage*, S. 176 ff. Aus: Die Bibliothek der Zukunft. Text und Schrift in den Zeiten des Internet. Verlag Hoffmann und Campe, Hamburg 2000, S. 32 f., 35–37, 38 f.

Ungenannte Autorinnen und Autoren:

Isonzoschlachten, S. 14. Aus: Wörterbuch zur Geschichte. Hrsg. von Konrad Fuchs, Heribert Raab. dtv, München 1996

Geheime Rüstungsprojekte, S. 85. Aus: Der Spiegel, 9.3.1998

Ich bin die Herr, dein Gott, S. 113. Aus: Stadtrevue, Köln, Maiausgabe 1997

Bildquellenverzeichnis

S. 8: Elizabeth Shaw-Graetz, Berlin; **S. 14:** Ausschnitt aus dem Radierwerk „Der Krieg". Städt. Galerie Albstadt; Foto: Otto Dix Stiftung, Vaduz. © VG Bild-Kunst, Bonn 2000; **S. 19:** Peter Peitsch, Hamburg; **S. 24:** Schiller Nationalmuseum/Deutsches Literaturarchiv, Marbach; **S. 28:** Archiv für Kunst und Geschichte, Berlin; **S. 31:** Cinetext GmbH, Frankfurt/M.; **S. 32:** Peter Peitsch, Hamburg; **S. 38:** Bildarchiv Preußischer Kulturbesitz, Berlin; **S. 41:** Österreichische Nationalbibliothek, Wien; **S. 43:** Cinetext GmbH, Frankfurt/M.; **S. 44:** Bildarchiv Preußischer Kulturbesitz, Berlin; **S. 46:** Schiller Nationalmuseum/ Deutsches Literaturarchiv, Marbach; **S. 48:** Filmverlag der Autoren, München; **S. 50:** © Suhrkamp Verlag, Frankfurt/M.; **S. 53:** © Günther Englert, Frankfurt/M.; **S. 55:** © Günther Englert, Frankfurt/M.; **S. 58:** Öffentliche Kunstsammlung, Basel; **S. 64:** Archiv für Kunst und Geschichte, Berlin; **S. 67:** dpa, München; **S. 71:** Bildarchiv Preußischer Kulturbesitz, Berlin; **S. 75:** Alexa Gelberg, Weinheim; **S. 80:** dpa, Frankfurt; **S. 84:** Foto: Studio X, © Xinhua – GAMMA, Paris; **S. 88:** dpa, Frankfurt; **S. 96:** Archiv für Kunst und Geschichte, Berlin; **S. 100:** Schiller Nationalmuseum/ Deutsches Literaturarchiv, Marbach; **S. 110:** Archiv Klaus Wagenbach, Berlin

Sachregister